"十三五"职业教育规划教材

高职高专财经商贸类专业"互联网+"创新规划教材

现代企业管理

（第3版）

刘 磊◎主 编

高 溦 高辉灵◎副主编

杨文明 张丽娜

李 霞 梁逸更◎参 编

麦敢连

内 容 简 介

本书是一本通识性的企业管理教材，紧密结合高职高专教学与实践编写而成，介绍了企业管理基础知识和基本功能，通过探讨企业管理的发展过程，引出现代企业管理模式，随后对现代企业管理各个模块进行详尽的论述，强调各管理职能之间的一体性和协调性。本书理论"够用、实用"，重点突出，便于学生阅读和自学。

本书可作为高职高专经管与非经管专业的企业管理课程的教材，对于社会企业工作人员来说，也不失为一本实用的培训教材或参考资料。

图书在版编目(CIP)数据

现代企业管理 / 刘磊主编. —3 版. —北京：北京大学出版社，2019.1
高职高专财经商贸类专业"互联网+"创新规划教材
ISBN 978-7-301-30062-6

Ⅰ. ①现… Ⅱ. ①刘… Ⅲ. ①企业管理—高等职业教育—教材 Ⅳ. ①F272

中国版本图书馆 CIP 数据核字（2018）第 260848 号

书　　名	现代企业管理（第3版） XIANDAI QIYE GUANLI（DI SAN BAN）
著作责任者	刘　磊　主编
责任编辑	蔡华兵
数字编辑	陈颖颖
标准书号	ISBN 978-7-301-30062-6
出版发行	北京大学出版社
地　　址	北京市海淀区成府路 205 号　100871
网　　址	http://www.pup.cn　新浪微博：@北京大学出版社
电子信箱	pup_6@163.com
电　　话	邮购部 010-62752015　发行部 010-62750672　编辑部 010-62750667
印刷者	河北涿县鑫华书刊印刷厂
经销者	新华书店
	787 毫米×1092 毫米　16 开本　17.25 印张　402 千字 2011 年 12 月第 1 版　2014 年 5 月第 2 版 2019 年 1 月第 3 版　2022 年 9 月第 3 次印刷
定　　价	43.00 元

未经许可，不得以任何方式复制或抄袭本书之部分或全部内容。
版权所有，侵权必究
举报电话：010-62752024　电子信箱：fd@pup.pku.edu.cn
图书如有印装质量问题，请与出版部联系，电话：010-62756370

第 3 版前言

随着我国经济的飞速发展，企业管理的重要性越来越被人们所关注，通过各种信息技术，管理者可以在千里之外运筹帷幄，但是仍然有部分的管理者陷于忙碌的日常事务，而忽略了企业长远的规划。

可以说，全球化向传统企业管理方式提出了挑战，如何用好员工，迅速组织生产、销售、满足到客户的需求，是许多企业管理者不断探索的问题。管理者在企业的发展过程中也会遇到一个又一个瓶颈，如何自我突破，同样是人们广泛探讨的内容之一；同时，企业发展还与一个国家的国民经济建设息息相关，需要建立适应于经济发展阶段的企业管理体系，使企业适应到现代商务的需求。

现代企业管理是一门理论性和实践性很强的课程，是培养管理人员的基础课程之一，需要学生学会企业管理的基本知识，掌握企业管理的方法，运用管理的工具，教师需要把管理的理论和实务同时教授给学生，所以，一般是按照企业管理中的具体职能进行课程教学的安排，并讲授各具体职能工作中的基本方法和技巧。

本书首先介绍企业管理基础知识和基本功能，通过探讨企业管理的发展过程，引出现代企业管理模式，随后对现代企业管理各个模块进行详尽的论述，强调各管理职能之间的一体性和协调性。本书中的理论部分仍按照传统的方式编写，但将学生需要实际操作的内容基于工作过程开发，使学生一看就能够明白怎样操作，一方面超越全理论化教材，另一方面克服部分任务型教材仅仅是将原来的章节简单命名为任务的缺点，既要求学生学到基本理论知识，又能掌握实际的工作过程。

本书作为通识性的企业管理教材，可广泛应用于经管与非经管专业作为企业管理的概论性课程来进行学习。本书授课课时建议为38～54学时；针对非经管专业，建议适当增加课时，先对企业管理的基本理论及发展过程予以详细讲授，再详细介绍各职能管理。如果针对经管专业，则基本理论只做简要介绍，对企业管理各职能进行详细介绍，总之达到适用的目的。

本书由广东职业技术学院刘磊担任主编。刘老师具有多年企业高层管理经验，是企业管理专业带头人。本书具体编写分工为：刘磊编写第1章、第5章、第6章和第9章，广东职业技术学院高辉灵编写第2章、第10章，茂名职业技术学院梁逸更编写第3章，华南师范大学麦敢连编写第4章，番禺职业技术学院张丽娜编写第7章，四川商务职业学院李霞编写第8章，佛山安星阳管理咨询服务有限公司创始人、广东安国律师事务所合伙人杨文明（律师、注册会计师）编写第11章，广东海洋大学高澂负责第3版统筹工作。

本书编写参考或引用了许多专家、学者的资料，编者已经在参考文献中列出，在此对他们表示衷心的感谢！

由于编写时间仓促和编者水平有限，书中存在不妥之处，敬请广大读者批评指正。编者的电子信箱是 lioulei@163.com。

编　者
2018 年 9 月

【资源索引】　　【授课计划】　　【在线答题】

目　　录

第 1 章　企业管理概述 1

　1.1　企业概述 3
　　　　一、企业的概念 3
　　　　二、企业的分类 4
　　　　三、现代企业的作用 6
　1.2　企业管理的基本理论及其发展 6
　　　　一、管理的定义与内容 7
　　　　二、管理基本理论的发展阶段 10
　1.3　企业管理的基础工作 21
　　　　一、信息工作 21
　　　　二、标准化工作 22
　　　　三、定额工作 22
　　　　四、计量工作 23
　　　　五、规章制度 23
　　　　六、培训工作 23
　综合练习与实践 24

第 2 章　战略管理 26

　2.1　战略管理概述 27
　　　　一、企业战略的内涵 27
　　　　二、企业战略的构成要素 28
　2.2　企业战略的类型 28
　　　　一、公司层次战略 29
　　　　二、业务层次战略 31
　　　　三、职能层次战略 33
　2.3　战略管理过程 33
　　　　一、战略分析 34
　　　　二、战略选择与评价 41
　　　　三、战略实施及控制 44
　综合练习与实践 45

第 3 章　市场营销管理 47

　3.1　市场营销概述 48
　　　　一、市场营销的概念 48
　　　　二、市场营销的功能 49
　　　　三、市场营销观念的演变 50
　3.2　分析和选择目标市场 51
　　　　一、分析市场机会 51
　　　　二、选择目标市场 54
　3.3　市场营销策略 57
　　　　一、产品策略 58
　　　　二、价格策略 58
　　　　三、渠道策略 61
　　　　四、促销策略 64
　综合练习与实践 67

第 4 章　人力资源开发与管理 70

　4.1　工作基础 71
　　　　一、工作岗位调查 71
　　　　二、工作岗位说明书 72
　4.2　人员招聘 74
　　　　一、招聘信息发布 74
　　　　二、简历筛选 77
　　　　三、面试问题 77
　　　　四、因人定岗 78
　4.3　员工培训 79
　　　　一、员工培训的原则 79
　　　　二、员工培训系统设计 81
　4.4　绩效与薪酬管理 83
　　　　一、绩效管理 84
　　　　二、薪酬管理 89
　综合练习与实践 94

第 5 章　财务管理 96

　5.1　财务管理概述 97
　　　　一、财务管理的内涵 97
　　　　二、财务管理的原则 98
　　　　三、资金时间价值 100
　　　　四、经济学成本与会计学成本 102

5.2 财务管理的内容 105
　　一、筹资管理 105
　　二、投资管理 108
　　三、营运资金管理 109
　　四、利润分配管理 111
　　五、具体单证管理 111
5.3 财务分析 112
　　一、财务分析的内容 113
　　二、财务分析的相关指标 113
综合练习与实践 117

第6章　物流管理 120

6.1 物流管理概述 121
　　一、物流的概念 121
　　二、物流的分类 121
　　三、现代物流管理 124
　　四、现代物流业的发展趋势 .. 125
6.2 物流中心管理 126
　　一、物流中心的功能 126
　　二、物流中心规划设计 127
6.3 物流配送管理 130
　　一、物流配送的流程 130
　　二、物流配送方案设计 131
6.4 物流信息技术 134
　　一、条形码技术 134
　　二、射频识别技术 136
　　三、电子数据交换技术 137
　　四、GPS/GIS 技术 138
综合练习与实践 141

第7章　新产品开发管理 143

7.1 新产品概述 145
　　一、新产品的概念 145
　　二、新产品的分类 145
　　三、新产品开发的作用 146
　　四、新产品开发的程序 147
　　五、新产品开发的基本方式 .. 148
7.2 产品生命周期 149
　　一、产品生命周期的概念 149
　　二、产品生命周期各阶段的特点 150

　　三、产品生命周期各阶段的营销
　　　　策略 151
　　四、产品生命周期理论的意义 154
7.3 产品组合策略 154
　　一、产品组合及相关概念 154
　　二、产品组合的评价 156
　　三、产品组合的调整 156
　　四、产品组合的动态平衡 158
7.4 新产品开发评价和价值工程 .. 159
　　一、新产品开发评价的目的 .. 159
　　二、新产品开发评价的方式 .. 159
　　三、对新产品进行价值分析 .. 160
综合练习与实践 165

第8章　生产运作管理 168

8.1 生产运作管理概述 169
　　一、生产运作管理的概念 169
　　二、生产运作管理的内容 170
　　三、生产运作管理的过程 170
8.2 生产过程组织与控制 171
　　一、生产过程组织的要求 172
　　二、工厂布置的要求 173
　　三、生产过程组织的内容 174
　　四、生产过程组织的形式 178
　　五、生产作业控制 179
8.3 生产计划 181
　　一、生产计划概述 181
　　二、生产作业计划 183
　　三、其他生产计划 187
8.4 生产现场管理 189
　　一、生产现场管理概述 189
　　二、"5S"现场管理 190
　　三、目视管理 192
综合练习与实践 194

第9章　质量管理 197

9.1 质量管理概述 198
　　一、质量的概念 198
　　二、质量管理的发展 200
　　三、质量成本的类型 200

9.2 质量管理的方法 202
　　一、QC 七种工具 202
　　二、PDCA 循环 206
9.3 全面质量管理 208
　　一、全面质量管理的概念 208
　　二、全面质量管理的特点 209
　　三、全面质量管理的基础工作 210
9.4 ISO 9000 族标准 211
　　一、ISO 与 ISO 9000 族标准的产生 211
　　二、ISO 9000 族标准的内容 212
　　三、ISO 9000 族标准质量管理
　　　　原则 213
9.5 质量认证 214
　　一、质量认证的概念 214
　　二、质量认证的类型 215
　　三、质量认证的程序 217
综合练习与实践 217

第 10 章　企业文化 220

10.1 企业文化概述 221
　　一、企业文化的概念 221
　　二、企业文化的功能 224
　　三、企业文化的影响因素 226
10.2 企业文化建设 228
　　一、企业文化建设的原则 228
　　二、企业文化建设的方法 229
　　三、企业文化建设的步骤 231
　　四、企业文化建设的保障 233

10.3 跨文化管理 235
　　一、跨文化管理的概念 235
　　二、跨文化管理中常见的问题 236
　　三、跨文化管理的策略 237
综合练习与实践 238

第 11 章　企业管理法律、法规 241

11.1 经济法概述 242
　　一、经济法的概念 242
　　二、经济法的形式 242
11.2 公司法 243
　　一、公司法的主要法律知识 243
　　二、违反公司法的法律责任 245
11.3 合同法 246
　　一、合同法的主要法律知识 246
　　二、违反合同法的法律责任 251
11.4 劳动合同法 253
　　一、劳动合同法的主要法律知识 253
　　二、违反劳动合同法的法律责任 256
11.5 经济纠纷实务 257
　　一、经济纠纷诉讼指南 257
　　二、经济纠纷诉讼流程 259
　　三、经济纠纷诉讼常用法律文书
　　　　范本 260
　　四、经济纠纷案件收费标准 264
综合练习与实践 265

参考文献 268

第 1 章

企业管理概述

 【学习目标】 【拓展故事】

通过本章的学习,学生应该知道企业的概念、类型和特征,懂得管理的含义、作用,了解管理思想的发展历程,熟悉企业管理的基础工作。

 【学习要求】

知识要点	能力要求	相关知识
企业	掌握企业的概念和特征	企业的分类
企业管理的基本理论及发展过程	(1)掌握企业管理的概念 (2)了解管理的基本理论及其发展	管理的性质与职能
企业管理的基础工作	懂得企业管理的基础工作	企业管理的基础工作

【案例导入】

王某是广东天天食品公司的总经理,他相信那句老话"早起的鸟儿有虫吃"。这一天清晨,他比往常早1个小时就起来了,洗漱、穿衣、吃早餐、快速地浏览晨报。当王某驱车上路时,他看了一眼手表,6:28。从家里开车到上班地点只需要15分钟。

王某今天早上的心情特别好,最近的财务报表显示,公司销售收入和利润达到有史以来的一个最高点。

王某决定今天要把手头的工作清理一下。像往常一样,他总是尽量做到当日事当日毕。除了15:30有一个会议以外,其他时间都是空着的,他可以处理许多重要的问题。他打算审阅最近的审计报告并签署意见,再仔细检查一下公司TQM(Total Quality Management,全面质量管理)计划的进展情况。他还打算开始计划下一年度预算——离公司董事会审议日期还有不到两个星期了,他一直抽不出时间来做这件事。王某还有许多重要的事项记在他的"待办"日程表上:与公司厂长讨论几个员工的投诉问题;写一份10分钟的演讲稿,准备应邀在星期五的商务会议上致辞;等等。

王某到达公司时是6:45,他还没走到自己的办公室,就被会计科李科长拦住了。王某的第一个反应是:"她这么早在这里干什么?"李科长告诉他设备部的统计员昨天22:00才把工资表做出来,她今天6:00就来了,想尽快汇总完公司的工资表总表。李科长告诉他,实在没办法按时上报这个月的工资总表了。王某做了个记录,打算与设备部部长交换一下意见。

进到办公室里,王某注意到他的计算机邮件系统在闪烁。在检查了电子邮件后,王某发现只有一项工作需要立即处理——他的助手已经草拟出下一年度公司全部管理者和专业人员的假期时间表,它必须经王某审阅和批准。处理这件事只需10分钟,但实际上占用了王某20分钟的时间。

现在首先要处理的工作是下一年度预算。王某在他计算机工作表上,开始计算公司需要什么设备,以及每项的成本是多少。这项工作刚进行到1/3,便接到公司厂长打来的电话。电话中说在夜班期间,5台主要的输送机有一台坏了,维修工修好它花费了3 000元,这些钱没有列入支出预算,而要更换这个系统大约要花费32 000元。王某知道,本年度的设备预算已经用完。于是,他在10:00安排了一个会议,和公司厂长、财务部主任一起研究这个问题。

王某又回到他的工作表上,这时物流部主任突然闯入他的办公室。原来物流部主任在货车调度计划方面遇到了困难,经过20分钟的讨论,两个人找到了解决办法。王某把这件事记下来,要找公司的物流部长谈一次,好好向他询问一下公司的货运问题,以及什么时候公司的运输合同到期重新招标。

看来打断王某今天日程的事情还没有完,他又接到公司总部负责法律事务的职员打来的电话,他们需要数据来为公司的一桩官司应诉——公司一位前员工向法院提起劳动诉讼。王某把电话转接给人力资源部。王某的秘书又送来一大叠文件要他签署。突然,王某发现10:00到了,公司厂长和财务部主任已经在他办公室外面等候。三个人一起审查了输送机的问题并草拟了几个选择方案,准备在下午举行的会议上讨论。

到11:05,秘书提醒他与工商局领导约定午餐的时间已经快到了。王某赶紧开车前往约定地点,好在只迟到了10分钟。

14:00,王某返回他的办公室,生产部主任已经在那里等着他了。两个人仔细检查了公司布置的调整方案,以及通道面积是否符合消防安全要求,时间持续得比较长,因为中间被三个电话打断。

15:35,王某和生产部主任穿过大厅来到会议室,例行会议通常只需要1个小时,不过,讨论员工劳动诉讼和输送系统问题的时间拖得很长。这次会议持续了两个多小时,当王某回到他的办公室时,他觉得该回家了,因为晚上还有一个公益活动仪式等着他去参加。

开车回家的时间对王某来说仿佛用了1个小时而不是15分钟,他已经筋疲力尽了。11个小时以前,他还期盼着完成一个富有成效的工作日,现在这一天过去了,王某不明白:"我完成了哪件事?"当然,他知道他干完了一些事,但是今天本来有更多的事是他想要完成的。是不是今天有点特殊?王某承认不是的,每天开始时他都有着精细的打算，而回家时都不免感到有些沮丧。他整日就像置身于琐事的洪流中，中间还不断地被打断。他是不是没有做好每天的计划？他说不准。他有意使每天的日程不要排得过紧，以使他能够与别人交流，使得在别人需要他时他能抽得出时间来。但是，他不明白是不是所有管理者的工作都经常被打断和忙于救火，他能有时间用于计划和防止意外事件的发生吗？

1.1 企业概述

企业是社会发展的产物，因社会分工的发展而成长壮大，是市场经济活动的主要参与者，是市场的主体。各种企业并存，共同构成市场经济的微观基础。

一、企业的概念

企业一般是指以营利为目的，运用各种生产要素（土地、劳动力、资本、技术和企业家才能等），向市场提供商品或服务，实行自主经营、自负盈亏、独立核算的具有法人资格的社会经济组织。

现代企业的五个特征如图1.1所示。

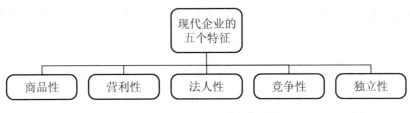

图1.1 现代企业的五个特征

（一）商品性

商品性是指产品具有使用价值，在市场上具有竞争力，并且能用于交换的特性。具体来讲就是：产品应具备功能优越性、成本领先性、心理满足性。

（1）功能优越性。产品性能、用途、功能满足客户需求。

（2）成本领先性。产品售价和使用成本与竞争产品对比更占有优势。

（3）心理满足性。品牌、外观、口碑、科技性、其他宣传及营销服务等与竞争产品相比，能对客户心理造成影响。

（二）营利性

企业是以营利为目的的经济组织，其追求的是利润最大化。

（三）法人性

法人是指依法成立并能独立行使法定权利和承担法律义务的社会组织。社会组织中的经济组织要成为经济法人，必须在工商行政管理部门登记、注册，经审定后领取营业执照，才具有经济法人的资格和地位。

（四）竞争性

在竞争性的市场中，一家企业应具有的、能够比其他企业更有效地向市场提供产品和服务并获得赢利和自身发展的综合素质。市场经济就是一种竞争经济，市场如战场，市场竞争的结果是优胜劣汰。

（五）独立性

企业进行独立核算、自负盈亏、自主经营。企业的独立性体现在以下三个方面：

（1）独立地承担民事责任。企业作为法人主体，独立承担民事责任，其股东不承担直接的责任。

（2）独立的财产。企业有独立的财产，股东出资必须将财产的所有权转移给企业。

（3）以自己的独立名义享有民事权利。企业要以自己的名义参与诉讼，以自己的名义签约履约并参与其他的民事活动。

二、企业的分类

确定企业类型一般有两个标准，即法定标准和学理标准。法定标准是根据企业法规定所确认和划分的企业类型，法定的企业类型具有法律的约束力和强制性；学理标准是研究企业和企业法的学者们根据企业的客观情况及企业的法定标准，对企业类型所做的理论上的解释与分类。

（一）企业法对企业的分类

企业法对企业进行分类的基本形态主要是独资企业、合伙企业和公司。法律对这三种企业划分的依据做了基本概括，即企业的资本构成、企业的责任形式和企业在法律上的地位。

【法律法规】

从我国的立法实践来看，基本上按所有制形式进行企业立法，划分企业类型。随着市场经济体制的逐步完善，企业改革进一步深化，我国也将独资企业、合伙企业和公司作为我国企业的基本法定分类。目前，我国已颁布《中华人民共和国公司法》（后文简称《公司法》）《中华人民共和国合伙企业法》和《中华人民共和国独资企业法》。

此外，在我国还可以按照经济类型对企业进行分类。这是我国对企业进行法定分类的基本做法。根据《中华人民共和国宪法》和有关法律规定，我国目前有国有经济、集体所有制经济、私营经济、联营经济、股份制经济、涉外经济（包括外商投资、中外合资及我国港澳台地区投资经济）等经济类型，我国企业立法的模式相应地也是按经济类型来确定的，从而形成了按经济类型来确定企业法定类型的特殊情况。按照经济类型进行分类，我国企业可分为以下八种类型。

1. 国有企业

这是指企业的全部财产属于国家，由国家出资兴办的企业。国有企业的范围包括中央和地方各级国家机关、事业单位和社会团体使用国有资产投资所开办的企业，也包括实行企业化经营、国家不再核拨经费或核发部分经费的事业单位及从事生产经营性活动的社会团体，还包括上述企业、事业单位、社会团体使用国有资产投资所开办的企业。

2. 集体所有制企业

这是指一定范围内的劳动群众出资开办的企业。它包括城乡劳动者使用集体资本投资开办的企业，以及部分个人通过集资自愿放弃所有权并依法经工商行政管理机关认定为集体所有制的企业。

3．私营企业

这是指企业的资产属于私人所有，有法定数额以上的雇工的营利性经济组织。在我国，这类企业由公民个人出资兴办并由其所有和支配，其生产经营方式是以雇佣劳动为基础，雇工数量应在 8 人以上。这类企业原以经营第三产业为主，现已涉足第一、第二产业，向科技型、生产型、外向型方向发展。

4．股份制企业

这是指企业的财产由两个或两个以上的出资者共同出资，并以股份形式兴办的企业。我国的股份制企业主要包括股份有限公司和有限责任公司（包括国有独资公司）两种组织形式。某些国有、集体、私营等经济组织虽以股份制形式经营，但未按《公司法》有关规定改制规范的，或者未以股份有限责任公司或有限责任公司登记注册的，仍按原所有制经济性质划归其经济类型。

5．联营企业

这是指企业之间或者企业、事业单位之间联营，组成的新的经济实体。具备法人条件的联营企业，独立承担民事责任；不具备法人条件的联营企业，由联营各方按照出资比例或者协议的约定，以各自所有的或者经营管理的财产承担民事责任。如果按照法律规定或者协议的约定负连带责任的，要承担连带责任。

6．外商投资企业

这类企业包括中外合营者在中国境内经过中国政府批准成立的，中外合营者共同投资、共同经营、共享利润、共担风险的中外合资经营企业；也包括由外国企业、其他经济组织按照平等互利的原则，按我国法律以合作协议约定双方权利和义务，经中国有关机关批准而设立的中外合作经营企业；还包括依照中国法律在中国境内设立的，全部资本由外国企业、其他经济组织或个人单独投资、独立经营、自负盈亏的外资企业。

7．我国港澳台地区投资企业

这是指我国港澳台地区投资者依照我国有关涉外经济法律、法规的规定，以合资、合作或独资形式在祖国大陆开办的企业。在法律适用上，它以我国涉外经济法律、法规为依据；在经济类型上，它是不同于涉外投资的经济类型。

8．股份合作企业

这是指一种以资本联合和劳动联合相结合作为其成立、运作基础的经济组织。它把资本与劳动力这两个生产力的基本要素有效地结合起来，是兼具有股份制企业与合作制企业优点的新兴的企业组织形式。

（二）公司的类型

1．以法律规定为标准分类

国际上通行的做法是，把公司分为有限责任公司、无限责任公司、两合公司和股份有限公司。我国《公司法》并没有把无限责任公司和两合公司放进去，只规定公司的基本类型为

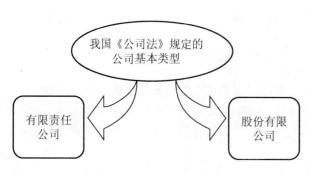

图 1.2 我国《公司法》规定的公司基本类型

有限责任公司和股份有限公司,如图 1.2 所示。

2. 以控制管理关系为标准分类

根据控制管理关系,公司可以分为母公司和子公司。母公司是指因持有一定出资比例而控制其他公司的公司;子公司是指因一定比例的股份被其他公司持有而受制于其他公司的公司。子公司和母公司都是独立法人。

3. 以公司的信用基础为标准分类

以公司的信用基础为标准,公司可以分为人合公司、资合公司和两合公司。人合公司是指以股东个人的财力、能力和信誉作为信用基础的公司;资合公司是指以资本的结合作为信用基础的公司;两合公司是指同时以公司资本和股东个人信用作为公司信用基础的公司。

三、现代企业的作用

(一)企业是市场经济活动的主要参加者

市场经济活动的顺利进行离不开企业的生产和销售活动,离开了企业的生产和销售活动,市场就成了无源之水、无本之木。因此,企业的生产和经营活动直接关系着整个市场经济的发展。

(二)企业是社会生产和流通的直接承担者

社会经济活动的主要过程即生产和流通,这些都是由企业来承担和完成的。离开了企业,社会经济活动就会中断或停止。企业的生产状况和经济效益可直接影响国家经济的实力、人民的物质生活水平。

(三)企业是社会经济技术进步的主要力量

企业在经济活动中进行生产和经营活动,不仅创造和实现社会财富,而且也是先进技术和先进生产工具的积极采用者和制造者,这在客观上推动了整个社会经济技术的进步。

从企业在社会经济活动中的作用不难看出,企业就好比国民经济的细胞,国民经济体系就是由数以百万计的不同形式的企业组成。企业的生产和经营活动,不仅决定着市场经济的发展状况,而且决定着社会经济活动的生机和活力。因此,企业是最重要的市场主体,在社会经济生活中发挥着巨大作用。

1.2 企业管理的基本理论及其发展

管理的概念本身具有多义性,它不仅有广义和狭义之分,而且还因时代、社会制度和专业的不同,产生不同的解释和理解。随着生产方式社会化程度的提高和人类认识领域的拓展,人们对管理现象的认识和理解的差别还会更加明显。

一、管理的定义与内容

（一）前人的观点

从词义上，管理通常被解释为主持或负责某项工作。人们在日常生活中对管理的理解就是这样，平常也是从这个意义的角度去应用"管理"这个词的。

长期以来，许多中外学者从不同的研究角度出发，对管理做出了不同的解释。然而，由于他们在研究管理时出发点不同，所以对"管理"一词所下的定义也就不同。直到目前为止，管理还没有一个统一的定义。各种不同的管理学派，对管理的概念的解释更是众说纷纭，简要介绍如下：

（1）"管理就是确切地知道你要别人干什么，并使他用最好的方法去干。"（弗雷德里克·泰勒[①]《科学管理原理》）在泰勒看来，管理就是指挥他人能用最好的办法去工作。

（2）"管理是一种工作，它有自己的技巧、工具和方法；管理是一种器官，是赋予组织以生命的、能动的、动态的器官；管理是一门科学，一种系统化的并到处适用的知识；同时，管理也是一种文化。"（彼得·德鲁克[②]《管理：任务、责任、实践》）

（3）"管理是所有的人类组织都有的一种活动，这种活动由五项要素组成的：计划、组织、指挥、协调和控制。"（亨利·法约尔[③]《工业管理与一般管理》）

（4）"管理就是制定决策。"（赫伯特·西蒙[④]《管理决策新科学》）

（5）"所谓管理，是指同别人一起，或通过别人使活动完成得更有效的过程。"（斯蒂芬·罗宾斯[⑤]《管理学》）

关于管理的定义可以列举很多，以上几种观点具有一定的代表性。总的来说，它们都是真知灼见，也各有不足之处，但这些定义都着重从管理的现象来描述管理本身，而未揭示出管理的本质。

（二）本书的观点

我们知道管理是一种行为。作为行为，首先，应当有行为的发出者和承受者，即谁对谁做；其次，应当有行为的目的，即为什么做。因此，形成一种管理活动，首先要有管理主体，即说明由谁来进行管理的问题；其次要有管理客体，即说明管理的对象或管理什么的问题；最后要有管理目的，即说明为何而进行管理的问题。有了这三个要素，就具备了形成管理活动的基本条件。同时，任何管理活动都不是孤立的活动，它必须要在一定的组织、环境和条件下进行。

[①] 弗雷德里克·泰勒，西方古典管理理论主要代表人物之一，科学管理运动的创始人，详见后文古典管理理论部分的介绍。

[②] 彼得·德鲁克，1909年生于维也纳，后移居美国，被称为"现代管理学之父"，详见后文现代管理理论部分的介绍。

[③] 亨利·法约尔，西方古典管理理论主要代表人物之一，管理过程学派的创始人，详见后文古典管理理论部分的介绍。

[④] 赫伯特·西蒙，1916年生于美国，经济组织决策管理大师，第十届诺贝尔经济学奖获得者，详见后文现代管理理论部分的介绍。

[⑤] 斯蒂芬·罗宾斯，美国著名的管理学教授，组织行为学的权威。

因此，我们认为，管理是在社会组织中为实现预期目标，通过计划、组织、领导、控制、协调以人为中心的活动过程。管理的概念应包括以下四个方面的含义：

（1）管理的目的是实现预期目标。所有的管理行为，都是为实现目标服务的。世界上既不存在无目标的管理，也不可能实现无管理的目标。

（2）管理的手段是计划、组织、领导、控制。管理是一个动态的过程，要实现管理目标就必须实施计划、组织、领导、控制和创新等管理过程，这是一切管理者在管理实践中都要履行的管理职能。

（3）管理的本质是协调。协调就是使人的努力与集体的预期目标相一致。每一项管理职能、每一次管理决策都要进行协调，都是为了协调。协调是社会组织不可缺少的活动，协调的中心是人，协调的方法是多样的。

（4）管理的主体是管理者。德鲁克认为：管理者的第一个责任是管理一个组织，即管理者应明确，组织是什么，它的目标是什么，如何实现目标；管理者的第二个责任是管理管理者，对管理者应该通过目标管理和自我控制进行管理，还应该培养其下属；管理者的第三个责任是管理工作和工人，主要是激励组织成员发挥创造的热情，求得组织的最佳效果。

（三）管理的性质与职能

1. 管理的性质

管理的性质包括管理的二重性、管理的科学性与艺术性、管理的普遍性与目的性，如图1.3所示。

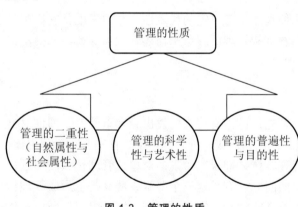

图1.3　管理的性质

（1）管理的二重性。管理的二重性是指管理的自然属性与社会属性，因为生产过程包括物质资料的生产和生产关系的再生产、与生产力相联系的自然属性、与生产关系相联系的社会属性。管理的二重性是马克思主义关于管理问题的基本观点。管理是生产过程中固有的属性，是有效地组织劳动所必需的，这就是管理的自然属性；同时，管理又直接或间接地同生产资料所有制有关，管理是为统治阶级服务的，受一定生产关系、政治制度和意识形态的影响和制约，这就是管理的社会属性。

（2）管理的科学性与艺术性。管理是一系列的知识体系，它以反映管理客观规律的管理系统化理论和知识为指导，有一套分析问题、解决问题的科学的方法论，所以具有科学性；同时，管理也指利用某些方法和技术并根据实际情况激发灵感、发挥创造性的技巧和诀窍，它强调管理的实践，因为没有实践，也就无所谓艺术，所以具有艺术性。

（3）管理的普遍性与目的性。管理普遍存在于各种活动之中，无论是何种类型的组织、何种层次的管理者，其工作都具有共同性，如他们都要设定目标、制订计划、激励员工、做出决策等。如果说不同的管理者在这些方面存在差异，无非就是时间分配、工作重点不同而已，这就是管理的普遍性。管理是人类一项有意识、有目的的协作活动，是为实现组织既定的目标而进行的,要实现利益的共赢,这就是管理的目的性。

2. 管理的职能

管理职能是人们对管理工作应有的一般过程和基本内容所做的理论概括。现在最被广泛接受的观点是将管理分为四项基本职能,即计划、组织、领导、控制。在此基础上,人们将激励、决策、协调也纳入管理职能,如图1.4所示。

(1)计划。计划职能是指企业从现在到未来的发展过程中对目标、实现目标的途径及时间的选择和规定。计划集中于未来,是企业从现状向未来发展的桥梁。一个企业的计划能力如何,在很大程度上决定了其能否有效地实施企业战略管理。因为计划不仅是制定有效战略的基础,而且是成功实施和评价企业战略的根本。企业计划工作的关键取决于计划是否是在了解环境变化的基础上制订的。计划职能对企业来说,是一项重要

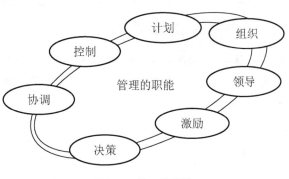

图1.4 管理的职能

的工作,一方面是指计划职能在工作顺序上是处于企业工作的首要位置上的,另一方面是指计划职能对整个管理活动过程具有指导性的作用。

(2)组织。组织职能是指通过对企业各种活动和各种职位按照某种合理的结构加以安排,以提高企业的有效性,也是对企业的活动及其各种资源生产要素进行的分派和组合,使企业有秩序和协调地使用企业的各种资源。组织工作的有效性在于企业是否合理地把计划中的各种活动和任务分配到每一个岗位,按照岗位的相似性将各个岗位组合成若干个部门,同时把完成任务所需的职权和责任分配到各个岗位。只有明确了每一个岗位的工作任务、工作要求和岗位之间的分工与合作关系,企业战略的实施才有了保障,企业战略的评价才有了依据。组织工作的有效性不仅要求遵循一般的组织原则,而且要求从企业的实际情况出发,处理好分工与协作、管理跨度的宽与窄、集权与分权等之间的关系。组织职能服从计划,并反映组织计划达成目标的方式。

(3)领导。领导职能是指领导者为实现组织的目标而运用权力向其下属施加影响力,以完成工作任务的职责和功能。它包括决策、选人用人、指挥协调、激励和思想工作等。领导职能的"职"代表职责,"能"代表能力。作为一个领导,其主要的责任是激发下属人员的潜能。有效地激励员工潜能关系到企业各方面利益关系的协调,主要涉及职工的任用、评价、奖罚等方面。

(4)激励。激励职能是指激发员工的工作动机,用各种有效的方法去调动员工的积极性和创造性,使员工努力去完成组织的任务。有效的激励可以成为组织发展的动力保证,它以组织成员的需要为基点,以需求理论为指导。

(5)决策。决策职能是指采用一定的科学方法和手段,从两个以上的方案中选择一个满意方案的分析判断过程。决策是决定管理工作成败的关键,是任何有目的的活动发生之前必不可少的一步。

(6)协调。协调职能是指促使不同的人配合得当,正确处理组织内外各种关系,为组织正常运转创造良好的条件和环境。个人的力量总是有限的,领导者要履行好自己的职责,就

必须把周围人的积极性调动起来、潜能发挥出来，靠集体的力量攻克难关。协调能力需要在实践中不断学习和提高，有的人虽有业务水平和敬业精神，但却缺少协调能力。

（7）控制。控制职能是指使实际活动与计划相一致的活动。控制职能与计划职能紧密相关，它包括制定各种控制标准；检查工作是否按计划进行，是否符合既定的标准；若工作发生偏差要及时发出信号，然后分析偏差产生的原因，纠正偏差或制订新的企业计划。管理者必须保障企业计划和目标的有效实现，减少可能出现的偏差给企业造成的损失。

二、管理基本理论的发展阶段

自从有了人类历史，就有了管理。人类具有社会性，人类的生产活动和社会活动都是集体进行的，要组织和协调集体活动就离不开管理。随着社会的不断进步，管理的思想也在不断地发展。

（一）早期管理活动

1. 古埃及的管理实践

古埃及在建造金字塔时动用了近 10 万人，花费了 20 多年的时间，而解决大量人员的食物、住房、运输等问题，就需要周密的计划、组织和控制工作，相当于管理和指挥一个 10 万人口的城市达 20 年以上。

古埃及人知道管理人员所能监督的人数是有限度的。有一个有趣的现象：在管理跨度方面，每个监督者大约管理 10 名奴仆。从发掘的文物中还可以发现，管理者和工人的穿着是不同的，如监督者穿的是短裙或长袍，而奴仆穿的衣服则能表明他们所从事的行当或职业。

2. 古代巴比伦的《汉穆拉比法典》

【拓展视频】

古代巴比伦制定了世界上第一部完整的法律文件《汉穆拉比法典》，内容涉及个人财产保护、货物交易规则、上下隶属关系、工资标准及犯罪处理等，其中许多条款涉及经济管理思想，对推动人类司法制度的建设起到了重要的作用。

3. 古罗马帝国的管理实践

古罗马帝国西起不列颠，东至黑海大片土地，存在 500 年之久。公元 284 年，戴克里先对罗马帝国行省制进行了改革，将原来的 47 个行省重新划分为 100 个，后又在行省之上设立行政区，将 100 个省分属于 12 个行政区进行管理。

4. 中国古代的管理思想

中华民族悠久的历史积累了丰富的管理实践经验和许多影响深远的管理思想和理论，这些实践和理论都对社会文明的进步与管理的发展做出了重要贡献。中国古代传统的管理思想，对世界特别是对东方的文化产生过巨大影响，出现过孔子、老子、唐太宗等一大批思想家，同时他们也称得上是伟大的管理学家。在他们当中，以孔子为代表的儒家思想最具有影响力。儒家思想是中国传统文化的主流，它不仅对中国有深远的影响，而且在日本、韩国、新加坡等亚洲国家广为流传。许多东亚、东南亚国家相继走上了现代化道路，社会经济得到了高速发展，企业管理水平也达到了世界先进水平，但是它们都没有否定以儒家思想为核心的东方文化，也没有走全盘西化的道路，而是吸收了东西方文化中有益的部分，并与本国的实际相结合，从而取得了巨大的成功。它们用儒家的观点塑造现代企业文化，形成了与西方管理文化截然不同的特色，一些国家和地区称之为"新儒学派"。

注意：在这一时期，人们还基本上处于经验管理阶段，传统的管理没有摆脱小生产方式的影响，主要是靠个人经验进行生产和管理。这些管理思想还不系统、不全面，没有形成一套科学的管理理论和管理方式。

（二）古典管理理论

虽然人类早期进行了大量的管理实践，但是直到20世纪初，泰勒、法约尔等管理理论先驱才把管理作为一门科学来研究，使管理的思想系统化、理论化。

1. 泰勒的科学管理理论

弗雷德里克·泰勒1856年出生于美国费城杰曼顿一个富有的律师家庭，1874年考入哈佛大学法律系，1878年在米德维尔工厂从一名学徒工做起，先后被提拔为车间管理员、技师、小组长、工长、设计室主任和总工程师，并在业余学习的基础上获得了机械工程学士学位。泰勒的这些经历，使他有充分的机会去直接了解工人的种种问题和态度，并看到提高管理水平的极大可能性。

泰勒一生大部分的时间所关注的就是如何提高生产效率。在米德维尔工厂，他了解工人们普遍怠工的原因，感到缺乏有效的管理手段是提高生产率的严重障碍。为此，泰勒开始探索科学的管理方法和理论，他从"车床前的工人"开始，重点研究企业内部具体工作的效率，不但要降低成本和增加利润，而且要通过提高劳动生产率增加工人的工资。泰勒把生产效率看成取得较高工资和较高利润的保证，他相信应用科学方法来代替惯例和经验，人们可以不必多费精力和努力，就能取得较高的生产效率。在泰勒的管理生涯中，他不断在工厂进行实地试验，系统地研究和分析工人的操作方法和动作所花费的时间，逐渐形成其管理体系——科学管理。

泰勒的著作包括《计件工资制》《车间管理》《科学管理原理》。但他的做法和主张并非一开始就被人们所接受，相反还受到包括工会组织在内的人们的抗议。例如，一位名叫辛克莱的社会主义者写信给《美国杂志》主编，指责泰勒"把工资提高了61%，而工作量却提高了362%"。泰勒也遭到了来自企业管理部门的反对。美国国会于1912年举行对泰勒制和其他工厂管理制的听证会。在那里，泰勒面对多半怀有敌意的国会议员，不得不捍卫自己的观点。他在众议院的委员会做的精彩的证词，向公众宣传了科学管理的原理及其具体的方法、技术，成为对其科学管理原理所做的最好说明，引起了很大的轰动。

1915年，泰勒因患肺炎在费城逝世，终年59岁。他是一个被工人称为野兽般残忍的人，一个与工会水火不容、被迫在国会上作证的人。他生前殚精竭虑研究的科学管理原理和方法，在他死后，人们尊称他为"科学管理之父"。

科学管理的内容体系如图1.5所示，简要介绍如下：

（1）制定工作定额。在当时美国的企业中，由于普遍实行经验管理，所以造成了一对突出的矛盾就是：资本家不知道工人一天到底能干多少活，总嫌工人干活少、拿工资多，于是就通过延长劳动时间、增加劳动强度来加重对工人的剥削；而工人也不确切知道自己一天到底能干多少活，但总认为自己干活多、拿工资少。当资本家加重对工人的剥削时，工人就用"磨洋工"来消极对抗，这样企业的劳动生产率当然不会提高。

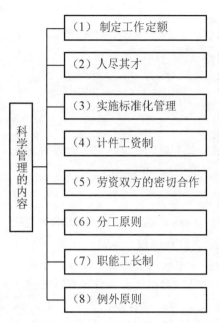

图 1.5 科学管理的内容体系

泰勒认为,管理的中心问题是提高劳动生产率,要制定出有科学依据的工人的"合理日工作量",就必须通过各种试验和测量,进行劳动动作研究和工作研究。其方法是:选择合适且技术熟练的工人;在不损害其健康的情况下,以维护较长年限的速度为标准,这种速度不是以突击活动或持续紧张为基础,而是以工人能长期维持的正常速度为基础,研究这些人在工作中使用的基本操作或动作的精确序列及每个人所使用的工具;用秒表记录每一个基本动作所需时间,加上必要的休息时间和延误时间,找出做好每一项工作的最快方法;消除所有错误动作、缓慢动作和无效动作;将最快的动作和最好的工具组合在一起,成为一个序列,从而确定工人"合理的日工作量",即劳动定额。

(2)人尽其才。所谓人尽其才,是指在企业人事管理中,要把合适的人安排到合适的岗位上。只有做到这一点,才能充分发挥人的潜能,促进劳动生产率的提高。

泰勒认为,每个人都具有不同的才能,不是每个人都适合做任何一项工作,这和人的性格特点、个人特长有着密切的关系。为了挖掘人的最大潜力,必须做到人尽其才,健全的人事管理的基本原则是使工人的能力同工作相适应。企业管理者的责任在于为雇员找到最合适的工作,培训他们成为第一流的工人,激励他们尽最大的努力来工作。

(3)实施标准化管理。泰勒认为,在科学管理的情况下,要想用科学知识代替个人经验,一个很重要的措施就是实行工具标准化、操作标准化、劳动动作标准化、劳动环境标准化等标准化管理。这是因为,只有实行标准化,才能使工人使用更有效的工具,采用更有效的工作方法,从而达到提高劳动生产率的目的;只有实行标准化,才能使工人在标准设备、标准条件下工作,才能对其工作成绩进行公正、合理的衡量。

泰勒不仅提出了实行标准化的主张,而且也为标准化的制定进行了积极的试验。在搬运生铁的试验中,泰勒得出在正常情况下,一个适合做搬运工作的工人一天至少可搬完 47.5 吨铁块的结论;在铲具试验中,他得出铁锹每次铲重达 21 磅的物品时,劳动效率最高的结论;在长达 26 年的金属切削试验中,他得出影响切割速度的 12 个变量及反映它们之间相互关系的数学公式等,为工作标准化、工具标准化和操作标准化的制定提供了科学的依据。

(4)计件工资制。日工资制实际是按职务或岗位发放工资,这样在同一职务和岗位上的人不免产生平均主义情绪。在这种情况下,"就算最有进取心的工人,不久也会发现努力工作对他没有好处,最好的办法是尽量减少做工而仍能保持他的地位。"这就不可避免地将大家的工作拖到中等以下的水平。例如,在传统的计件工资制中,虽然工人在一定范围内可以多干多得,但超过一定范围,资本家为了分享快速生产带来的利益,就要降低工资率。这就容易导致这种情况:尽管管理者想千方百计地使工人增加产量,而工人则会控制工作速度,使他们的收入不超过某一个工资率。因为工人知道,一旦他们的工作速度超过了这个数量,计件工资迟早会降低。

于是,泰勒在 1895 年提出了一种具有很大刺激性的报酬制度——"差别工资制"方案。

其主要内容是：制定差别工资率，即按照工人是否完成定额而采用不同的工资率。如果工人能够保质保量地完成定额，就按高的工资率付酬，以资鼓励；如果工人的工作没有达到定额，就将全部工作量按低的工资率付给，并予以警告，若不改进，就要被解雇。例如，某项工作定额是10件，每件完成给0.1元；又规定该项工作完成定额工资率为125%，未完成定额率为80%，那么，如果完成定额，就可得工资1.25元（10×0.1元×125%）；如果未完成定额，哪怕完成了9件，也只能得工资0.72元（9×0.1元×80%）。

（5）劳资双方的密切合作。泰勒在《科学管理原理》一书中指出："资方和工人的紧密、组织和个人之间的合作，是现代科学或责任管理的精髓。"他认为，没有劳资双方的密切合作，任何科学管理的制度和方法都难以实施、难以发挥作用。也就是说，要使劳资双方进行密切合作，关键不在于制定什么制度和方法，而是要实行劳资双方在思想和观念上的根本转变。如果劳资双方都把注意力放在提高劳动生产率上，那么劳动生产率提高了，不仅工人可以多拿工资，而且资本家可以多拿利润，从而实现双方"最大限度上的富裕"。例如，在铁锹试验中，每个工人每天的平均搬运量从原来的16吨提高到59吨，工人每日的工资从1.15美元提高到1.88美元，而每吨的搬运费从7.5美分降到3.3美分。对雇主来说，他们关心的是成本的降低，而工人关心的则是工资的提高，所以泰勒认为这就是劳资双方进行"精神革命"、从事合作的基础。

（6）分工原则。泰勒在《工厂管理》一书中为专门设立的计划部门规定了17项主要负责的工作，包括企业生产管理、设备管理、库存管理、成本管理、安全管理、技术管理、劳动管理、营销管理等各个方面。因此，泰勒所谓计划职能与执行职能分开，实际是把管理职能与执行职能分开；所谓设置专门的计划部门，实际是设置专门的管理部门；所谓"均分资方和工人之间的工作和职责"，实际是说让资方承担管理职责，让工人承担执行职责。这也就进一步明确了雇主与工人之间、管理者与被管理者之间的关系。

泰勒把计划的职能和执行的职能分开，改变了凭经验工作的方法，而代之以科学的工作方法，即找出标准、制定标准，然后按标准办事。要确保管理任务的完成，应由专门的计划部门来承担找出和制定标准的工作。

（7）职能工长制。泰勒认为在军队式组织的企业里，工业机构的指令是从经理经过厂长、车间主任、工段长、班组长而传达到工人的。在这种企业里，工段长和班组长的责任是复杂的，具有相当的专门知识和各种天赋的人才能胜任。泰勒列举了在传统组织下作为一个工段长应具有的几种素质，即教育、专门知识或技术知识、机智、充沛的精力、毅力、诚实、判断力或常识、良好的健康情况等。但是，每一个工长不可能同时具备这几种素质，为了事先规定好工人的全部作业过程，必须使指导工人干活的工长具有特殊的素质。因此，为了使工长职能有效地发挥，就要进一步细分，使每个工长只承担一种管理的职能，为此，泰勒设计出8种职能工长来代替原来的一个工长。这8个工长中，4个在车间，4个在计划部门，在其职责范围内，每个工长可以直接向工人发布命令。在这种情况下，工人不再听一个工长的指挥，而是每天从8个不同的工长那里接受指示和帮助。

尽管泰勒认为职能工长制有许多优点，但后来的事实也证明，这种单纯"职能型"的组织结构容易形成多头领导的局面，造成管理混乱。因此，泰勒的这一设想虽然对以后职能部门的建立和管理职能的专业化有较大的影响，但并未真正实行。

（8）例外原则。所谓例外原则，是指企业的高级管理人员把一般日常事务授权给下属管理人员，而自己保留对例外的事项（一般也是重要事项）的决策权和控制权。这种例外的原则至今仍然是管理中极为重要的原则之一。泰勒在《工厂管理》一书中曾指出："经理只接受有关超常规或标准的所有例外情况，特别好和特别坏的例外情况，概括性的、压缩的及比较的报告，以便使他得以有时间考虑大政方针并研究手下重要人员的性格和合适性。"

泰勒提出的这种以例外原则为依据的管理控制方式，后来发展为管理上的授权原则、分权化原则和实行事业部制等管理体制。

2. 法约尔的一般管理理论

亨利·法约尔 1841 年出生在法国的一个资产阶级家庭，1858—1860 年就读于圣艾蒂安国立矿业学院。大学毕业后，法约尔进入科门特里富香博公司担任工程师。1888 年，当公司处于破产边缘时，他被任命为总经理，按照自己关于管理的思想和理论对公司进行了改革和整顿，关闭了一些经济效益不好的冶金工厂，并吸收资源丰富的新矿来代替资源枯竭的老矿，最终克服种种困难，将原来快破产的公司整顿得欣欣向荣。在第一次世界大战期间，法约尔领导的公司为战争提供了大量资源，还培养了一批管理、技术和科学上的骨干力量。当他 75 岁退休时，公司已能在财务和经营上立于不败之地，至今仍是法国中部最大的采矿和冶金集团的一部分。

法约尔的研究与泰勒的研究不同在于：泰勒的研究是从工厂管理的一端——"车床前的工人"开始实施，从中归纳出科学的一般结论，重点内容是企业内部具体工作的效率；而法约尔则是从总经理的办公桌旁，以企业整体作为研究对象，创立了他的一般管理理论。法约尔认为，管理理论是指"有关管理的、得到普遍承认的理论，是经过普遍经验并得到论证的一套有关原则、标准、方法、程序等内容的完整体系；有关管理的理论和方法不仅适用于公私企业，也适用于军政机关和社会团体。"这正是其一般管理理论的基石。法约尔提出了企业的六种基本活动、一般管理理论的十四项原则等。

（1）企业的六种基本活动。

法约尔认为企业经营管理中存在六种基本经营活动（见图 1.6）：技术活动，即企业的基本活动；商业活动，包括策略、决策、市场预测、了解竞争对手，这些远见是现代竞争战略的基础；财务活动，指资本的运作；安全活动，即"老板的眼睛""国家的警察和部队"；会计活动，即企业的视觉器官；管理活动，其中包括计划、组织、指挥、协调、控制五项职能。

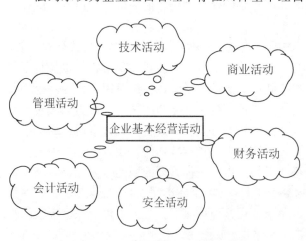

图 1.6　企业的六种基本经营活动

（2）一般管理理论的十四项原则。

① 劳动分工原则。法约尔认为，劳动分工属于自然规律。劳动分工不只适用于技术工作，也适用于管理工作，应该通过分工来提高管理工作的效率。但是，"劳动分工有一定的限度，经验与尺度感告诉我们不应超越这些限度。"

② 权利与责任原则。有权利的地方就有责任。责任是权利的孪生物，是权利的必然结果和必要补充。这就是著名的权利与责任相符的原则。法约尔认为，要贯彻权利与责任相符的

原则，就应该有有效的奖励和惩罚制度，即"应该鼓励有益的行动而制止与其相反的行动"。实际上，这就是现在一般讲的权、责、利相结合的原则。

③ 纪律原则。法约尔认为纪律应包括两个方面，即企业与下属人员之间的协定、人们对这个协定的态度及其对协定遵守的情况。法约尔认为纪律是一个企业兴旺发达的关键，没有纪律，任何一个企业都不能兴旺繁荣。他认为制定和维持纪律最有效的办法是：有各级好的领导，尽可能明确而又公平的协定，合理执行惩罚，因为"纪律是领导人造就的……无论哪个社会组织，其纪律状况都主要取决于其领导人的道德状况。"

④ 统一指挥原则。统一指挥是一个重要的管理原则，按照这个原则的要求，一个下级人员只能接受一个上级的命令。如果两个上级同时对同一个人或同一件事行使他们的职权，就会出现混乱。在任何情况下，都不会有适应双重指挥的社会组织。

⑤ 统一领导原则。统一领导原则是指"对于力求达到同一目的的全部活动，只能有一个领导人和一项计划，人类社会和动物界一样，一个身体有两个脑袋，就是个怪物，就难以生存。"统一领导原则要求的是，一个下级只能有一个直接上级。它与统一指挥原则不同，统一指挥原则说的是一个下级只能接受一个上级的指令。这两个原则之间既有区别又有联系：统一领导原则说的是组织机构设置的问题，即在设置组织机构的时候，一个下级不能有两个直接上级；而统一指挥原则说的是组织机构设置以后运转的问题，即当组织机构建立起来以后，在运转的过程中，一个下级不能同时接受两个上级的指令。

⑥ 个体服从整体利益原则。法约尔认为这是人们都十分清楚的原则，但是，"无知、贪婪、自私、懒惰及人类的一切冲动总是使人为了个人利益而忘掉整体利益。"为了能坚持这个原则，他认为成功的办法是：领导人的坚定性和好的榜样，尽可能签订公平的协定，认真地监督。

⑦ 人员的报酬原则。法约尔认为，人员报酬首先"取决于不受雇主的意愿和所属人员的才能影响的一些情况，如生活费用的高低、可雇人员的多少、业务的一般状况、企业的经济地位等，再看人员的才能，最后看采用的报酬方式。"人员的报酬首先要考虑的是维持职工的最低生活消费和企业的基本经营状况，这是确定人员报酬的一个基本出发点。在此基础上，再考虑根据职工的劳动贡献来决定采用适当的报酬方式。对于各种报酬方式，不管采用什么报酬方式，都应该做到几点：能保证报酬公平，能奖励有益的努力和激发热情，不应导致超过合理限度的过多的报酬。

⑧ 集中的原则。法约尔指的是组织权力的集中与分散的问题。他认为，集中或分散的问题是一个简单的尺度问题，问题在于找到适合于企业的最适度。在小型企业，可以由上级领导者直接把命令传到下层人员，所以权力就比较集中；而在大型企业，在高层领导者与基层人员之间还有许多中间环节，所以权力就比较分散。按照法约尔的观点，影响一个企业是集中还是分散的因素有两个：一个是领导者的权力；另一个是领导者对发挥下级人员积极性的态度。"如果领导人的才能、精力、智慧、经验、理解速度……允许他扩大活动范围，则可以大大加强集中，把其助手作用降低为普通执行人的作用。相反，如果他愿意一方面保留全面领导的特权，另一方面更多地采用协作者的经验、意见和建议，那么可以实行广泛的权力分散……所以，提高部下作用的重要性的做法就是分散，而降低部下作用的重要性的做法则是集中。"

⑨ 等级制度原则。等级制度就是从最高权力机构到低层管理人员的领导系列。而贯彻等级制度原则，就是要在组织中建立这样一个不中断的等级链。这个等级链说明了两个方面的

问题：一是表明了组织中各个环节之间的权力关系，即通过这个等级链，组织中的成员可以明确谁可以对谁下指令，谁应该对谁负责；二是这个等级链表明了组织中信息传递的路线，即在一个正式组织中，信息是按照组织的等级系列来传递的。贯彻等级制度原则有利于组织加强统一指挥原则，保证组织内信息联系的畅通。但是，一个组织如果严格地按照等级系列进行信息的沟通，则可能由于信息沟通的路线太长而使得信息联系的时间增长，容易造成信息在传递的过程中失真。

⑩ 秩序原则。法约尔所指的秩序原则包括物品的秩序原则和人的社会秩序原则。对于物品的秩序原则，他认为每一件物品都有一个最适合它存放的地方，坚持物品的秩序原则就是要使每一件物品都放在它应该放的地方。对于人的社会秩序原则，他认为每个人都有他的长处和短处，贯彻社会秩序原则就是要确定最适合每个人能力发挥的工作岗位，然后使每个人都在最能使自己的能力得到发挥的岗位上工作。为了能贯彻社会的秩序原则，他认为首先要对企业的社会需要与资源有确切的了解，并保持两者之间经常的平衡；同时，要注意消除任人唯亲、偏袒徇私、野心奢望和无知等弊病。

⑪ 公平原则。法约尔把公平与公道区分开来，他认为"公道是实现已订立的协定。但这些协定不能什么都预测到，要经常地说明它，补充其不足之处。为了鼓励其所属人员能全心全意和无限忠诚地执行他的职责，应该以善意来对待他。公平就是由善意与公道产生的。"也就是说，贯彻公道原则就是要按已定的协定办事。但是，在未来的执行过程中可能会因为各种因素的变化使得原来制定的"公道"的协定变成"不公道"的协定，这样一来，即使严格地贯彻"公道"原则，也会使职工的努力得不到公平的体现，从而不能充分地调动职工的劳动积极性。因此，在管理中要贯彻"公平"原则。所谓"公平"原则，就是"公道"原则加上善意地对待职工。也就是说，在贯彻"公道"原则的基础上，还要根据实际情况对职工的劳动表现进行"善意"的评价。当然，在贯彻"公平"原则时，还要求管理者不能"忽视任何原则，不忘掉总体利益"。

⑫ 人员的稳定原则。法约尔认为，一个人要适应他的新职位，并做到能很好地完成他的工作，需要时间。要使一个人的能力得到充分的发挥，就要使他在一个工作岗位上相对稳定地工作一段时间，使他能有一段时间来熟悉自己的工作，了解自己的工作环境，并取得别人对自己的信任。但是，人员的稳定是相对的而不是绝对的，年老、疾病、退休、死亡等都会造成企业中人员的流动。因此，人员的稳定是相对的，而人员的流动是绝对的。对于企业来说，要掌握人员的稳定和流动的合适度，以利于企业中成员能力得到充分的发挥，"像其他所有的原则一样，稳定的原则也是一个尺度问题。"

⑬ 首创精神。法约尔认为，"想出一个计划并保证其成功是一个聪明人最大的快乐之一，这也是人类活动最有力的刺激物之一。这种发明与执行的可能性就是人们所说的首创精神。建议与执行的自主性也都属于首创精神。"人的自我实现和需求的满足是激励人们的工作热情和工作积极性的最有力的刺激因素，对于领导者来说，"需要极有分寸地，并要有某种勇气来激发和支持大家的首创精神。"当然，纪律原则、统一指挥原则和统一领导原则等的贯彻会使得组织中人的首创精神的发挥受到限制。

⑭ 团队精神。人们往往由于管理能力的不足，或者由于自私自利，或者由于追求个人的利益等忘记了组织的团结。法约尔认为，管理者需要确保并提高劳动者在工作场所的士气，个人和集体都要有积极的工作态度。为了加强组织的团结，他特别提出在组织中要禁止滥用书面联系，在处理一个业务问题时，当面口述要比书面快，并且简单得多。另外，一些冲突、

误会可以在交谈中得到解决。由此得出，每当可能时，应直接联系，这样更迅速、更清楚，而且更融洽。在社会上，每个人都有自己的位置，每个人都在自己的位置上，团结就是力量。

3. 韦伯的行政组织理论

马克斯·韦伯生于德国，曾担任过教授、政府顾问、编辑，对社会学、宗教学、经济学与政治学都有相当的造诣。韦伯的主要著作有《新教伦理与资本主义精神》《一般经济史》《社会和经济组织的理论》等，其行政组织理论对后世产生了最为深远的影响。韦伯的行政组织理论产生的历史背景，正是德国企业从小规模世袭管理到大规模专业管理转变的关键时期。

韦伯对组织管理理论的伟大贡献在于明确而系统地指出理想的组织应以合理、合法权利为基础，这样才能有效地维系组织的连续和促进目标的达成。为此，韦伯首推官僚组织，并且阐述了规章制度是组织得以良性运作的基础和保证。其主要的管理思想如下：

（1）明确分工。明确分工是指对每个组织成员的权利和责任都有明确的规定，并作为正式职责使之合法化。

（2）权利体系。管理者按职务的级别进行安排，形成一个自上而下的等级严密的指挥系统，每个职务均有明确的职权范围。

（3）规范录用。人员的任用完全根据职务要求，通过正式的考评和教育、训练来实现。每个职位上的人员必须称职，不能随意免职。

（4）管理职业化。管理人员有固定的薪金和明文规定的晋升制度，是职业管理人员，而不是组织的所有者。

（5）公私有别。管理人员在组织中的职务活动应当与私人事务区别开，公私事务之间应有明确的界限。管理人员没有组织财产的所有权，并且不能滥用职权。

（6）遵守规则和纪律。组织中包括管理人员在内的所有成员必须严格遵守组织的规则和纪律，以确保统一性。

注意：泰勒、法约尔、韦伯等人在不同的方面对管理思想和管理理论的发展做出了卓越的贡献，并对管理实践产生深刻的影响。但是，他们的理论的共同特点是，着重强调管理的科学性、合理性、纪律性，而未对管理中人的因素和作用予以足够重视。他们的理论是基于这样一种假设，即社会是由一群群无组织的个人所组成的；他们在思想上、行动上力争获得个人利益，追求最大限度的经济收入，即"经济人"；管理部门面对的仅仅是单一的职工个体或个体的简单总和。基于这种认识，工人被安排去从事固定的、枯燥的和过于简单的工作，成了"活机器"。

（三）行为科学理论

从20世纪20年代美国推行科学管理的实践来看，泰勒制在使生产效率大幅度提高的同时，也使工人的劳动变得异常紧张、单调和劳累，因而引起了工人的强烈不满，并导致工人的怠工、罢工及劳资关系日益紧张等事件的出现。另外，随着经济的发展和科学的进步，有着较高文化水平和技术水平的工人逐渐占据了主导地位，体力劳动逐渐让位于脑力劳动，也使得西方的资产阶级感到单纯用古典管理理论和方法已不能有效控制工人以达到提高生产效率和利润的目的。这促使人们对新的管理思想、管理理论和管理方法进行探寻。

1. 梅奥及霍桑实验

梅奥是原籍澳大利亚的美国行为科学家、人际关系理论的创始人、美国艺术与科学院院士。他在美国西方电器公司霍桑工厂进行的长达 9 年的实验研究——霍桑实验,真正揭开了作为组织中的人的行为研究的序幕。

霍桑实验的初衷是试图通过改善工作条件与环境等外在因素,找到提高劳动生产率的途径。从 1924—1932 年,他先后进行了四个阶段的试验:照明试验、继电器装配工人小组试验、大规模访谈试验和对接线板接线工作室的研究试验。

(1)照明试验。当时关于生产效率的理论占统治地位的是劳动医学的观点,认为影响工人生产效率的是疲劳和单调感等,于是当时的试验假设便是"提高照明度有助于减少疲劳,使生产效率提高"。可是经过两年多的试验发现,照明度的改变对生产效率并无影响。具体结果是:当试验组照明度增大时,试验组和控制组都增产;当试验组照明度减弱时,两组依然都增产,甚至试验组的照明度减至 0.06 烛光时,其产量也无明显下降;直至照明减至如月光一般、实在看不清时,产量才急剧降下来。研究人员面对此结果感到茫然,失去了信心。

(2)继电器装配工人小组试验。这阶段试验目的总的来说是查明福利待遇的变化与生产效率的关系,但经过两年多的试验发现,不管福利待遇如何改变(包括工资支付办法的改变、优惠措施的增减、休息时间的增减等),都不影响产量的持续上升,甚至工人对自己生产效率提高的原因也说不清楚。后经进一步的分析发现,导致生产效率上升的主要原因:一是参加试验的光荣感,试验开始时 6 名参加试验的女工曾被请进部长办公室谈话,她们认为这是莫大的荣誉,这说明被重视的自豪感对人的积极性有明显的促进作用;二是成员间良好的相互关系。

(3)大规模访谈试验。研究者在工厂中开始了访谈计划,此计划的最初想法是要工人就管理者的规划和政策、工头的态度和工作条件等问题做出回答,但这种规定好的访谈计划在进行过程中却得到意想不到的效果。工人想就工作提纲以外的事情进行交谈,他们认为重要的事情并不是公司或调查者认为意义重大的那些事。访谈者了解到这一点,及时把访谈计划改为事先不规定内容,每次访谈的平均时间从 30 分钟延长到 1~1.5 小时,多听少说,详细记录工人的不满和意见。访谈计划持续了两年多,工人的产量大幅提高。工人们长期以来对工厂的各项管理制度和方法存在诸多不满,无处发泄,访谈计划的实施恰恰为他们提供了发泄的机会。工人们发泄过后心情舒畅、士气提高,产量得到提高。

(4)对接线板接线工作室的研究试验。梅奥等人在这次试验中选择 14 名男工在单独的房间里从事绕线、焊接和检验工作,对这个班组实行特殊的工人计件工资制度。实验原来设想,实行这套奖励办法会使工人更加努力工作,以便得到更多的报酬。但观察的结果发现,产量只保持在中等水平上,每个工人的日产量平均都差不多,而且工人并不如实地报告产量。经过深入的调查发现,这个班组为了维护他们群体的利益,自发地形成了一些规范。他们约定,谁也不能干得太多,突出自己;谁也不能干得太少,影响全组的产量;并且约法三章,不准向管理者告密,如有人违反这些规定,轻则挖苦漫骂,重则拳打脚踢。进一步调查发现,工人们之所以维持中等水平的产量,是担心产量提高,管理者会改变现行奖励制度,或者裁减人员会使部分工人失业,或者会使干得慢的伙伴受到惩罚。这一试验表明,为了维护班组内部的团结,工人可以放弃物质利益的引诱。由此实验者提出"非正式群体"的概念,认为在正式的组织中存在自发形成的非正式群体,这种群体有自己的特殊的行为规范,对人的行为起着调节和控制作用,也加强了内部的协作关系。

注意:霍桑实验对古典管理理论进行了大胆的突破,第一次把管理研究的重点从工作和物的因素上转到人的因素上来,不仅在理论上对古典管理理论做了修正和补充,开辟了管理研究的新领域,而且还为现代行为科学的发展奠定了基础,对管理实践也产生了深远的影响。

2. 人际关系学说

霍桑实验的研究结果否定了传统管理理论对于人的假设,表明了工人不是被动、孤立的个体,他们的行为不仅仅受工资的刺激,影响生产效率的最重要因素不是待遇和工作条件,而是工作中的人际关系。据此,梅奥提出了社会人的观点。从经济人到社会人的认识如图1.7所示,简要介绍如下:

(1)工人是"社会人"而不是"经济人"。梅奥认为,人们的行为并不单纯出自追求金钱的动机,还有社会方面、心理方面的需要,即追求人与人之间的友情、安全感、归属感和受人尊敬等,而后者更为重要。因此,不能单纯从技术和物质条件着眼,而必须首先从社会心理方面进行合理地组织与管理。

(2)企业中存在非正式组织。企业中除了存在古典管理理论所研究的为了实现企业

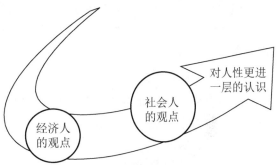

图1.7 从经济人到社会人的认识

目标而明确规定各成员相互关系和职责范围的正式组织之外,还存在非正式组织。这种非正式组织的作用在于维护成员的共同利益,使之免受内部个别成员的疏忽或外部人员的干涉所造成的损失。非正式组织中有自己的核心人物和领袖,有大家共同遵循的观念、价值标准、行为准则和道德规范等。

(3)新的领导能力在于提高工人的满意度。在决定劳动生产率的诸多因素中,置于首位的因素是工人的满意度,而生产条件、工资报酬只是第二位的。职工的满意度越高,其士气就越高,从而生产效率就越高。较高的满意度来源于工人个人需求的有效满足,不仅包括物质需求,还包括精神需求。

(四)现代管理理论

现代管理理论是继科学管理理论、行为科学理论之后,西方管理理论和思想发展的第三阶段。在这个阶段,资本主义生产关系出现了一些新变化,由于工人运动的发展,赤裸裸的剥削方式逐渐被新的更隐蔽、更巧妙的剥削方式所掩盖。新的剥削方式着重从人的心理需要、感情等方面着手,进行处理人际关系和人的行为问题的管理。同时,由于管理领域复杂性的影响,管理理论的发展越来越借助于多学科交叉研究,经济学、数学、统计学、社会学、人类学、心理学、法学、计算机科学等各学科的研究成果越来越多地应用于企业管理。与前一阶段相比,这一阶段最大的特点就是学派林立,新的管理理论、思想、方法不断涌现,如管理过程学派、经验主义学派、系统管理学派、决策理论学派、管理科学学派、权变理论学派等。

1. 管理过程学派

事实上,法约尔就是这个学派的"开山鼻祖"。这一理论是在法约尔的一般管理理论的基础上发展而来的,后来经美国管理学家哈罗德·孔茨(代表作有《管理学原理》《管理理论丛林》)等人的发扬光大,成为现代管理理论学丛林中的一个主流学派。

管理过程学派的主要特点是将管理理论同管理人员所执行的管理职能,也就是管理人员所从事的工作联系起来。他们认为,无论组织的性质如何不同(如经济组织、政府组织、宗教组织和军事组织等),组织所处的环境如何不同,管理人员所从事的管理职能总是相同的,管理活动的过程就是管理的职能逐步展开和实现的过程。因此,管理过程学派把管理的职能作为研究的对象,他们先把管理的工作划分为若干职能,然后对这些职能进行研究,阐明每项职能的性质、特点和重要性,论述实现这些职能的原则和方法。管理过程学派认为,应用这种方法就可以把管理工作的主要方面加以理论概括,有助于建立起系统的管理理论,用以指导管理的实践。

2. 经验主义学派

经验主义学派又称为经理主义学派,以向大企业的经理提供管理企业的经验和科学方法为目标。经验主义学派的主要代表人物是彼得·德鲁克,其主要作品有《管理实践》《管理:任务、责任、实践》等;另一个代表人物是欧内斯特·戴尔,其代表作是《伟大的组织者》。经验主义学派认为管理学就是研究管理经验,认为通过对管理人员在个别情况下成功的和失败的经验教训的研究,会使人们懂得在将来相应的情况下如何运用有效的方法解决管理问题。因此,这个学派的学者把对管理理论的研究放在对实际管理工作者的管理经验教训的研究上,强调从企业管理的实际经验而不是从一般原理出发来进行研究,强调用比较的方法来研究和概括管理经验。

3. 系统管理学派

系统管理学派提出了有关整体和个体组织及其运营的观念体系,并运用系统观点来考察管理的基本职能,认为投入的是物资、劳动力和各种信息,产出的是各种产品(或服务),其代表人物为切斯特·巴纳德(代表作有《经理的职能》)。

系统管理学派认为,组织是由许多子系统组成的,其作为一个开放的社会技术系统,各系统之间既相互独立,又相互作用,不可分割,从而构成一个整体。这些系统还可以继续分为更小的子系统。企业则是由人、物资、机器和其他资源在一定的目标下组成的一体化系统,它的成长和发展同时受到这些组成要素的影响,在这些要素的相互关系中,人是主体,其他要素则是被动的。管理人员要力求保持各部分之间的动态平衡、相对稳定、一定的连续性,以便适应情况的变化,达到预期目标。同时,企业预定目标的实现,不仅取决于内部条件,而且取决于企业外部条件,如资源、市场、社会技术水平、法律制度等,它只有在与外部条件的相互影响中才能达到动态平衡。

4. 决策理论学派

决策理论学派认为,决策贯穿管理的全过程,决策是管理的核心,其代表人物是赫伯特·西蒙。西蒙指出,组织中经理人员的重要职能就是做决策,任何作业开始之前都要先做决策,制订计划就是决策,组织、领导和控制也都离不开决策。在决策标准上,用"令人满意"准则代替"最优化"准则。以往的管理学家往往把人看成以"绝对的理性"为指导、按最优化准则行动的理性人，西蒙则认为事实上这是做不到的，应该用"管理人"假设代替"理性人"假设，"管理人"不考虑一切可能的复杂情况，只考虑与问题有关的情况，采用"令人满意"的决策准则可以做出令人满意的决策。

5. 管理科学学派

管理科学学派又称管理中的数量学派，也称运筹学。这个学派认为，解决复杂系统的管理决策问题，可以用电子计算机作为工具，寻求最佳计划方案，以达到企业的目标。管理科学其实就是管理中的一种数量分析方法，它主要用于解决能以数量表现的管理问题，其作用在于通过管理科学的方法，减少决策中的风险，提高决策的质量，保证投入的资源发挥出最大的经济效益，其代表人物是埃尔伍德·斯潘赛·伯法（代表作有《现代生产管理》）。

就管理科学的实质而言，它是泰勒科学管理的继续与发展，因为它们都不主张凭经验、主观判断来进行管理，而提倡采用科学的方法，探求最有效的工作方法或最优方案，以达到最高的工作效率，以最短的时间、最小的支出得到最好的效果。不同的是，管理科学的研究已经突破了操作方法、作业研究的范围，而向整个组织的所有活动方面扩展，要求进行整体性的管理。由于现代科学技术的发展，一系列的科学理论和方法被引入管理领域，所以管理科学可以说是现代的科学管理。管理科学的基本特征是：以系统的观点，运用数学、统计学的方法和电子计算机技术，为现代管理决策提供科学的依据，解决各项生产、经营问题。

6. 权变理论学派

权变理论为人们分析和处理各种管理问题提供了一种十分有用的方法，它要求管理者根据组织的具体条件及其面临的外部环境，采取相应的组织结构、领导方式和管理方法，灵活地处理各项具体管理业务，其代表人物有弗雷德·卢桑斯（代表作有《管理导论：一种权变学说》）、费雷德·菲德勒（代表作有《权变模型——领导效用的新方向》）等。

权变理论学派认为，在企业管理中要根据企业所处的内外条件随机应变，没有什么一成不变、普遍适用的"最好的"管理理论和方法。该学派是从系统观点来考察问题的，它的理论核心就是通过组织的各子系统内部和各子系统之间的相互联系，以及组织和它所处的环境之间的联系，来确定各种变数的关系类型和结构类型。它强调在管理中要根据组织所处的内外部条件随机应变，针对不同的具体条件寻求不同的最合适的管理模式、方案或方法。

1.3 企业管理的基础工作

企业管理的工作千头万绪，经常听企业说"基础工作不健全""基础工作做得不好"，给经营管理带来诸多影响。要管理好企业，必须要做好管理的基础工作；否则，管理的"空中楼阁"是会掉下来的。那么，企业管理的基础工作究竟有哪些？由于存在不同的行业和企业、不同的规模和管理要求，所以企业管理的基础工作的要求有所不同。一般来说，管理的基础工作包括以下几个方面。

一、信息工作

一般把包括原始记录、统计分析、技术经济情报、科技档案工作，以及数据和资料的收集、处理、传递、储存等管理工作，统称为信息工作。

现代企业是一个彻底开放的系统，及时、准确的信息是进行正确决策的依据。企业信息的收集、处理和利用，是企业生产经营的重要资源。

二、标准化工作

1. 技术标准

技术标准是指对企业的产品、生产条件、生产方法，以及包装、储存和运输等所做的有关规定。制定技术标准要经过调查研究、收集资料、起草、试验、修改、确认等步骤。技术标准是企业标准的重要内容，包括材料标准、产品质量标准、工艺标准、设备及工具维修标准、安全与环保标准等。

2. 管理标准

管理标准是对企业各项管理工作的职责、程序和要求所做的规定，它是保证技术标准得以实施的必要条件。企业通常采用图解法制定管理标准，其一般由五个部分组成，即管理总体图、管理流程图、岗位工作图、信息传递图和有关文字条例。

3. 工作标准

工作标准又叫工作规范，是指员工按照规定的工作程序按时、保质保量地完成本岗位的工作任务。其具体包括以下几个方面：

（1）时间规则。对作息时间、考勤办法、请假程序、交接要求等方面所做的规范，也包括员工完成一定工作所需的时间。

（2）组织规则。企业单位对各个职能、业务部门及各层组织机构的权责关系，指挥命令系统，所受监督和所施监督，保守组织机密等内容所做的规范。

（3）岗位规则。也称岗位劳动规范，它是对岗位的职责、劳动任务、劳动手段，以及工作对象的特点、操作程序、职业道德等所做出的各种具体要求。

（4）协作规则。企业单位对各个工种、工序、岗位之间的关系，上下级之间的连接配合等方面所做的规定。

（5）行为规则。对员工的行为举止、工作用语、着装、礼貌礼节等所做的规定。这些规则的制定和贯彻执行，将有利于维护企业正常的生产、工作秩序，监督劳动者严格按照统一的规则和要求履行自己的劳动义务。

三、定额工作

工作定额也称产量定额，是劳动定额的一种，是在单位时间内（如小时、工作日或班次）规定的应生产产品的数量或应完成的工作量。定额是在一定的生产条件下，对物力、财力人力的消耗及占用所做的规定性标准，如劳动定额、材料消耗定额、物料仓储定额、流动资金定额、管理费用定额等。

1. 劳动定额

劳动定额是在一定的生产技术、组织条件下为生产一定量的产品或完成一定的工作，所规定的劳动消耗量的标准。劳动定额有工时定额和产量定额两种形式。

2. 材料消耗定额

材料消耗定额是指在节约和合理使用材料的条件下,生产单位生产合格产品所需要消耗一定品种规格的材料、半成品、配件及水、电、燃料等的数量标准,包括材料的使用量和必要的工艺性损耗及废料数量。制定材料消耗定额,主要就是为了利用定额这个经济杠杆,对物资消耗进行控制和监督,达到降低物耗和工程成本的目的。

3. 物料仓储定额

物料仓储定额是指在一定的管理条件下,企业为保证生产顺利进行所必需的、经济合理的物资储备数量标准。确定物料仓储定额取决于两个因素,即物资周转期和周转量。

4. 流动资金定额

流动资金定额是对企业或企业所属内部独立核算单位规定的在正常生产经营情况下,必需的、合理的、最低限度流动资金占用量标准,是企业筹措流动资金和考核流动资金运用情况的依据。一个企业所需的流动资金数额主要取决于生产经营规模、生产周期、物资消耗、成本水平及流动资金周转速度等。在核定流动资金定额过程中,既要保证企业正常生产经营活动的资金需要,又要贯彻节约原则,力争减少流动资金的占用。

5. 管理费用定额

管理费用定额通常称为费用开支标准,是指在企业正常生产经营活动中,为生产一定产品或者完成某种工作所规定的必需开支的费用标准。

四、计量工作

计量是指采用一种标准的单位量去测定事或物的量值。没有科学的计量方法和手段,就不能得到真正可靠的原始数据,也就无法进行严格的质量控制、材料管理、成本管理和经济核算,连推行严格的经济责任制也会变成空谈。计量工作包括:计量器具要准确可靠,计量方法要科学合理,要有人专门负责计量工作的监察与监督,建立计量管理制度,规定工作程序和奖惩办法等。

五、规章制度

规章制度是企业管理中各种管理条例、章程、制度、标准、办法、守则等的总称。它用文字形式规定管理活动的内容、程序和方法,是管理人员的行为规范和准则,是全体企业员工必须遵守的行动准则。企业规章制度不是一成不变的,随着企业的发展、技术的更新、管理水平的提高和人们认识的深化,也需要修改和完善。

六、培训工作

要建立具有竞争力的一流企业,人员素质是关键。中小型企业的人员流动性较大,培训工作往往被忽视。虽然对员工进行培训会损失一些局部利益,但为了企业的长远利益和持续发展,企业必须对员工进行培训并形成制度。

综合练习与实践

一、判断题

（1）生产过程包括物质资料的生产和生产关系的再生产、与生产力相联系的自然属性、与生产关系相联系的社会属性。（　　）

（2）计划职能是指企业从现在到未来的发展过程中对目标、实现目标的途径及时间的选择和规定，计划集中于眼前利益，是企业从现状向未来发展的桥梁。（　　）

（3）要提高劳动生产率，就要制定出有科学依据的工人的"合理日工作量"，就必须通过各种试验和测量，进行劳动动作研究和工作研究。（　　）

（4）韦伯对组织管理理论的伟大贡献在于明确而系统地指出理想的组织应以合理、合法权利为基础，这样才能有效地维系组织的连续和目标的达成。（　　）

（5）非正式组织的作用在于维护企业的整体利益，使之免受内部个别成员的疏忽或外部人员的干涉所造成的损失。（　　）

二、单项选择题

（1）（　　）是根据企业法规定所确认和划分的企业类型，法定的企业类型具有法律的约束力和强制性。

  A. 企业分类   B. 学理标准   C. 法定标准   D. 企业评定

（2）（　　）是领导者为实现组织的目标而运用权力向其下属施加影响力，完成工作任务的职责和功能。

  A. 领导职能   B. 计划职能   C. 组织职能   D. 协调职能

（3）科学管理的代表人物是（　　）。

  A. 法约尔   B. 韦伯   C. 泰勒   D. 西蒙

（4）法约尔从总经理的办公桌旁，以企业整体作为研究对象，创立了（　　）。

  A. 科学管理理论   B. 一般管理理论

  C. 行政管理理论   D. 领导管理理论

（5）（　　）对古典管理理论进行了大胆的突破，第一次把管理研究的重点从工作和物的因素上转到人的因素上来，不仅在理论上对古典管理理论做了修正和补充，开辟了管理研究的新领域，而且为现代行为科学的发展奠定了基础，对管理实践也产生了深远的影响。

  A. 泰勒   B. 科学管理   C. 管理实践   D. 霍桑实验

三、多项选择题

（1）现代企业的特征是（　　）。

  A. 商品性   B. 营利性   C. 法人性

  D. 竞争性   E. 独立性

（2）我国《公司法》规定公司的基本类型为（　　）。

  A. 无限责任公司   B. 有限责任公司

  C. 股份有限公司   D. 两合公司

（3）现在最为广泛接受的是将管理分为（　　）基本职能。

  A. 计划   B. 组织   C. 领导   D. 控制

（4）现代行为科学理论认为，人们的行为并不单纯出自追求金钱的动机，还有（　　）需要，即追求人与人之间的友情、安全感、归属感和受人尊敬等，而后者更为重要。

  A．社会方面   B．生活方面   C．心理方面   D．物质方面

（5）标准化工作包括（　　）。

  A．技术标准   B．管理标准   C．消费标准   D．工作标准

四、简答题

（1）什么是企业？

（2）怎样理解企业管理的概念？

（3）企业管理的基础工作包括哪些内容？

【在线答题】

第 2 章

战 略 管 理

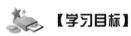【学习目标】

通过本章的学习,学生应掌握企业战略的含义,理解战略管理的含义,了解战略管理的特征和构成要素;重点掌握企业战略的分类和战略分析的内容,掌握企业战略评价的方法,理解企业战略的实施与控制。

【学习要求】

知识要点	能力要求	相关知识
战略管理	(1) 了解企业战略的概念 (2) 理解企业战略管理的含义 (3) 了解企业战略的构成要素	
企业战略的类型	(1) 了解公司层次战略的分类 (2) 了解业务层次战略的分类	发展战略、稳定战略、紧缩战略 成本领先战略、差异化战略、集中化战略
战略管理过程	(1) 熟悉战略管理的过程 (2) 掌握战略分析的内容 (3) 掌握SWOT分析法、波士顿矩阵法 (4) 理解企业战略的实施与控制	战略分析内容、战略选择方法、战略实施与控制

【案例导入】

在《三国演义》中最著名也最重要的战略规划，是诸葛亮第一次与刘备见面在隆中的一段对话，后人称为"隆中对"。

刘备去拜访诸葛亮，总共去了三次才见到。于是叫旁边的人避开，说："汉王朝的统治崩溃，奸臣窃取了政权，皇上遭难出逃。我想为天下伸张大义，您说该采取怎样的办法呢？"

诸葛亮回答道："曹操能够战胜袁绍，从弱小变为强大，不但是时机好，而且也是人的谋划得当。现在曹操已拥有百万大军，挟制皇帝来号令诸侯，不能与他正面较量。孙权占据江东，地势险要，民心归顺，重用贤能，可以联合他，而不可谋取他。荆州的北面控制汉、沔二水，从水路一直可通达南海，东面连接吴郡和会稽郡，西边连通巴、蜀二郡，是兵家必争之地，但是它的主人刘表无能，这地方是老天用来资助将军的，将军难道没有占领的意思吗？益州有险要的关塞，有广阔肥沃的土地，自然条件优越，物产富饶，但益州牧刘璋昏庸懦弱，将军如果占据了荆州、益州，凭借两州险要的地势，西面和各族和好，南面安抚各部落，对外跟孙权结成联盟，对内改善国家政治。一旦形成势力，就派一名将领率领荆州的军队向南阳、洛阳进军，将军亲自率领益州的军队攻打秦川，如果真的做到这样，霸业就可以成功，汉朝的政权就可以复兴了。"

刘备采纳了诸葛亮的意见，并在经过赤壁之战、借荆州、西进取川后，果真形成三国鼎立之势。

 ## 2.1 战略管理概述

企业战略在现代企业管理中具有十分重要的地位与作用，决定企业的发展方向和重大的行动决策，关系企业的存亡与发展。尤其是在市场竞争日趋激烈的条件下，重视与加强企业战略规划，对企业发展具有特别重要的意义。

一、企业战略的内涵

"战略"一词最早来源于军事活动，指的是作战谋略。《辞海》中对战略的解释是：军事名词，对战争全局的筹划和指挥。根据敌对双方的军事、政治、经济、地理等因素，兼顾战争全局的各方面，进行军事力量的准备和运用。《大百科全书》中关于战略的解释是：战略是指导战争全局的方略。20世纪50年代中期，"战略"一词被引入企业经营管理领域。自1965年美国的伊戈尔·安索夫（战略管理的一代宗师，对战略管理进行了开创性研究）发表《企业战略论》以来，越来越多的学者对企业战略管理的理论展开了深入的研究。一般认为，企业战略是以企业未来的生存和发展为出发点，为寻求和维持持久竞争优势做出的重大的、带有全局性的谋划，具有全局性、指导性、长远性、竞争性、稳定性和风险性。

企业战略管理是指管理者制定和实施企业战略的动态管理过程，将企业战略作为一个不可分割的整体来加以管理，关心的是企业的长期稳定发展。企业战略管理的任务包括基本任务和最高任务：基本任务指的是实现特定阶段的战略目标；最高任务指的是实现企业的使命。企业战略管理以复杂性为其主要特点，需要在将复杂问题概念化的基础上做出决定和判断。因此，作为一名战略管理者，应具备三个方面的能力：一是规划和分析的能力；二是将主要战略问题概念化的能力；三是建立一个合适的组织，最终能够使利益相关者的期望与资源能力、效率相匹配，并能够对环境变化能做出各种反应的能力。

二、企业战略的构成要素

企业战略的构成要素对企业的生产经营有重要影响,它们存在于企业各个层次的战略之中。企业战略的层次不同,构成要素的相对重要程度也不同。

(一)经营范围

经营范围是指企业从事生产经营活动的领域,即企业应在哪些领域中经营,可以是单一领域,也可以是多个领域。企业经营范围的确定,应该着重考虑与企业密切相关的环境,根据企业所处的宏观环境、行业环境、产品和市场等来确定。

(二)资源配置

资源配置是指企业对资源进行配置、整合的能力。资源是企业进行一切生产经营活动的基础。企业的有形资源和无形资源的合理配置形成企业的市场竞争力,而从企业所拥有的各种资源配置能力出发,能够发掘企业的核心竞争力。资源配置的优劣差异会直接影响企业战略的实施能力,进而影响企业目标的实现。研究发现,多数成功的企业根据自身所处的外部环境采取相应的战略行动,并对自身已有的资源进行适当的整合,以支持总体的战略目标。

(三)竞争优势

竞争优势是指企业通过确定经营范围与资源配置模式,所形成的在市场上优于竞争对手的优越地位。竞争优势可以来自产品和市场的定位,也可以来自企业对特殊资源的整合运用。企业可以通过设置并保持防止竞争对手进入的障碍与壁垒,或者进行产品技术开发,生产新产品以取得竞争优势。

(四)协同作用

协同作用是一种联合作用的效果,指的是企业从资源配置和经营范围的决策中寻求一种联合作用的效果。在管理学中,协同作用常常被描述为"1+1>2"的效果,即当企业能够根据所处环境确定经营范围、进行资源优化配置并创造企业竞争优势时,企业各经营单位联合起来所产生的效益将远远大于各经营单位各自为战的效益总和。但是,倘若协同作用使用不当,也可能产生消极作用,如当企业在新的领域进行多种经营时,由于环境条件的差异,以前的管理经验发挥不了作用,在这种情况下管理协同作用便会产生消极作用。企业可以通过企业成本下降或纯收入增加的程度,来评价联合经营的协作效果。

2.2 企业战略的类型

企业战略类型是一个动态的范畴,其具体的表现形式是多种多样的。对于多元化经营的企业来说,根据所涉及的影响层面的不同,企业战略可以划分为公司层次战略、业务层次战略和职能层次战略,如图 2.1 所示。

一、公司层次战略

公司层次战略是企业总体的、最高层次的战略,应着重解决两方面的问题:一是解决公司的业务是什么和应当在什么业务上经营等问题;二是在各项业务之间如何进行资源的优化配置,以实现公司整体的战略目标。公司层次战略决定了相应事业单元在组织中的地位。公司层次的战略一般有发展战略、稳定战略、收缩战略等类型,如图2.2所示。

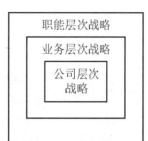

图2.1 企业战略的类型

(一)发展战略

发展战略是一种企业在现有的战略基础上向更高一级目标发展的谋划和方略。企业实施发展型战略是以企业的快速发展为宗旨的。企业不断地开发新的产品,开拓新的市场,采用新的生产方式和管理方式,以便扩大企业的产销规模,提高竞争地位,增强企业的竞争实力。发展战略强调的是充分利用外部环境给企业提供的有利机会,努力发掘和运用各种资源,以求得企业快速发展。随着发展战略的实施,企业在市场占有率、获利水平、竞争能力及创新程度等方面会呈现出比其他企业更优秀

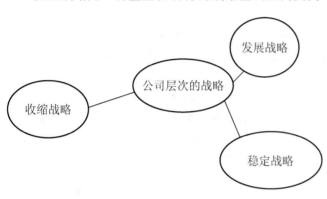

图2.2 公司层次战略的类型

的特征,如市场占有率的增长速度快、利润水平高、以相对创新的产品及管理上的高效率作为竞争手段等。

(二)稳定战略

稳定战略是企业准备在战略规划期使企业的资源分配和经营状况基本保持在当前水平上的战略。从企业经营风险的角度来说,实施稳定战略的风险是相对较小的,其从本质上追求的是在过去经营状况基础上的稳定,所以对于那些成功的企业会很有效。实施稳定战略的企业一般应具有这些特征:对过去的经营业绩表示满意,决定追求既定的或与过去相似的经营目标;在产品的创新上较少;战略规划期内所追求的绩效按照大体的比例递增。

从以上特征可以看出,稳定战略坚持前期战略对产品和市场领域的选择,以前期战略所要达到的目标作为当期战略的目标。因此,实施稳定战略的前提是企业过去的战略是成功的。采用稳定战略的企业,一般处在市场需求及行业结构较为稳定的外部环境中,而有些市场需求有较大幅度增长的企业由于资源不足也会采取相对保守的稳定战略。下面分别介绍企业实施稳定战略的优、缺点。

(1)企业实施稳定战略的优点:一是企业的经营风险相对较小。由于企业基本维持原有的产品和市场领域,所以可以用原有的生产领域、渠道,避免开发新产品核心市场的巨大资金投入、激烈的竞争抗衡和开发失败的巨大风险。二是能避免因改变战略而改变资源分配的困难。由于经营领域主要与过去大致相同,所以不必考虑原有资源的增量或存量的调整。三

是能避免因发展过快而导致的弊端。在行业迅速发展的时期，许多企业无法看到潜伏的危机而盲目发展，结果造成资源的巨大浪费。四是能给企业一个较好的修整期，使企业积聚更多的能量，以便为今后的发展做好准备。

（2）实施稳定战略也有不少缺点：一是稳定战略的执行是以市场需求、竞争格局等内外条件基本稳定为前提的，若企业内外条件不稳定的话，就会使企业陷入困境。二是缺乏创新意识，企业抗风险的能力弱。

稳定战略的优点和缺点都是相对的，企业在具体的执行过程中必须权衡利弊，准确估计风险和收益，并采取合适的风险防范措施。只有这样，才能保证稳定战略的优点的充分发挥。

（三）收缩战略

收缩战略是指企业从当前的战略经营领域和基础水平收缩和撤退，且偏离起点战略较大的经营战略。相比前面两种战略，收缩战略是一种消极的发展战略。一般情况下，企业实施收缩战略只是短期的，其根本目的是使企业避开环境的威胁，抵御竞争对手的进攻，进而迅速实行自身资源的最优配置。从这个意义上来说，收缩战略是一种以退为进的战略，其具有以下特征：

（1）收缩战略具有明显的短期性。与发展战略和稳定战略相比，收缩战略具有明显的过渡性，其根本目的在于使企业避开目前环境中存在的威胁，为企业今后的发展积蓄力量。

（2）对企业现有的产品和市场领域实行收缩、调整和撤退战略，如放弃某些市场和某些产品线。企业的规模是在缩小，同时一些效益指标，如利润率和市场占有率等，都会有较为明显的下降。

（3）对企业资源的运用采取较为严格的控制并尽量削减各项费用支出，往往只投入最低限度的经营资源。实施收缩战略的企业一般会出现大量裁员或暂停购买大额资产等行为。

一般情况下，收缩战略是一种迫于形势的选择，是经营者不太愿意选择的一种战略。从实施收缩战略的基本途径来看，可以将收缩战略分为转向战略和清算战略两种类型。

（1）转向战略是指企业在现有的经营领域不能维持原有的市场规模，不得不采取减少生产，或者企业发现更好的发展机遇而减少原有业务领域的投资的战略方案。采用这种战略的目的是改变企业中资源的流向，使企业的资源投入到发展潜力更大的领域。转向战略会使企业的主营方向发生变化，有时会涉及基本经营宗旨的变化，其成功的关键在于管理者必须要有明晰的战略管理理念，即必须决断是对现存的业务给予关注还是重新确定企业的基本宗旨。

（2）清算战略是指通过卖掉企业资产或停止整个企业的运行而终止一个企业的存在。显然，只有在其他战略都失败时才会考虑使用清算战略。但在确实毫无希望的情况下，尽早进行清算，企业可以有计划地降低企业股票的市场价值，尽可能多的收回企业资产，尽量减少损失。从这个意义上来讲，在特定的情况下，清算战略也是一种明智的选择。

下面分别介绍实施收缩战略的优、缺点。

（1）实施收缩战略的优点：一是帮助企业在外部环境恶劣的情况下，节约开支和费用，成功避开环境的威胁；二是在企业经营不善的情况下最大限度地降低损失；三是帮助企业更好地实行资产最优组合，将不良资产转移到发展前景好的经营领域上，实现长远利益的最大化。

（2）实施收缩战略的缺点：一是如果尺度没有把握好的话，很可能会扼杀具有发展前景的业务和市场，使企业的总体利益受损；二是意味着不同程度的裁员和减薪，从而会引起企业员工的不满。

企业采用收缩战略实际上是一种调整行为，是面对情势的合理选择，所以收缩战略的运用应该有张有弛，把握好适度原则。

二、业务层次战略

业务层次的战略包括竞争战略与合作战略，所涉及的决策问题是事业部应在什么样的业务或市场上进行竞争与合作，以取得竞争优势。业务层次的战略侧重点在于，各经营领域发展的内外部环境分析及各经营领域的战略重点和战略措施等。制定业务层次战略所要解决的问题是如何在市场上取得竞争优势，既要对公司层次战略进行细分执行，又要达成职能层次战略的目标。业务层次战略上承公司层次战略，下接职能层次战略，是企业生存发展的基础，其具体表现为竞争战略。"竞争战略之父"迈克尔·波特教授将竞争战略分为成本领先战略、差异化战略和集中化战略。

【名人简介】

（一）成本领先战略

成本领先战略也称低成本战略，是指企业在提供相同的产品或服务时，通过在内部加强成本控制，在研究、开发、生产、销售、服务和广告等领域内把成本降低到最低限度，使成本或费用明显低于同行业平均水平或主要竞争对手的成本水平，从而赢得更高的市场占有率或更高的利润，成为行业中成本领先者的一种竞争战略。实施成本领先战略，要求企业较竞争者有明显的成本优势，可以在行业中筑起较高的进入堡垒，使企业进入一种"成本-规模"的良性循环。

（1）成本领先战略的优势。一是获得较高的利润。较低的企业成本使企业产品的单位利润空间增大，因此，企业可以获得较高的利润。企业用较低的价格夺取竞争对手的市场份额，增加企业的市场占有率，获得相对于竞争对手更多的产业利润。二是增强议价能力。对成本领先者而言，企业的生产经营成本低，可以提高自己对消费者的讨价还价能力。另外，企业对生产要素的大规模需求，也可以提高企业与供应商讨价还价的能力。三是形成进入障碍。那些导致企业成本领先的因素，如企业规模、生产技术先进、品牌知名度高等成为行业潜在进入者的进入障碍。四是降低替代品威胁。当替代品进入市场时，企业仍可以凭其产品的成本优势占有对价格敏感的细分市场，也可通过进一步降低价格来抵御替代品的威胁。

（2）成本领先战略的风险。一是行业内的技术进步可以使过去用于扩大生产规模的投资变得无效，而由于技术具有可模仿性，使得竞争对手也能够实现低成本生产。二是竞争者可能采取非价格或差异化的竞争战略来抗衡。由于不同消费者对价格的敏感程度不一样，所以竞争对手可能采取非价格或差异化竞争战略，以企业品牌的形象或产品差异来抵消来自低成本领先企业的压力。三是容易忽视产品和市场营销的变化。如果企业过分地追求低成本，忽视消费者的需求或产品的质量的话，必将会影响到企业的发展。

（二）差异化战略

差异化战略是指企业向顾客提供在行业范围内独具特色的产品或服务。由于产品独具特色，所以可以带来额外的加价。差异化战略是企业广泛采用的一种战略。企业可以在多方面寻求差异化，如创造企业在产品设计或品牌形象、技术特点、外观特点、客户服务、营销网络的独特性等。差异化战略并不是简单地追求形式上的特点与差异，企业必须了解顾客的需要和选择偏好，并以此作为差异化的基础。

（1）差异化战略的优势。一是获得高水平收益。实施差异化战略，可以给企业的产品带来更高的溢价，以此来弥补由于差异化增加的成本，并为企业获得更高的收益。二是减弱顾客的议价能力。企业差异化的产品和服务能够满足顾客的特殊需求，当这种差异化难以模仿时，顾客就会对差异化的产品产生品牌忠诚，并降低对价格的敏感度，从而削弱自身的讨价还价能力。三是降低替代品的威胁。实施差异化战略的企业，能够满足消费者的特殊需求，进而建立起消费者对企业的忠诚，形成强有力的行业进入障碍。

（2）差异化战略的风险。在消费者需求多样化的市场环境下，差异化是一种十分有效的竞争战略。但差异化战略的实施也存在一定的风险，主要表现在企业没能形成适当的差异化和在竞争中企业不能保持差异化两方面。

① 不恰当的差异化风险。企业如果没有从市场需求出发，盲目追求的差异化则不可能体现出竞争优势；或者是企业过度追求差异化，导致其属性超越了消费者的需求，从而丧失了竞争优势。另外，企业单纯地追求差异化，必然导致企业成本过高，形成较高的销售价格，进而使企业丧失竞争优势。

② 差异化的转移风险。竞争对手模仿推出相似的产品，降低了产品差异化的特色，从而导致消费者在购买商品时形成价格导向，而非差异化导向；或者是竞争对手推出了更有差异化的产品，使得企业原有的顾客转向了竞争对手。

企业实施差异化战略，需要进行广泛的市场调研、产品开发和原料选材等工作，其代价是高昂的，形成的产品价格也较高。另外，企业还应认识到，并不是所有的消费者都愿意支付产品差异化后形成的较高的价格。

（三）集中化战略

集中化战略又称重点集中战略，是指企业把经营活动的重点放在一个特定的目标市场上，为特定的地区或特定的顾客集团提供特殊的产品或服务的战略。其基本思想是一个规模和资源有限的企业很难在其产品市场上展开全面的竞争，因而需要瞄准一点，以期产生有效的市场效应。集中化战略可以防御行业中的各种力量，也可以防御替代品的威胁，还可以针对竞争对手最薄弱的环节采取行动。例如，根据消费者不断变化的需求而形成产品差异化的竞争优势；或者在为目标市场的专门服务中降低成本，形成低成本的竞争优势；或者兼顾产品差异化和低成本这两种竞争优势。企业成功地运用集中化战略，可使竞争对手很难在目标市场上与之抗衡，并可获得超过行业平均水平的收益。

集中化战略与前述的两种基本竞争战略不同：成本领先战略与差异化战略面向全行业，在整个行业范围内进行活动，而集中化战略则是围绕一个特定的目标市场进行密集型的生产经营活动，要求能够比竞争对手提供更有效的服务。企业一旦选择了特定的目标市场，便可以通过产品差异化或成本领先的方法，形成集中化战略。集中化战略一般有两种形式，即差异集中化战略和成本集中化战略。成本领先战略、差异化战略和集中化战略这三种一般竞争战略的比较如图 2.3 所示。

（1）集中化战略的优势。同其他竞争战略一样，集中化战略也能在行业中获得高于一般水平的收益，主要表现在：一是集中化战略便于集中使用整个企业的力量和资源，更好地服务于某一特定的目标；二是将目标集中于特定的部分市场，企业可以更好地调查研究与产品有关的技术、市场、顾客及竞争对手等各方面的情况；三是战略目标集中明确，经济成果易于评价，战略管理过程也容易控制，从而带来管理上的简便。

（2）集中化战略的风险。企业在实施集中化战略时，可能会面临几种风险：一是由于企业全部力量和资源都投入到特定的目标市场，当消费者偏好发生变化、技术出现创新或有新的替代品出现，市场对特定产品或服务的需求下降，企业就会受到很大的冲击；二是竞争对手打入企业选定的目标市场，并采取优于企业的集中化战略，使原来实施集中化战略的企业失去优势；三是随着市场的不断发展，要求产品不断更新，造成生产费用的增加，使采取集中化战略的企业的成本优势削弱。

	竞争优势	
	顾客觉察到的独特性	成本领先地位
全行业范围	差异化	成本领先
竞争范围	差异集中化	成本集中化

图 2.3　三种一般竞争战略的比较

三、职能层次战略

职能层次战略是指企业中的各职能部门制定的短期目标和规划，一般分为营销战略、人事战略、财务战略、生产战略、公关战略等。职能战略的目的是实现公司层次和业务层次的战略计划服务。公司层次战略、业务层次战略和职能层次战略之间必须保持高度的统一和协调，每一层次的战略构成下一层次的战略环境，而低一层次的战略为高一层次的战略目标的实现提供保障和支持。例如，业务层次战略确立了差异化战略方向，要培养企业创新的核心竞争力，人事战略就必须体现对创新的鼓励；要重视培训，鼓励学习；把创新贡献纳入考核指标体系。

职能战略描述的是在执行公司层次战略和业务层次战略的过程中，企业每一个职能部门所采取的方法和手段。公司层次战略只是指出公司发展的一般方向，而职能战略必须指出更为具体的方向，且需要较低层管理人员的积极参与。因此，职能战略的时间跨度较另外两种战略短得多，内容更具体、更专业、更具有行动导向性。

【音频故事】

2.3　战略管理过程

企业的战略管理是对一个企业的未来发展方向制定决策和实施控制的动态管理过程。一个规范的、全面的战略管理过程大体可以分解为三个阶段，即战略分析阶段、战略选择与评价阶段、战略实施与控制阶段。企业的战略管理过程如图 2.4 所示。

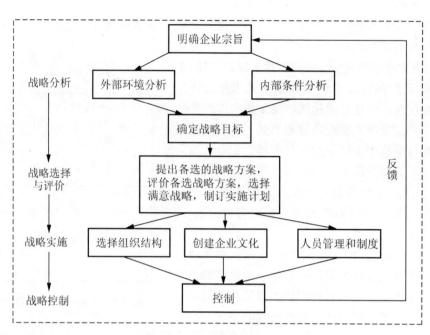

图 2.4　企业战略管理过程图

第一阶段：战略分析，根据企业宗旨及内外环境的关系，确定战略目标。

第二阶段：战略选择与评价，根据企业内外环境、企业宗旨和目标，拟订多个可以实现组织目标的战略方案，并选择最优方案。

第三阶段：战略实施与控制，将总体战略进行职能分解，设计与战略一致的组织结构；制定有效的激励方案战略实施。战略控制则侧重于成果与预定的战略目标对比，建立战略反馈系统，及时纠偏。

一、战略分析

战略分析是指根据企业确定的宗旨，对企业的内外环境进行分析，并预测这些环境未来发展的趋势，进而确定企业发展的战略目标。企业在正确地制定战略目标和达成这些目标的战略之前，必须对企业的内外部环境进行分析，找出企业发展的机会和威胁及自身发展的优劣势，辨识出自身的核心竞争力。企业的环境可分为四个层次，即宏观环境、行业环境、竞争对手和内部环境，其中前三种环境统称为企业外部环境。

（一）宏观环境分析

宏观环境因素分析的意义是确认和评价各宏观环境要素对企业战略目标和战略选择的影响。对企业宏观环境的分析一般是分析政治与法律、经济、社会等因素对企业的影响。

1. 政治与法律因素

政治与法律环境的变化会显著地影响企业的经营行为和利益，是对企业的经营活动产生重要影响的政治力量，包括对企业经营活动加以规范和限制的法律、法规。政治因素包括国家的政治体制、政局与政策的稳定性、国际关系等方面的因素。如果一个国家的政策朝令夕改，那么该国的企业很难判断出政策的变化方向及对企业经营的有利性，便不可能形成长远的发展战略。此外，良好的国际关系也为企业特别是外贸企业营造良好的经营环境。

一些政治因素对企业的行为有直接的影响，具体表现为政府通过制定一些法规来间接地影响企业的活动。为了促进和指导企业的发展，我国颁布了一系列用于规范企业和市场行为的法律，如《中华人民共和国合同法》《中华人民共和国商标法》《中华人民共和国质量法》《中华人民共和国专利法》等。改革开放40年来，我国已初步形成社会主义市场经济法律体系框架，为我国企业在市场经济中的规范经营与发展提供了良好的法律保障。

2. 经济因素

经济因素是指企业参与竞争的或可能参与竞争的经济体的特征和发展方向。一般来说，企业更愿意在稳定的、增长潜力大的经济条件下进行竞争。经济的全球化使得国家间的依赖程度加大，因此，企业必须对本国及其他国家的经济状况进行扫描、监测、预测和评估。

分析宏观经济的总体状况，主要用国内生产总值（Gross Domestic Product，GDP）及其增长速度来衡量。如果一个国家GDP水平低，增长缓慢，那么企业的经营环境就不会很好。此外，国家的利率与汇率水平、失业率、居民可支配收入水平及通货膨胀率等因素，也会影响到企业的投资、产品进出口及人力成本等方面。

3. 社会因素

企业存在于一定的社会环境中，又是由社会成员所组成的一个小的社会团体，不可避免地要受到社会环境的影响和制约。社会因素包括社会文化、人口统计特征及自然因素等。

（1）社会文化是人们的价值观、思想、态度、社会行为等的综合体，会影响人们的消费方式和消费偏好，也会影响企业的经营方式。企业必须了解社会文化因素的变化对企业的影响。不同的国家都有不同的文化传统，有各自独特的价值观。国家的文化传统会影响企业的行为，进而影响企业的产出。另外，国家的文化传统还会影响企业在本土形成的国际化战略。

（2）人口统计特征是社会环境中的另一重要因素，包括人口数量、年龄结构、地理分布、家庭规模、职业构成、收入分布等。随着全球化进程的不断推进，人口因素的分析应立足于全球。人口因素的潜在影响已经跨越了国界，许多公司在全球市场开展竞争。

（3）自然因素是指一个国家或地区的客观环境因素，主要包括自然资源、地形地质、地理位置及气候等。在全球自然环境保护的大趋势下，企业应该意识到，生态、社会和经济系统中发生的变化是相互影响的。

（二）行业环境分析

与宏观环境相比，行业环境对公司的战略竞争力和获利能力有更直接的影响。行业的潜在盈利能力是由五种竞争力量共同决定的：新进入者的威胁、供应商的议价能力、购买者的议价能力、替代品的威胁及竞争对手间的竞争强度，参见图2.5。五力模型扩展了竞争分析的范围，从过去只关注与它们直接竞争的公司转变为从更广范围识别潜在的顾客，从而辨别现有的和潜在的竞争对手。

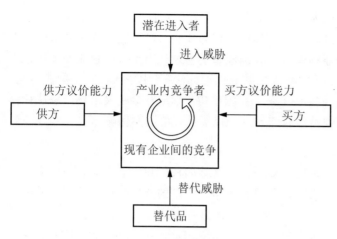

图 2.5 波特五力模型图

1. 新进入者的威胁

识别新进入者对企业的发展非常重要,因为它们可能威胁到现有竞争者的市场份额。新进入者造成的威胁主要包括:一是它们增加了行业总产出,从而导致整个行业的收入和回报下降;二是新进入者通常拥有相当的资源,对占有更大的市场份额有浓厚的兴趣。因此,新的竞争对手将迫使行业内现有的企业提高效率,学习如何在新的领域进行竞争。

企业进入一个新行业的可能性主要取决于两个因素:进入壁垒和对行业内现有企业报复行为的预期。行业壁垒增加了新企业的进入难度,即使进入了也会使企业处于竞争劣势。因此,高进入壁垒增加了行业中现有竞争者的利润,在行业竞争中获得成功的企业都希望能维持高进入壁垒,以打消潜在竞争者的进入企图。进入壁垒的主要因素有以下几方面:

(1)规模经济。规模经济是指随着模型的不断扩大,企业的效率不断提高,边际效益不断增加的现象。规模经济可以通过许多商业功能来实现,如营销、制造、研发和采购等。规模经济意味着当企业在一定时期内生产的产品增加时,单位产品的制造成本降低。新进入者在面对行业现有竞争者拥有的规模经济时,会处于两难的境地:如果进入的规模较小,将面对自身成本的劣势;如果进入的规模较大,进入市场后将会引来竞争对手强烈的竞争性报复。

(2)产品差异化。随着时间的推移,消费者可能会认为企业的产品是独特的,从而对企业产生较高的忠诚度。这种认知可能来自企业对消费者的服务、有效的广告、率先提供某种产品或服务的行为。这是新进入者无法拥有的优势。与那些向忠诚消费者提供差异化产品的企业进行竞争,新进入者经常要配置各种资源,甚至要投入巨额广告促销费用以消除消费者对原有产品的忠诚,这将导致经营成本的上升,从而增加进入的风险。而为了克服独特性,新进入者还经常要低价销售产品,这更会使企业的利润下降甚至亏损。

(3)资金需求。在新的行业,竞争意味着大量的投资。除了购买生产设备以外,库存、市场营销活动及其他重要的职能都需要大量资金。即使新行业具有很大的吸引力,企业也可能由于缺乏足够的资本而放弃市场机会。

(4)转换成本。转换成本是指由于消费者转向新供应商购买所引起的一次性成本。购买新的辅助设备,重新培训员工,甚至是结束原有购买关系的精神成本,都会产生转换成本。如果转换成本很高,那么新进入者只能利用超低的价格或更好的产品来吸引消费者。一般来说,双方关系越紧密,消费者转换成本就越高。

(5)分销渠道的获得。随着时间的推移,行业的竞争者各自都会发展有效的产品分销方式。分销渠道会成为新进入者的进入壁垒,非耐用消费品市场和国际市场更是如此。新进入者必须设法说服分销商经销它们的产品,即在原有销售产品之外增加新进入者的产品,或者替代现有产品。降价和广告费用补贴经常用来达成这一目的,但这些做法会降低新进入者的利润。

（6）与规模无关的成本优势。有时，现有企业的成本优势是新进入者无法复制的，如独有的产品技术、唯一的原材料获取途径、优越的地理位置及政府的津贴等。新进入者要想成功开展竞争，必须减少与这些因素的战略相关性。譬如说，送货上门可以抵消地理位置的劣势，处于不利地理位置的百货店经常会采取这种做法。

企业在进入某个行业时，还要顾及行业中现有企业的反应。如果预期反应是迅速的、激烈的，则会减小企业进入的可能；如果现有企业与行业利益攸关，或拥有大量的资源，行业增长缓慢或受到限制，那么报复行为将会比较激烈。例如，由于营运能力过剩，目前任何企图进入航空业的企业都会遭到现有航空公司激烈地报复。但是，如果新进入者定位于现有企业未能提供服务的利益市场，则可以避开行业壁垒。

2．供应商的议价能力

供应商会通过提高价格或降低产品的质量来对行业内的竞争企业显示自己的力量。如果企业无法通过自身的价格结构来弥补由供应商引起的成本增加，那么企业的利润就会因供应商的行为而降低。在以下几种情形下，供应商将具有较强的议价能力：

（1）与产品销售市场相比，供方市场集中程度更高，一般由少数几个大公司控制。
（2）供应商的产品没有很好的替代品。
（3）对供应商而言，行业内公司不是重要的客户。
（4）供应商的产品是行业内公司获得成功的关键。
（5）供应商的产品的有效性增加了行业内公司的转换成本。
（6）供应商通过前向整合进入买方市场而对公司造成威胁。

3．买方的议价能力

企业总是追求投资回报最大化，而买方则希望以尽可能低的价格购买产品。为了降低成本，买方要求降低购买价格，以及更高质量的产品和更优质的服务，其结果是促使行业的竞争者们互相竞争和残杀，导致行业利润下降。在下列情况下，购买商有较强的议价能力：

（1）买方的购买量占整个行业产出的比例很大。
（2）买方购买产品的总数额占销售方年收入的比例很大。
（3）买方的转换成本很低
（4）行业产品差别不大或者是标准化产品，买方可以后向整合进入卖方市场而带来实实在在的威胁。

4．替代品的威胁

替代品是指那些与本行业的产品有同样功能的其他产品。如果替代品的价格比较低，其投入市场就会使本行业产品的价格上限处于较低的水平，这就限制了本行业的利润水平。替代品的价格越具有吸引力，这种限制作用就越大，对本行业构成的威胁也就越大。一般来说，如果消费者面临的转换成本很低，或者替代品的价格更低而质量或功能等同甚至更好，那么替代品就会给行业带来很大的威胁。因此，在消费者认为有价值的方面（如价格、质量、售后服务、地点等）进行差异化，可以增强产品的竞争力，减少替代品的吸引力。

5．竞争对手间竞争的强度

行业内的企业是相互制约的，一家企业的行为必然引发竞争反应。在许多行业中，企业为了追求战略竞争力和超额利润，都积极参与竞争。通常，企业会在消费者认为有价值的方面寻求与竞争对手产品的差异,以此来获得竞争优势。竞争的维度一般包括价格、广告、产品开发、售后服务及创新等。下面介绍的是对竞争强度有重要影响的几个显著因素。

(1) 大量的或势均力敌的竞争者。当行业内的企业为数众多时,各企业势必采取更有力的措施,以占有更大的市场份额,这势必在现有竞争者之间形成激烈的竞争。即便行业内只有少数几个势均力敌的企业,竞争也会很激烈。这些拥有相同规模和资源基础的企业,会做出强有力的行动和反应。波音公司和空中客车公司之间的竞争,就是势均力敌的对手之间竞争的典型例子。

(2) 缓慢的行业增长。当市场处于增长阶段时,企业很少会有压力去从竞争对手中争夺消费者。但是,在无增长或缓慢增长的市场中,由于要吸引竞争对手的消费者来扩大自己的市场份额,所以企业间的竞争将会非常激烈。

(3) 高额的固定成本或库存成本。当行业固定成本较高时,企业为了降低单位产品的固定成本,势必会增加产量以分摊成本。当每家企业都试图使产能最大化时,就会导致整个行业的产能过剩。为了减少库存,企业一般会减低价格,向消费者提供回扣或其他特殊折扣。在高库存成本行业中,经常可以见到由于行业产能过剩导致企业间激烈竞争的情况。譬如说,由于易腐食品的价值会随着时间的推移而迅速降低,所以当库存增加时,制造商经常采用价格策略迅速甩卖这类产品。

(4) 缺少差异化或转换成本低。当产品或劳务缺乏差异时,购买者的选择是价格和服务,这就会使生产者在价格和服务上展开竞争,使现有企业之间的竞争激化。同样,转换成本低时,购买者有很大的选择自由,也会产生同样的效果。

(5) 重要的战略利益。如果行业中的几家企业都重视良好的业绩表现,那么竞争就会比较激烈。例如,三星是家多元化的公司,但其战略目标是成为电子消费品市场的领导者,这对于索尼等其他主要的竞争对手来说都非常重要,因此,它们之间的竞争也相当激烈。

(6) 高退出壁垒。高退出壁垒使得行业内的企业即使资本回报很低,也会坚持进行竞争。常见的退出壁垒包括专用资产、退出的固定成本、战略相关性、情感障碍、政府和社会约束等。

(三) 竞争对手分析

竞争对手是企业经营行为最直接的影响者和被影响者,这种直接的互动关系决定了竞争对手在外部环境分析中的重要性。分析竞争对手的目的在于了解每个竞争对手能采取的战略行动及其他企业的反应。对竞争对手的分析涉及以下四个方面:

(1) 竞争对手的长远目标。对竞争对手目标的了解包括对公司层次的、经营单位层次的,甚至职能部门及个别经理目标的了解。对竞争对手目标的了解可以预测竞争对手对其目前的位置是否满意。

(2) 竞争对手的现行战略。了解竞争对手正在做什么,正在哪些领域开展业务,竞争对手是如何开展竞争的。企业通过了解竞争对手的各职能部门制定了哪些经营方针,来了解竞争对手的职能战略。

(3) 竞争对手的假设。竞争对手的假设包括两个方面:一是竞争对手对自己的假设,每个企业都对自己的情况有所假设,如可能把自己看成行业中的老大、低成本的生产者、著名公司等;二是竞争对手对产业及产业中其他企业的假设,常借此分析和解释产业内各企业的竞争行为和可能采取的竞争手段。

（4）竞争对手的能力。了解竞争对手的优势与劣势，竞争对手有哪些资源，形成了何种核心能力，与竞争对手相比企业本身的实力又如何。

（四）内部环境分析

在新的竞争格局中，资源、能力和核心竞争力组成了企业的内部环境。资源整合在一起可以创造组织能力，能力又是核心竞争力的源泉，而核心竞争力是建立竞争优势的基础。实践证明，只有核心竞争力与外部环境提供的机会相契合时，企业才能获得战略竞争能力和超额回报。

1. 资源

资源是指被投入企业生产过程的生产要素，包括资本、设备、员工的技能、专利、财务状况及经理的才能等。

企业资源有些是有形的，有些是无形的。有形资源是指那些可以看见的、能量化的资产，包括企业的财务资源、组织资源、实物资源和技术资源四个方面。其中，财务资源是指企业的借款能力，以及企业产生内部资金的能力；组织资源是指企业的报告系统及正式的计划、控制和协调系统；实物资源包括厂房、设备及企业获取原材料的能力；技术资源是指企业所拥有技术的含量，如专利、商标、版权等。无形资源是指那些深深地根植于企业的历史之中，随着时间的流逝不断积累的资产，包括知识、员工之间的信任、管理能力、组织制度、创新能力、科技能力、企业的品牌、产品和服务的声誉、人们交往的方式及组织文化等。由于无形资源以一种独特的方式存在，不容易被竞争对手了解和模仿，所以企业更愿意把无形资源作为它们的能力和核心竞争力的基础。

2. 能力

能力来源于资源的有效整合，同时也是企业核心竞争力的来源。通过有形资源和无形资源的不断融合，企业所拥有的能力使企业能够创造并利用外部的机会，建立持久性的优势。能力通常在某种职能领域（如生产、研发、营销）或者某一职能领域的部分领域中得到发展。研究表明，企业在某个职能领域建立起来的竞争能力与企业的经营状况相关。因此，企业必须致力于在多元化企业中建立一种职能性的核心竞争力。表2-1中列举了部分企业在各职能领域中拥有的核心竞争力。

表2-1 具有职能性核心竞争力的企业举例

职能领域	能　　力	代表企业
分销	有效地利用物流管理技术	沃尔玛
人力资源	激励、授权及留住人	微软
管理信息系统	通过购买点数据收集法有效、高效地控制存货	沃尔玛
营销	有效地推行品牌产品 有效地顾客服务 创新性采购	宝洁 拉尔夫·劳伦 麦肯锡
管理	预见未来潮流的能力	Zara

续表

职能领域	能力	代表企业
生产	可靠产品的设计和生产能力 产品和设计的质量 产品和元件的微型化	小松集团 索尼
研发	技术创新 开发精密的电梯控制系统 把技术快速转化为新产品和新流程 数字技术	卡特彼勒公司 奥的斯电梯

3. 核心竞争力

核心竞争力是指那些能为企业带来竞争优势的资源和能力。核心竞争力是在组织的长期积累及学习如何利用各种不同的资源和能力的过程中逐步形成的,其突显了企业的竞争力,反映了企业的独特个性。作为采取行动的一种能力,核心竞争力是"企业的御宝"。在企业间的竞争过程中,核心竞争力能为企业的产品和服务增加独特的价值。

例如,创新被认为是苹果公司的核心竞争力之一。苹果公司将某些有形资源与无形资源相结合来完成研发任务,这种方式创造了公司的研发能力。通过强调研发能力,苹果公司不断创新,为顾客创造独特价值的方式。零售店出色的顾客服务是苹果公司的另一核心竞争力,独特、时尚的店面设计与知识型、技术型员工相结合,为顾客提供了上佳的服务。

 案例阅读

在"接近生活,改善生活"这一口号的倡导下,宝洁公司以可信赖的消费品牌闻名于世。宝洁公司的24条产品生产线每年可带来10亿美元的销售收入。据估计,全世界平均每人每年大约花费12美元购买宝洁公司的产品。宝洁公司的CEO(Chief Executive Officer,首席执行官)希望,到2019年顾客每年购买宝洁公司产品的开支能超过14美元。另外,他还希望宝洁公司每年的销售收入由粗略估计的800亿美元增长到1 000亿美元,顾客的数量由42亿人增长到50亿人。这些目标该如何达到呢?根据宝洁公司的管理人员和分析师的说法,宝洁公司计划把产品更快、更广地向发展中国家渗透,同时还要生产能够吸引低收入的新顾客群的产品。当然,宝洁公司还会继续努力满足老顾客的需求。这些拟采取的行动足以证明,宝洁公司是一个有效的竞争对手,它通过竞争行为不断寻求增长。

宝洁公司依靠它的能力和核心竞争力满足现有顾客,并开发新产品来满足新顾客的需求。一般来说,宝洁公司更喜欢利用能力和核心竞争力来实现有机增长,而不是通过合并、采购或者合作关系来发展自己。宝洁公司前CEO曾说过:"有机增长更有价值,因为它来源于你的核心竞争力。有机增长锻炼了你的创新肌肉,如果使用它,你会变得更强。"尖端的技术、供应链管理技术、专业的营销与广告、宽泛的产品组合,以及在脂肪、油、皮肤化学、表面活性剂和乳化剂方面的研发能力,都是宝洁公司推崇的能力。有形资源和无形资源相结合获得的所有这些能力,使宝洁公司能够很好地完成生产、销售、分销和售后服务任务。

通过更深入的分析发现,这些能力构成了宝洁公司的五大核心竞争力(宝洁公司称之为核心力量)。例如,研发能力是创新这种核心竞争力的基础,营销和广告技能构成了顾客认同和品牌建设的核心竞争力,供应链管理能力则对于深入市场这一核心竞争力(通过这一竞争力,宝洁公司的产品能在正确的时间和正确的地点到达零售商和顾客)及规模竞争力(这一竞争力使得宝洁公司的效率更高并能为顾客创造价值)来说都非常重要。可以看到,宝洁公司的能力是如何与五项核心竞争力联系在一起的。从经营运作角度看,这些核心竞争力是宝洁公司与对手相比表现特别出色的地方,通过这些核心力量,它可以为顾客创造独特的价值。

二、战略选择与评价

战略选择与评价是指根据企业内外环境、企业宗旨和目标，在拟订的多个可以实现组织目标的战略方案中，选择最优方案的过程。企业战略的实现是为了企业的发展与壮大，而选择战略的目的在于选择出最有可能实现这一发展战略。一个企业有若干可供选择的战略，那么，每一个战略对于具体的企业来说是否可行？在众多的战略中企业应当如何选择适合自己的战略呢？这就要对战略进行评估与选择。最适合的战略应该是既能利用外部环境的机会并消除不利环境的威胁，又能加强企业内部的优势并对自身的劣势加以改进。由于企业所面临的战略选择多样化，所以在进行战略选择的过程中，企业应借助于战略选择方法或工具来达到选择适合企业的理想战略的目的。下面介绍两种战略选择分析方法：SWOT 分析法和波士顿矩阵。

（一）SWOT 分析法

SWOT 分析法又称态势分析法，是由美国哈佛商学院率先采用的一种经典方法，能够较为客观而准确地分析企业内部优劣势及企业外部环境的机会与威胁，进而选择适当的战略。

1. SWOT 分析法的基本原理

SWOT 分析法是把企业内外环境所形成的机会（Opportunities）、威胁（Threats）、优势（Strengths）、劣势（Weaknesses）四个方面的情况结合起来进行分析，以寻求制定适合企业实际情况的经营战略的方法。

企业内部的优势和劣势是相对于竞争对手而言的，一般表现在企业的资金、技术设备、职工素质、产品、市场、管理技能等方面。企业内部的优劣势一般有两项标准：一是单项的优势和劣势，如企业资金雄厚则在资金上占优势，如市场占有率低则在市场形势上占劣势；二是综合的优势和劣势，为了评估企业的综合优势和劣势，应当选定一些重要因素，加以分析，然后根据其重要程度按加权确定。

企业外部的机会是指环境中对企业有利的因素，如政府支持、高新技术的应用、良好的消费者和供应商关系等。企业外部的威胁是指环境中对企业不利的因素，如新竞争对手的出现、市场增长率缓慢、消费者和供应商讨价还价的能力增强、技术老化等。这是影响企业当前竞争地位或影响企业未来竞争地位的主要障碍。

2. SWOT 分析法的主要步骤

运用 SWOT 分析法，最重要的就是可以分析一个企业的优势和劣势、机会与威胁，进而评估企业现行战略的有效性。具体的 SWOT 分析过程可以分为以下几个步骤：

（1）确认企业的战略目标。必须先确认企业当前的战略目标是什么（这个战略目标可能是科学的，也可能是有问题的）。

（2）分析因素并构造矩阵。运用各种调查研究方法，分析企业所处的各种环境因素，即外部环境因素和内部能力因素，并将调查得出的各因素根据影响程度进行排序，构造 SWOT 矩阵。根据各因素对企业影响的大小分别赋予 0（不重要）到 1.0（非常重要）不等的权重，按照企业现行战略对各关键因素的有效反应程度给予每一个关键因素 1~4 分不等的评分，把权重乘以评分加总就得到了企业总加权分数。总加权分数的高低反映的是企业对内外部环境的反映程度。

（3）制定战略。获得以上输入信息之后，将所得信息填入 SWOT 分析矩阵进行具体定位，确定企业战略，包括优势-机会（SO）战略、劣势-机会（WO）战略、优势-威胁（ST）战略和弱势-威胁（WT）战略，如图 2.6 所示。其中，SO 战略是一种发展企业内部优势且利用外部机会的战略，是一种发展型战略。WO 战略是企业利用外部机会来弥补内部劣势，使企业改劣势而获取优势的战略，是一种扭转型战略。ST 战略是企业利用自身优势，回避或减轻外部威胁所造成的影响的一种多样化经营战略。如竞争对手利用新技术大幅度降低成本，给企业造成很大成本压力，同时导致材料供应紧张、价格上涨、消费者要求大幅度提高产品质量等。但是，若企业拥有充足的现金、熟练的技术工人和较强的产品开发能力，便可利用这些优势开发新技术产品，也可通过新技术产品的开发与应用来回避外部威胁影响。WT 战略是一种旨在减少内部弱点，回避外部环境威胁的防御性战略。当企业存在内忧外患时，往往面临生存危机，降低成本也许成为改变劣势的主要措施。

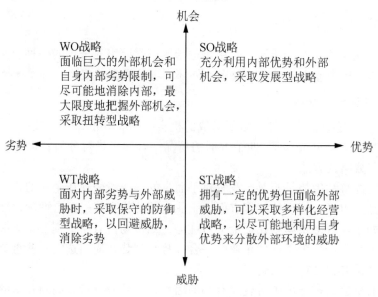

图 2.6　SWOT 分析方法的应用

（二）波士顿矩阵

波士顿矩阵是在 20 世纪 60 年代后期由美国大型商业咨询公司——波士顿咨询提出的一种规划企业产品组合的方法，用"市场增长率-相对市场占有率矩阵"对企业的业务单位加以分类和评价，又称"市场增长率-市场占有率矩阵"。波士顿矩阵分析方法在企业战略规划中得到了广泛的应用，特别适用于多元化经营的大公司。

1. 波士顿矩阵的基本结构

波士顿矩阵分析法把企业生产经营的全部产品或业务的组合作为一个整体，用来分析相关经营业务之间现金流量的平衡问题。通过这种方法，企业可以找到企业资源的生产单位和这些资源的最佳使用单位。波士顿矩阵分析的前提是企业中每个业务单位的产品有明显差异，企业必须为每个业务单位分别制定战略。制定战略时主要考虑其相对市场占有率和市场增长率。

波士顿矩阵分析将企业各个业务单位所处的地位绘制在一张具有四个区域的坐标图上，如图 2.7 所示。横坐标表示某项业务的相对市场占有率，是指企业某项业务的市场份额与这个市场中最大的竞争对手的市场份额之比,代表企业在该项业务上拥有的实力;纵坐标表示某项业务的市场增长率,是指企业所在行业某项业务前后两年市场销售额增长的百分比,代表企业在该项业务上的市场吸引力;各大小不同的圆圈代表各项不同业务的销售收入,说明该项业务在企业所有业务中的相对地位及对企业的贡献。

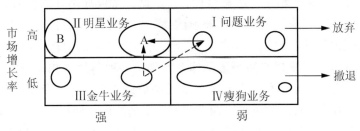

图 2.7 波士顿矩阵图

2. 波士顿矩阵的应用

(1) 问题业务。这类业务处于高增长、弱竞争的地位。其所在行业的市场增长率高,需要大量的投资,而其相对市场占有率低,只能产生少量利润。因此,对于这类业务的投资需要进一步分析,判断其发展潜力。对有发展前景的业务进行必要的投资,使其向明星业务转化;对那些难以发展的业务,则采取放弃战略。

(2) 明星业务。这类业务具有较高的市场增长率和相对市场占有率,这表明该业务的利润增长较快,所需要的和所产生的现金数量都很大。因此,需要对明星业务采取扩张战略,进行必要的投资,以保持或扩大其市场占有率,从而维护或改进其有利的竞争地位。

(3) 金牛业务。这类业务相对市场占有率高,但市场增长率低。较高的相对市场占有率带来高额的利润和现金流,而较低的市场增长率只需要少量的现金投入。金牛业务能为企业带来大量的利润,可以满足其他业务发展的需要。

(4) 瘦狗业务。这类业务市场占有率和业务增长率都很低。较低的相对市场占有率意味着只能产生少量的利润,较低的市场增长率说明这类产品没有发展前途,可采取收缩战略,如抽资、放弃、清算等。

3. 应用波士顿矩阵应遵循的原则

波士顿矩阵指出了每个经营业务在竞争中的地位,有助于企业有选择地运用有限的资金,目的是帮助企业确定自己的总体战略。在应用波士顿矩阵时,在总体战略的选择上应遵循以下原则:

(1) 保持金牛业务在市场上的竞争地位,注意抗拒再投资的诱惑。

(2) 金牛业务创造的现金应优先用于巩固和发展明星业务,强化明星业务的竞争地位。

(3) 对问题业务进行筛选,将剩余现金用于支持有希望发展成为明星类的业务,其余的业务应淘汰,防止占用大量现金而削弱有希望成为明星产品的投资。

(4) 瘦狗业务应主动撤退,不要将现金投入此类业务陷阱。

波士顿矩阵作为企业战略分析的工具,具有一定的局限性:一方面,市场地位与获利之间的关系会因行业和细分市场的不同而发生变化,仅仅通过市场增长率和相对市场占有率来确定企业经营单位地位及其战略划分过于简单;另一方面,综合性产业的相对市场占有率和市场增长率难以准确地确定。

三、战略实施及控制

（一）战略实施

战略实施是指为了达到预定的战略目标，将战略方案或战略计划付诸实际行动的过程，即企业战略方案的执行。战略的有效实施须建立一个有竞争力的且与战略相适应的组织，建立战略实施管理的程序和政策，不断提高价值链各个环节的运作水准，建立与战略目标及实施策略相联系的业绩管理与薪酬激励体系，创造一种与战略相吻合的企业文化氛围，通过软硬制度的约束使企业全体成员自觉为企业战略的有效实施而努力。

企业战略转化为战略行动的过程有四个相互联系的阶段，即战略发动阶段、战略实施计划阶段、战略实施阶段和战略控制评估阶段。在战略发动阶段，企业领导者研究如何将企业战略方案转化为员工的实际行动，充分调动企业员工的积极性和主动性；在战略实施计划阶段，企业经营战略方案具体化，依据战略方案和战略重点，制订实现企业战略目标的计划，明确各阶段的工作量和工作期限；在战略实施阶段，根据企业经营战略，设计相适应的组织结构，整合各种资源，建设良好的企业文化和控制激励机制等；在战略控制评估阶段，对执行战略过程进行控制与评价，适时调整战略计划以适应内外部环境与条件的变化，确保企业总体战略得以有效实施。

（二）战略控制

战略管理的基本假设是，所选定的战略能实现企业的目标。在战略实施过程中，一方面企业中每个人由于缺乏必要的能力、认识和信息，对要做的工作不甚了解，或不知道如何做得更好，从而出现行为上的偏差；另一方面由于原来战略计划制订得不当或环境的发展与原来的预测不同，造成战略计划的局部或整体不符合企业的内外条件。因此，一个完整的战略管理过程必须具有战略控制，以保证实际的成果符合预先制定的目标要求。当实际工作成果与预定的战略目标相比存在明显偏差时，就应当采取有效的控制措施予以纠正；而如果产生的偏差没有超出容许的范围，则不需采取任何修正行动。

在企业中有三种类型的控制，即战略控制、战术控制和作业控制。战略控制涉及与环境的关系、企业基本的战略方向或态势；战术控制涉及战略计划的实施和执行；作业控制涉及短期的企业活动。

如同战略结构中有公司战略、经营战略和职能战略一样，企业中也存在控制的结构。在公司层级，控制的重点是使公司内各种各样的活动保持一个整体的平衡，在这一层次最重要的控制是战略控制和战术控制；在经营层次，控制主要是维持和改进经营单位的竞争地位，此时战术控制占主导地位；在职能层次，控制的作用是开发和提高以职能为基础的显著优势和能力，在这一层次作业控制和战术控制是主导。战略管理人员应确保控制的这三个层次能够一体化地融合在一起，正确地运作，并依据不同的管理角度或范围采用不同的控制方式。

综合练习与实践

一、判断题

（1）一般来说，一个企业的战略可划分为三个层次，即公司战略、经营战略和职能战略。（　　）
（2）企业的战略目标一经制定和落实，就绝对不能变更。（　　）
（3）在波士顿矩阵法中，瘦狗类是指那些相对市场占有率和市场增长率都较高的经营单位。（　　）
（4）战略管理的重点是战略的实施和战略评价。（　　）
（5）制定企业战略目标的前提是确定企业的使命。（　　）

二、单项选择题

（1）战略分析包括企业外部环境分析和（　　）两个部分。
　　A. 企业内部环境　　　　　　　　B. 企业经营情况分析
　　C. 企业管理情况分析　　　　　　D. 市场环境分析
（2）以下不是宏观环境分析考虑的因素是（　　）。
　　A. 政治-法律因素　　　　　　　B. 经济因素
　　C. 技术因素　　　　　　　　　　D. 产业因素
（3）差异化战略的核心是（　　）。
　　A. 可靠的服务　　　　　　　　　B. 高质量的制造
　　C. 良好的形象　　　　　　　　　D. 取得某种对顾客有价值的独特性
（4）在波士顿矩阵法中，（　　）类象限是指那些相对市场占有率较高和市场增长率较低的经营单位。
　　A. 明星　　　　B. 金牛　　　　C. 问题　　　　D. 瘦狗
（5）（　　）是企业高层管理人员最重要的活动和技能。
　　A. 生产管理　　B. 经营管理　　C. 战略管理　　D. 营销管理

三、多项选择题

（1）决定行业进入障碍大小的因素有（　　）。
　　A. 规模经济　　B. 产品差异化　　C. 资金需求
　　D. 销售渠道　　E. 转换成本
（2）在波特五种竞争力模型里除了行业内竞争者之外，还有（　　）。
　　A. 潜在竞争者　　B. 替代产品　　C. 供应商
　　D. 购买商　　　　E. 不可知因素
（3）行业的潜在盈利能力是由（　　）共同决定的。
　　A. 新进入者的威胁　　　　　　　B. 供应商的议价能力
　　C. 购买者的议价能力　　　　　　D. 替代品的威胁
　　E. 竞争对手间的竞争强度
（4）企业的内部环境包括（　　）。
　　A. 资源　　　　B. 政治　　　　C. 能力
　　D. 核心竞争力　E. 社会
（5）企业宏观环境分析一般采用的分析方法具体从（　　）几个因素展开。
　　A. 政治　　　　B. 经济　　　　C. 社会
　　D. 文化　　　　E. 技术

四、简答题

（1）什么是战略管理？
（2）企业战略管理可划分为哪几个层次？
（3）简述战略管理过程的三个阶段。
（4）简述战略分析的具体内容。
（5）简述波士顿矩阵的内容。

五、技能实训

假如面临毕业，请各位同学利用 SWOT 分析方法，分析自身的优势与劣势、外部环境存在的机会与威胁，找出适合自己的职业。最后，将分析内容与分析结果在全班进行交流。

提示：

从自身的性格、家人的支持、对专业知识的掌握及对行业发展的了解情况等方面对自身的优、劣势进行分析；从宏观经济发展的情况、国家的相关政策支持情况及行业发展前景等对外部环境存在的机会与威胁进行分析。

【在线答题】

第 3 章

市场营销管理

  【学习目标】

通过本章的学习,学生应了解市场营销基本理论和市场营销的管理过程,学会确定企业目标市场,熟悉市场营销策略中的产品策略、价格策略、渠道策略和市场推广策略,了解各种促销手段。

  【学习要求】

知识要点	能力要求	相关知识
市场营销	(1) 理解市场营销的概念 (2) 掌握各种市场需求状态下的市场营销任务 (3) 掌握各种市场营销观念及其发展趋势	市场营销的几个核心概念
分析和选择目标市场	(1) 了解分析市场机会 (2) 能够选择目标市场	顾客的类型及相应的销售方法
市场营销策略	(1) 掌握市场营销定价策略 (2) 掌握市场营销渠道策略 (3) 学会市场营销促销策略	促销相关方法

【案例导入】

一个替人割草的男孩打电话给一位陈太太说:"您需不需要割草?"

陈太太回答说:"不需要了,我已有了割草工。"

男孩又说:"我会帮您拔掉花丛中的杂草。"

陈太太回答:"我的割草工也做了。"

男孩又说:"我会帮您将草坪与走道的四周草丛割整齐。"

陈太太说:"我请的工人也已做了,谢谢你,我不需要新的割草工人。"

男孩便挂了电话,此时男孩的室友问他说:"你不是就在陈太太那割草打工吗?为什么还要打电话呢?"

男孩说:"我只是想知道我做得好不好。"

故事的寓意:

(1)这个故事反映了以顾客为关注焦点,不断地探寻顾客的需求和评价,才能知道自己的不足与长处,然后扬长避短,改善产品质量,提升公司形象,培养忠诚的顾客。

(2)只有发现了不足,我们才能改进,才能使自己的产品更满足顾客的需求。

(3)让顾客满意、满足顾客需求,是每位营销人员的职责。做好产品质量才能使产品更有竞争力、营销人员才能更有信心。只有时刻关注顾客需求,工作质量、产品品质才能得以改进、提升。

3.1 市场营销概述

企业通过市场营销努力解决生产与消费的各种分歧、差异和矛盾,使生产者各种不同的供给与消费者各种不同的需求相适应,实现生产与消费的统一。

一、市场营销的概念

市场营销是指在变化的市场环境中,旨在满足消费需要、实现企业目标的商务活动过程,包括市场调研、选择目标市场、产品开发和定价、渠道选择、产品促销、储存、运输、销售及提供服务等一系列与市场有关的企业经营活动。市场营销概念模型如图3.1所示。

从市场营销的定义上分析,可以这样理解市场营销:

(1)营销活动的主题是企业。企业是交换的主动者和积极的一方,千方百计地促成交换。企业要千方百计地把产品销售出去,不是消费者千方百计地想购买产品。

(2)消费者是企业营销的对象、营销活动的核心,即"谋划""筹划"的核心问题。识别、确定和满足消费者的需要是市场营销最主要、最精微的含义,也是企业经营的目标。

(3)市场营销是一个商务活动过程。市场营销不仅仅是一手交钱、一手交货的行为,因为一系列营销活动完成后,具体的交割手续是自然而然的事。

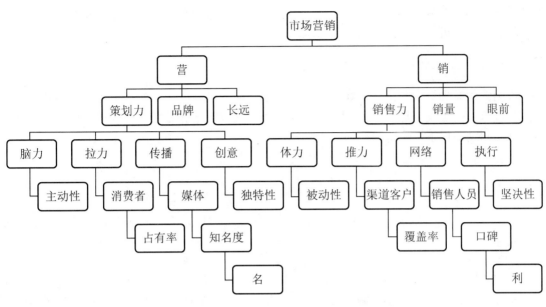

图 3.1 市场营销概念模型

二、市场营销的功能

市场营销在保持社会生产与社会需要之间的平衡上发挥着重要作用,它有四个方面的功能。

（一）便利功能

便利功能是指便于交换和物流的功能,包括资金融通、风险承担、信息沟通、产品标准化和分级等。它借助资金融通和商业信用,可以控制或改变产品的流向和流量,在一定条件下,能够给买卖双方带来交易上的方便和利益。

（二）市场需求探测功能

企业面临的是动态市场,市场环境在一刻不停地变化,消费者的需求在不断变化。例如,服装行业年年推出流行色,随时可能流行新款式。在令人眼花缭乱的变化中,要准确识别,根据趋势成功地预测消费者需求是一件很难的事。对企业来说,有效的市场营销活动可以成为市场需求的探测器,使企业清楚地了解消费者需求的方向、结构及其分布,从而为企业寻到生存、发展的良机。

（三）产品开发推进器

企业要不断地改进原有产品、出新产品和进行产品更新换代,目的是满足消费者需求。若不了解消费者需求,作为新产品开发承担者的科研、技术部门就会迷失方向,失去动力。有效的市场营销对市场需求信息进行反馈,为产品改进、开发和换代指明方向,并督促、推动产品开发系统的快速运转。

（四）维护客户的凝聚器

市场营销不仅把握并满足了消费者的需求,而且通过售前、售中和售后服务及不断横向扩展服务范围，对顾客产生吸引力，使顾客自发、自愿地向企业靠拢，保持和增加对企业或品牌的忠诚度，可以扩大产品的潜在市场。

三、市场营销观念的演变

市场营销管理哲学是指企业在开展市场营销活动的过程中，在处理企业、顾客和社会三方面利益所持的态度、思想和观念。根据西方较为流行的划分方法，可以把市场营销管理哲学的演变归纳为以下四个阶段，如图 3.2 所示。

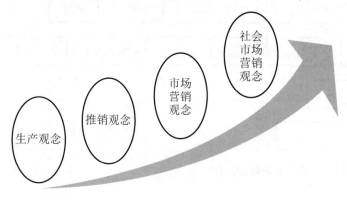

图 3.2　市场营销管理四个阶段

（一）生产观念

生产观念认为，消费者总是喜欢那些可以随处买得到而且价格低廉的产品；企业应致力于提高生产效率和扩大分销范围，扩大生产，降低成本以扩展市场。这种观念重生产、轻市场，往往只重视生产规模、降低价格，而忽视产品质量、消费者的感受。例如，美国汽车大王福特曾傲慢地宣称："不管顾客需要什么颜色的汽车，我只有一种黑色的。"

（二）推销观念

在 20 世纪三四十年代，社会生产力有了巨大发展，产品产量迅速增加，质量不断提高，市场趋势由卖方市场向买方市场过渡。在激烈的市场竞争中，许多企业的管理思想开始从生产观念或产品观念转移到推销观念。这些企业认为，要想在竞争中取胜，就必须卖掉自己生产的每一个产品；要想卖掉自己的产品，就必须引起消费者购买自己产品的兴趣和欲望；想引起这种兴趣和欲望，就必须进行大量的推销活动。人们认为企业产品的销售量是和企业所做的促销努力成正比的，于是推销观念开始在当时的企业中流行开来。

（三）市场营销观念

市场营销观念产生于 20 世纪 50 年代。第二次世界大战之后，社会生产力迅速发展，市场趋势表现为供过于求的买方市场，居民个人收入迅速提高，有可能对产品进行选择，企业之间的竞争加剧。许多企业开始认识到，必须转变经营观念，才能求得生存和发展，它们开始注意消费者的需求和欲望，并研究消费者的购买行为。这一观念上的转变是市场营销学理论上的一次重大变革，企业开始从以生产者为重心转向以消费者为重心，从此结束了以产定销的局面。

（四）社会市场营销观念

社会市场营销观念认为企业的任务是确定目标市场需求、欲求和利益，并且在保持和增进消费者和社会福利的情况下，比竞争者更有效率地使目标顾客满意。这不仅要求企业满足目标顾客的需求与欲望，而且要考虑消费者和社会的长远利益，即将企业利益、消费者利益与社会利益有机地结合起来。

社会市场营销观念是对市场营销观念的修改和补充,产生于20世纪70年代。由于社会市场营销观念的发展,一方面给社会和广大消费者带来巨大的利益,另一方面造成了环境污染,破坏了社会生态平衡,出现了假冒伪劣产品和欺骗性广告等。这引起了广大消费者的不满,他们掀起了保护消费者权益运动和保护生态平衡运动,迫使企业营销活动必须考虑消费者和社会长远利益。

3.2 分析和选择目标市场

企业营销活动是在一定的市场环境中、以消费者的购买行为为基础进行的。一名合格的营销者应具备出色的市场分析能力,能运用一定的市场调研工具和方法,对营销环境及购买行为进行分析,为营销决策提供科学的依据。

一、分析市场机会

(一)市场调研

市场调研的实际作用就是为营销决策提供依据。管理者决策依据的信息来源有内部报告系统(提供企业内部的结果性信息,如营业额、订单等)、营销情报系统(收集环境变化的信息以及时做出反应)和市场调研系统(收集以上系统无能为力的特定领域的信息)。市场调研的信息来源主要可分为二手资料和一手资料。

(二)市场购买行为分析

在竞争激烈的买方市场,有利可图的营销机会并不多。企业必须对市场结构、消费者、竞争者行为进行调查研究,识别、评价和选择市场机会。市场购买行为是指研究个人或组织究竟怎样选择、购买、使用和处置商品、服务、创意或经验,以满足他们的需求和欲望。市场购买行为分析包括对消费者市场、产业市场、中间商及政府的购买行为进行分析。

1. 消费者购买行为分析

消费者购买行为是指向个人和家庭销售消费品和服务的市场行为。消费者购买实物产品和服务产品的目的是满足自身的最终消费,而不是作为生产资料牟取利润。消费者购买市场具有购买者的广泛性、需求的差异性、购买行为的经常性和重复性、购买者的非专业性、需求的伸缩性等特点。人们在购买决策过程中可能扮演不同的角色。消费者购买决策过程的参与者主要有发起者、影响者、决策者、购买者和使用者。根据欲购买产品的类型和消费者在购物时参与程度的不同,消费者购买行为可以分为四种类型。

(1)复杂的购买行为。复杂的购买行为是指消费者在购买价格高昂、购买频率低、不熟悉的产品时,会投入很大精力和很多时间,如汽车、商品房等。一般来说,如果消费者不知道产品类型,不了解产品性能,也不知晓各品牌之间的差异,缺少购买、鉴别和使用这类产品的经验和知识,则需要花费大量的时间收集信息,学习相关知识,做出认真的比较、鉴别和挑选等购买努力。

（2）习惯性的购买行为。习惯性的购买行为是指在购买商品价格低廉、品牌间差异性小的商品时，消费者的介入程度会很低，并且会形成购买习惯，如酱油、啤酒等。对于类似的低度介入的产品，消费者没有对品牌信息进行广泛研究，也没有对品牌特点进行评价，对决定购买什么品牌也不重视；相反，他们只是在看电视或阅读广告时被动地接收信息。消费者不会真正形成对某一品牌的态度，他们之所以选择这一品牌，仅仅是因为他们熟悉这一品牌。购买产品之后，消费者由于对这类产品无所谓，所以不会对它们进行购后评价。

（3）减少不协调感的购买行为。减少不协调感的购买行为指消费者在购买产品时的介入程度并不高，但在购买后容易产生后悔、遗憾，并会设法消除这种不协调感。譬如说，有些产品价格高但是各品牌之间并不存在显著差异，消费者在购买时不会广泛收集产品信息，也不会投入很大精力去挑选品牌，购买过程迅速而简单，但是在购买以后容易认为自己所买产品具有某些缺点或觉得其他同类产品有更多的优点而产生失调感，怀疑原先购买决策的正确性。

（4）寻求多样性的购买行为。寻求多样性的购买行为是指消费者在购买某些价格不高但各品牌间差异显著时，容易表现出随意性，频繁更换品牌。譬如说，像饼干这样的产品，品种繁多、各品牌间差异大、价格便宜，消费者一般在购买前不做充分评价就决定购买，待到入口时再作评价，但是在下次购买时又转换其他品牌，转换的原因是厌倦以前的口味或想试试新口味，只是寻求产品的多样性而不一定有不满意之处。

2. 产业购买者行为分析

产业购买者行为是指为生产企业、宾馆、酒店等各类经济组织销售产品和服务的市场行为。各类企业购买产品和服务的目的不是满足组织自身的消费，而是作为生产资料，通过生产过程以获取利益。产业购买者行为具有购买者更少、更大、更集中，派生性需求多，需求缺乏弹性，购买的专业化和买卖关系的长期性等特点。因此，产业购买决策过程的参与者主要有使用者、影响者、采购者、决策者和信息控制者。

影响产业购买者行为的因素主要有环境因素、组织因素、人际因素和个人因素。产业购买者购买过程的长短取决于产业购买者行为类型的复杂程度。产业购买者的决策过程通常有以下八个阶段：

（1）认识需要。购买过程是从企业认识到要购买某种产品以满足企业的某种需要开始的。认识需要由内部刺激和外部刺激引起。

（2）确定需要。也就是确定所需品种的特征和数量。

（3）说明需要。对所需品种进行价值分析，做出详细的技术说明，作为采购人员的取舍标准。

（4）物色供应商。

（5）征求供应建议书。

（6）选择供应商。

（7）签订合约。

（8）绩效评价。

3. 中间商购买行为分析

中间商购买行为是指为批发商和零售商等各类中介人销售供转卖之用的商品和服务的市场行为。中间商购买市场又称转卖者市场，是组织市场的一个重要组成部分，批发商和零售商是该市场的主体。相对于生产者市场和消费者市场，中间商购买市场具有派生需求少、挑选性较强、需求弹性较大、批量购买和定期进货等特点。

中间商的主要购买决策包括利润决策、配货决策、供应商组合决策和供货条件决策。利润决策是指中间商往往倾向于自己赚取利润大的货品；配货决策是指决定计划经营的品种，即中间商的产品组合；供应商组合决策是指选择进行贸易活动的各有关供应商；供货条件决策是指决定具体采购时所要求的价格、交货期、相关服务及其他交易条件。

4．政府购买行为分析

政府购买行为是指为满足各级政府部门的日常工作及公共消费需要而销售产品和服务的市场行为，各级行政机关是组成该市场的主体。各国政府是社会组织中一个极其重要的组成部分，通过税收、财政预算掌握了相当大一部分的国民收入，可有效地行使其职能、支付庞大的开支，形成一个独特的、规模较大的集团消费市场。这种购买行为具有需求受到较强的政策制约和公众的监督、需求计划性较强、购买方式多样化、购买目标具有多重性等特点。

政府购买的商品种类繁多，数量巨大，购买行为深受社会密切关注，购买方式也较为特殊，其常用的采购方式有公开招标与邀请招标、竞争性谈判、邀请报价和单一来源采购等。经公告或者邀请三家以上符合投标资格的供应商参加投标，或者供应商认为对招标文件做出实质性响应会导致招标无法进行的，可以不实行招标。

（1）公开招标与邀请招标。公开招标是指政府部门以向社会公开招标的方式择优购买商品和服务。其一般的程序是首先由政府的采购机构在媒体上刊登广告或发出信函，说明要采购的商品的名称、品种、规格、数量等具体要求，邀请供应商在规定的期限内投标；然后由自愿投标的供应商在规定的期限内按投标人规定填写标书，写明可供商品的名称、品种、规格、数量、交货日期、价格、付款方式等，密封后送达政府采购机构；最后由政府采购机构在规定的日期开标，选择报价最低又符合要求的供应商成交。

政府采购项目由于其复杂性和专门性，只能从有限的供应商处获得，或者分开招标成本过高且与采购项目价值不相称的采购，可采取邀请招标的方式。邀请招标应当向三家以上的供应商发出投标邀请书，并至少有三家供应商参加投标。

（2）招标投标程序。招标投标程序包括发布招标公告、开标、签订采购合同与支付价款、监督检查。

案例阅读

太平洋上的一个岛屿，这天来了两个分别属于 A 公司和 B 公司的皮鞋推销员。他们在岛上分头跑了一圈，发现岛上竟无人穿鞋，于是分别给公司发了电报。A 公司推销员的电文说："此岛无人穿鞋，我于明天飞返。"而 B 公司推销员的电文却是："此岛无人穿鞋，皮鞋销售前景极佳，我拟驻留此地。"

第二天，A 公司推销员飞离此岛，B 公司推销员则留下来张贴"广告"。他的广告没有文字说明，只是画着一个当地人模样的壮汉，脚穿皮鞋，肩扛虎、豹、狼、鹿等猎物，威武雄壮，煞是好看。当地的土著看了这张广告，纷纷打听在哪儿能弄到广告画面上的壮汉脚上穿的东西，于是 B 公司推销员所推销的皮鞋逐渐打开了销路，成功地占领该岛皮鞋市场。

销售人员面对市场，应随机应变，树立市场创新意识，透过市场表面现象去抓住潜在的机会，细分并挖掘市场、创造市场。

二、选择目标市场

对市场机会进行评估后,对企业要进入的特定市场或者某个市场的特定部分,要进行研究并选择企业目标市场。目标市场的选择要运用企业营销战略性的策略,是市场营销研究的重要内容。企业首先应该对进入的市场进行细分,分析每个细分市场的特点、需求趋势和竞争状况,并根据企业优势,选择自己的目标市场。这个过程大致可分为三个主要步骤:市场细分→选择目标市场→市场定位,如图3.3所示。

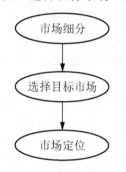

图 3.3 选择目标市场的步骤

(一)市场细分

市场细分是指企业通过辨明具有不同需求的消费者群体,将整体市场划分为若干个不同类别的子市场。如按消费者性别分,可以把消费者分为男性消费者市场与女性消费者市场;如按消费者收入水平分,可以把消费者分为低收入消费者市场、中等收入消费者市场、高收入消费者市场。这个过程就是市场细分,所分出来的市场就是细分市场。很显然,不同细分市场的消费需求是不同的。经过市场细分,在同类产品市场上,某一细分市场的顾客需求具有较大的共同性,而不同的细分市场之间的需求具有较大的差异性。

由于消费者市场与生产者市场(组织市场)各自影响需求的因素不同,所以市场细分的标准也不一样。从消费者市场来看,影响需要倾向的因素归纳起来主要有地理因素、人文因素、心理因素、行为因素。以这些因素为依据细分市场,就形成了地理细分、人文细分、心理细分、行为细分这四种市场细分的基本形式。

1. 地理细分

根据消费者所处的地理位置、自然环境等地理变量来细分市场称为地理细分。不同地区在自然条件、气候、文化传统和消费水平等方面的差别,使得不同地区消费者的需求、习惯和偏好存在较大差异,他们对企业所采取的市场营销组合策略可能会有不同的反应。就食品市场而言,我国就有"东辣、南甜、西酸、北咸"之说。因此,反映消费者地理特征的有关因素,可作为市场细分的重要变量。地理细分变量通常包括地理区域、城市规模、人口密度、气候等。

2. 人文细分

人文因素是反映消费者个人的基本特点的变量,包括消费者的年龄、家庭规模、家庭生命周期、性别、收入、职业、受教育程度、宗教信仰、民族、种族、国籍、社会阶层等。人文细分就是根据人文因素来细分市场,是非常重要的消费者市场细分变量。人文变量是区分消费者群体最常用的基础条件,原因之一是消费者的需求、偏好和使用率经常与人文变量有着密切的联系,并且人文变量比大部分其他类型的变量更容易衡量。

3. 心理细分

根据消费者心理变量细分市场称为心理细分。消费者心理变量包括消费者的生活方式和个性等变量。这类变量经常影响、决定着消费者的需求,使人文因素相同的消费群体往往展示出明显的需求差异,所以它们可作为市场细分的依据。

4. 行为细分

根据消费者不同的消费行为细分市场称为行为细分。行为细分的变量反映消费者购买行为特点的变量,它包括消费者购买时机与使用时机、利益、进入市场的程度、使用频率、对品牌的忠实程度、购买阶段、对产品的态度等。

注意:市场细分是企业营销活动中的具有重大战略意义的环节。在认真选择市场细分变量的同时,还必须在市场细分过程中注意下列几个方面的问题:

(1) 可测量性,即用来划分细分市场的变量应该是可以衡量的。

(2) 可营利性,即细分市场应拥有足够数量的潜在购买者和有效的需求量。

(3) 可进入性,即企业有能力进入所选定的细分市场,并能为之提供有效的服务。

(4) 差异性,即细分市场能够被区别开来,并且对企业不同的市场营销组合和方案具有十分明显的不同反应;否则,各细分市场就不能成立,企业也就没有必要针对各个市场部分分别制定不同的市场营销组合方案。

(二) 目标市场选择

目标市场是指被企业选中并准备进入的细分市场。市场细分的最终目的是选择和确定目标市场。目标市场选择是目标市场营销的第二个步骤。企业的一切市场营销活动,都是围绕目标市场进行的。企业需要评价各种细分市场,根据企业的资源与能力来选择目标市场,并确定目标市场策略。

1. 评估细分市场

(1) 细分市场的吸引力。企业必须考虑潜在的细分市场的规模、成长潜力、规模经济、风险等。大企业往往重视销售量大的细分市场,而小企业往往避免进入大的细分市场,转而重视销售量小的细分市场。细分市场可能具有适度规模和成长潜力,但如果这个细分市场的盈利率很低,则未必具有长期吸引力。

(2) 细分市场上的目标和资源虽然对企业有较大的吸引力,但如果不符合企业长远的目标,企业就不得不放弃。即使某一细分市场符合企业的战略目标,企业也要考虑是否具备在细分市场获取所必需资源的能力。如果企业在细分市场缺乏必要的资源,并且不具备获得必要资源的能力,那么就要放弃这个细分市场。企业的资源和能力与竞争对手相比,应该有一定的优势。如果企业无法向细分市场的消费者提供更有价值的产品或服务,就不应该贸然进入细分市场。

2. 选择目标市场

在企业市场营销活动中,企业必须选择和确定目标市场。选择和确定目标市场,是企业制定市场营销战略的首要内容和基本出发点。企业应该根据其能力和资源条件选择具有较强吸引力的细分市场。目标市场选择的五种模式如图 3.4 所示(图中 P_1、P_2、P_3 表示不同类型的产品,M_1、M_2、M_3 表示不同的细分市场)。

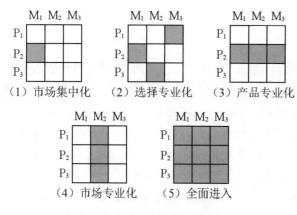

图 3.4 目标市场选择的五种模式

（1）市场集中化策略。市场集中化策略是指企业只经营一种类型的产品，满足某一类顾客特定的需要。规模较小的企业通常采用这种策略。

（2）选择专业化策略。选择专业化策略是指企业决定有选择地同时进入若干个具有吸引力且符合企业的目标和资源的细分市场作为目标市场，其中每个细分市场与其他细分市场之间的联系较少。企业要有针对性地向各个不同的顾客群体提供不同类型的产品，以满足其特定的需要。这一般是生产经营能力较强的企业在几个细分市场均有较大吸引力时所采取的决策，其优点是可以有效地分散经营风险。

（3）产品专业化策略。产品专业化策略是指企业生产一种类型的系列产品，并将其销售给各个顾客群体，满足其对该类型产品的不同需要。

（4）市场专业化策略。市场专业化策略是指企业决定生产多种不同类型的产品，只将其销售给某一个顾客群体，满足其多种需要。

（5）全面进入策略。全面进入策略是指企业生产各种类型的产品，全面地满足市场上所有顾客群体的不同需求。

（三）市场定位

市场定位是指企业根据市场需求与竞争状况，并根据自制条件，确定本企业和本企业所提供的产品在目标市场上的地位。市场定位用来塑造一种产品在细分市场中的形象，这种形象塑造得是否成功取决于消费者的认可与接受程度。对于产品的特色和个性，有的可以从产品属性上表现出来，如形状、成分、构造、性能等；有的可以从消费心理上反映出来，如豪华、朴素、时髦、典型等。从理论上讲，凡是构成产品的特色和个性的因素，都可以作为定位的因素。

1. 市场定位的方式

在企业的目标市场中，有的竞争对手的产品已经在顾客心中树立了一定的形象，占有一定的位置。企业要想在目标市场上成功地树立自己产品独特的形象，就需要针对这些企业的产品，进行适当的定位。产品市场定位的基本方式主要有以下三种：

（1）从时间过程来看，定位方式可以分为最初定位和重新定位。最初定位是指企业向市场推出一种新产品之前对其进行的第一次定位；重新定位也称为二次定位，是指企业改变产品特色或改变目标顾客对其原有的印象，使目标顾客重新认识其新形象的过程。

（2）从竞争的内容来看，即从企业定位时侧重于哪些因素的角度来考察，市场定位的方式可以划分为若干种。企业可以选择产品的某一种或几种因素，来为企业的产品定位。例如，帝豪汽车宣传其安全性和耐用性，绅宝汽车则强调其技术和功能特色。企业应根据市场需求情况与本身条件，尽量突出其产品的特色。

（3）从竞争的关系来看，定位方式可以分为避强定位和迎头定位（参见"市场定位的方法"中相关内容）。

2．市场定位的方法

企业推出的每种产品，都需要选定其特色和形象。现有产品在其原有定位已经不再具有生命力时，也需要重新做出定位决定。对产品的市场定位，可以应用多种方法，归纳起来有以下五种：

（1）根据产品的特色定位。这种定位可以强调与其他同类产品的某一特征。例如，白加黑感冒药定位在"白天服白片，不瞌睡；晚上服黑片，睡得香"。虽然感冒药数以百计，但多数产品含有一种对中枢神经系统产生副作用的药物成分，患者服用后精神萎靡不振、嗜睡，直接影响工作与学习。

（2）根据为顾客带来的利益、解决问题的方式定位。产品本身的属性及由此获得的利益、解决问题的方法、需求满足的程度，能使顾客感受到它的定位。例如，在汽车市场，德国的"大众"享有"货币的坐标"之美誉，日本的"丰田"侧重于"经济可靠"，瑞典的"沃尔沃"讲究"耐用"。

（3）根据产品的专门用途定位。这是产品定位的好方法，可为老产品找到一种新用途，也是为该产品创造新的市场定位的好方法。

（4）根据用户种类定位。即根据产品使用者对产品的看法来确定产品形象。例如，维生素C和含维生素C的产品已进入大众的日常生活，人们已经不再将其看作药品，而是作为营养品、添加剂，甚至作为保持好身材的助手。许多西方企业在奶制品、水果、蔬菜、粮食、化妆品、牙膏、点心和动物饲料中添加维生素C。

（5）根据与竞争同类产品的对比来定位。即与竞争对手产品相比后进行的市场定位，有两种方式：一是迎头定位，即与竞争对手对着干，如百事可乐的市场定位是针对可口可乐的；二是避强定位，即避开竞争锋芒、另辟蹊径，占领被竞争者忽略的某一市场空隙，突出宣传产品在某一方面的特色。

3.3 市场营销策略

市场营销策略是指企业以顾客需要为出发点，根据经验获得顾客需求量及购买力的信息、商业界的期望值，有计划地组织各项经营活动，通过相互协调一致的产品策略、价格策略、渠道策略和促销策略，为顾客提供满意的商品和服务而实现企业目标的过程。市场营销策略分类如图3.5所示。

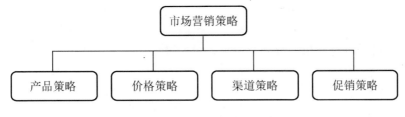

图3.5　市场营销策略分类

一、产品策略

产品策略是指企业制定经营战略时,先要明确企业能提供什么样的产品和服务去满足消费者的要求,也就是要解决产品策略问题。它是市场营销组合策略的基础。从一定意义上讲,企业成功与发展的关键在于产品满足消费者的需求的程度及产品策略正确与否。

提示: 产品策略相关内容将在本书"第 7 章 新产品开发管理"中详细介绍,此处不做详细介绍。

二、价格策略

价格策略是指企业通过对顾客需求的估量和成本分析,选择一种能吸引顾客、实现市场营销组合的策略。价格是市场营销组合中最复杂的一个因素,它的变动会对其他市场营销策略的配合产生很大的影响。企业产品价格的确定要以需求为导向,以成本费用为基础,以竞争价格为参照。

(一)产品价格决策的程序

产品价格的制定是一项很复杂的工作,需考虑多方面的因素,采取一系列措施。一般来说,产品的价格制定决策包括六个程序:明确定价目标、测定需求弹性、估算成本费用、分析竞争状况、选择定价方法、核定最佳价格。

1. 明确定价目标

企业在制定产品价格时,首先应确定期望凭借价格产生的效益及要达到的目的。定价目标是企业决策目标体系中的具体目标之一,它必须服从企业决策的总体目标,也必须与其他决策目标相配合。但企业决策总体目标并不只是对应一种定价目标,在不同条件下,可以通过不同的目标来实现。在市场营销实践中,一些企业的目标是追求短期利润最大化,指望通过某种产品快速取得丰厚的利润,而另有一些企业则谋求长期利润的稳定增长,追求可持续发展。常见的定价目标有维持企业生存、市场份额领先、产品质量领先、当期利润最大化、企业形象最佳化等。企业定价目标越明确,价格决策的目的性也就越清晰,在进行价格决策时,切忌目标不明确。

2. 测定需求弹性

市场需求量决定了企业产品的销售量,不同价格水平通常会体现不同的市场需求量。正常情况下,市场需求会按照与价格变动相反的方向变动,价格提高,市场需求就会减少;价格降低,市场需求就会增多。

需求弹性是指因价格变动而引起需求相应变动的比率,反映需求变动对价格变动的敏感程度。企业定价时考虑需求弹性的意义在于,不同产品具有不同的需求弹性。如果需求弹性较强,卖方就可考虑降低价格,以刺激需求,增加销售收入;如果需求弹性缺乏,卖方就可考虑适当提高价格,也会增加销售收入。

3. 估算成本费用

任何企业都不能随心所欲地制定价格。某种产品的最高价格取决于市场需求,最低价格取决于产品的成本费用。从长远来看,任何产品的销售价格都必须高于成本费用。只有这样,企业才能以销售收入来抵消生产成本和经营费用;否则,企业就无法继续经营。因此,企业制定价格时必须估算成本,还需要进一步分析市场需求量、产品生产经营成本和经营利润之间的关系,弄清本、量、利三者的关系,运用盈亏均衡点分析和保利分析来协助价格决策。

4. 分析竞争状况

在最高价格和最低价格的幅度内,企业能把这种产品的价格水平定得多高,取决于竞争对手的同一种产品的价格和可能定价的水平有多高。企业管理人员必须了解竞争对手的产品质量和价格,并根据这方面的信息来比质比价,从而制定本企业的产品价格。如果本企业和竞争对手的同一种产品质量大体一致,那么二者的价格水平应大体一致;如果本企业产品质量较低,那么价格水平就不能和其他企业一样;如果本企业产品质量较高,那么价格水平就可以相对定得较高。

5. 选择定价方法

企业管理者应选择最有利于实现企业定价目标的定价方法,具体有三种,即以产品成本为定价基本依据的成本导向定价法、以买方对产品价值的认知和需求强度作为定价依据的需求导向定价法、以市场上相互竞争的同类产品价格作为定价基本依据的竞争导向定价法。一般来说,产品成本是价格的下限,产品特色与品牌形象所能引起的市场需求是价格的上限。在价格下限和上限之间,参照竞争产品的价格,营销管理人员可初步确定本企业产品的价格区间。

6. 核定最佳价格

企业管理者在综合考虑企业产品的市场竞争力、消费者的心理感受,供应商、分销商、推销员的态度,竞争对手可能做出的反应,政府有关价格法律、法规的限制,行业自律组织的约束后,就可运用适当的价格策略来确定产品的最终价格。

(二)产品定价策略

价格竞争是市场竞争的重要武器,定价策略是具体指导企业产品价格竞争的行为准则。企业在制定产品价格时,应充分认识价格策略的重要性,根据不同的定价目标、市场状况、产品状况、顾客状况,选择能赢得市场竞争优势的价格策略。

1. 以供求弹性为基础的定价策略

企业将研制成功的产品投放市场前,要考虑给新产品制定一个初始阶段的价格。以供求弹性为基础的新产品价格定价策略有三种,分别是取脂定价策略、渗透定价策略和满意定价策略,如图3.6所示。

(1)取脂定价策略。取脂定价策略是高价策略,取脂的本意是指从牛奶中撇取最富有营养成分的油脂,有提取精华之意。采用取脂定价策略要有特定的条件,否则会因定高价而吓跑购买者,还可能被竞争者作为"靶子"来攻击。取脂定价策略的适用条件

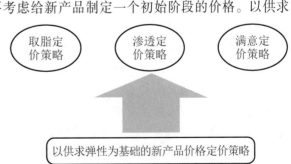

图 3.6 以供求弹性为基础的新产品定价策略

主要有产品新颖独特、生产技术或资源具有垄断性、流行时间短、竞争压力小。

（2）渗透定价策略。渗透定价策略是低价策略，是指经营者把价格定得低一些来吸引顾客，以期挤入市场、增加销售量，在短期内获得较高的市场占有率。采用渗透定价策略需要满足的条件包括产品潜在市场规模大、需求弹性大、企业供给能力强和潜在竞争者多。渗透定价策略的优点是满足了顾客物美价廉的要求，使他们获得超值价值，能阻止或减缓竞争者加入；其缺点是采用这一策略定价，易使消费者形成低价低质的错觉，从而影响产品和企业在市场上的形象。

（3）满意定价策略。满意定价策略是一种介于取脂定价策略和渗透定价策略之间的价格策略，其所定的价格比取脂定价的价格低，而比渗透价格要高。这种定价策略由于能使生产者和顾客都比较满意而得名。

2. 折扣策略

折扣策略是指对基本价格做出一定的让步，直接或间接降低价格，以争取顾客、扩大销量。其中，直接折扣的形式有数量折扣、现金折扣、功能折扣、季节折扣，间接折扣的形式有回扣和津贴。

（1）数量折扣。数量折扣是指按顾客购买数量的多少，分别给予不同的折扣，购买数量越多，折扣就越大，其目的是鼓励大量购买或集中向企业购买。

（2）现金折扣。现金折扣是指对在规定的时间内提前付款或用现金付款者所给予的一种价格折扣，其目的是鼓励顾客尽早付款，加速资金周转，降低销售费用，减少财务风险。采用现金折扣一般要考虑三个因素，即折扣比例、给予折扣的时间限制、付清全部货款的期限。

（3）功能折扣。中间商在产品分销过程中所处的环节不同，其所承担的功能、责任和风险也不同，企业据此给予的不同折扣称为功能折扣。对生产性用户的价格折扣也属于一种功能折扣。

（4）季节折扣。有些商品的生产是连续的，而其消费却具有明显的季节性。为了调节供需矛盾，这些商品的生产企业便采用季节折扣的方式，对在淡季购买商品的顾客给予一定的优惠，使企业的生产和销售在一年四季都能保持相对稳定。

（5）回扣和津贴。回扣是间接折扣的一种形式，是指购买者在按价格目录将货款全部付给销售者以后，销售者再按一定比例将货款的一部分返还给购买者。津贴是指企业为了一定目的，对相关顾客给予特定形式的价格补贴或其他补贴。例如，当中间商为企业产品提供包括刊登地方性广告、设置样品陈列窗等在内的各种促销活动时，生产企业便给予中间商一定数额的资助或补贴。

3. 心理定价策略

心理定价策略是指企业根据消费者对价格的不同心理反应，确定令其心理满意的价格，以刺激消费者购买的定价策略。每一件产品都能满足消费者某一方面的需求，其价值与消费者的心理感受有很大的关系。这就为心理定价策略的运用提供了基础，使得企业在定价时可以利用消费者心理因素，有意识地将产品价格定得高些或低些，以满足消费者生理的和心理的、物质的和精神的多方需求。常见的心理定价策略有尾数定价策略、整数定价策略、声望定价策略、习惯定价策略、招徕定价策略等。

（1）尾数定价策略。尾数定价也称零头定价或缺额定价，即给产品定一个零头数结尾的非整数价格。大多数消费者在购买产品时，尤其是购买一般的日用消费品时，乐于接受尾数价格，如 0.99 元、9.98 元等。消费者会认为这种价格经过精确计算，购买不会吃亏，从而产生信任感。同时，这种价格虽距离整数仅相差几分钱或几角钱，但给人一种低一位数的感觉，符合消费者求廉的心理愿望。这种策略通常适用于基本生活用品销售。

（2）整数定价策略。整数定价与尾数定价正好相反，企业有意将产品价格定为整数，以显示产品具有一定质量。整数定价多用于价格较贵的耐用品或礼品，以及消费者不太了解的产品。对于价格较贵的高档产品，顾客对质量较为重视，往往把价格高低作为衡量产品质量的标准之一，容易产生"一分价钱一分货"的感觉。

（3）声望定价策略。声望定价即针对消费者"便宜无好货，价高质必优"的心理，对在消费者心目中享有一定声望、具有较高信誉的产品制定高价。不少名牌产品和稀缺产品，如豪华轿车、高档手表、名牌时装、名人字画、珠宝古董等，在消费者心目中享有极高的声望价值，购买这些产品的人，往往不在意产品价格，而关心的是产品能否显示其身份和地位，价格越高，其心理满足的程度也就越大。

（4）习惯定价策略。有些产品在长期的市场交换过程中已经形成为消费者所适应的价格，称为习惯价格。企业对这类产品定价时要充分考虑消费者的习惯倾向，不要轻易变动。降低价格会使消费者怀疑产品质量是否有问题，提高价格会使消费者产生不满情绪，导致购买的转移。在不得不需要提价时，应采取改换包装或品牌等措施，减少抵触心理，并引导消费者逐步适应新的价格。

（5）招徕定价策略。这是适应消费者"求廉"的心理，将产品价格定得低于一般市价，个别的甚至低于成本，以吸引顾客、扩大销售的一种定价策略。采用这种策略，虽然少数的低价产品不赚钱甚至亏本，但从总的经济效益看，由于低价产品带动了其他产品的销售，企业还是有利可图的。

4．差别定价策略

差别定价策略是指对同一产品针对不同的顾客、不同的市场制定不同的价格的策略。其种类主要有以顾客为基础的差别定价策略、以产品为基础的差别定价策略、以地点为基础的差别定价策略和以时间为基础的差别定价策略。

5．产品线定价策略

产品线定价策略是指经营者为使整个产品线能获得最高利润，根据产品线上的主产品、卫星产品、阶段性产品、副产品对利润的贡献程度不同来定价的策略。例如，有的酒店客房是主要利润来源，经营者就把康乐、餐饮产品价格定得低一些，而把房价定得高一些，以提高整体利润。产品线定价策略适用于关联性较强的产品线。

三、渠道策略

营销渠道策略是指企业为了使其产品进入目标市场所进行的路径的设定，它涉及企业在什么地点、什么时间、由什么组织向消费者提供商品和劳务。企业应选择经济、合理的营销渠道，把商品送到目标市场。营销渠道策略包括渠道的长短、宽窄决策，中间商的选择及营销渠道的分析和评价等内容。营销渠道策略是整个营销系统的重要组成部分，它对降低企业成本和提高企业竞争力具有重要意义。

（一）营销渠道策略的类型

1. 长渠道和短渠道的营销策略

（1）长渠道营销策略。长渠道是指企业经过两道或两道以上的中间环节，把产品销售给消费者，如生产者通过批发商、零售商，将产品销售给消费者。长渠道的渠道长、分布密、触角多，能有效地覆盖市场，从而扩大产品销售，有利于商品远购远销；但由于其环节多，销售费用增加，不利于生产者及时获得市场情报，迅速占领市场。

（2）短渠道营销策略。短渠道是指产品在从生产者向消费者转移过程中，只经过一道环节的营销渠道，有产需直接见面和中间经过零售商两种形式。短渠道有利于加速商品流通，缩短产品的生产周期，增加产品竞争力；也有利于减少商品损耗，节省流通费用。

2. 宽渠道和窄渠道的营销策略

营销渠道的宽度，取决于营销渠道内每个层次上使用同种类型中间商数目的多少。在营销渠道的每个层次上，使用同种类型中间商数目越多营销渠道就越宽；反之，营销渠道就越窄。

（1）宽渠道营销策略。生产者在某一环节选择两类以上中间商销售商品，称为宽渠道。宽渠道的渠道范围广，广大消费者可以随时随地买到企业的产品，而且可以造成中间商之间的竞争。但由于不同类型的中间商数目多，中间商推销企业产品不专一，也不愿为企业付出更多的费用。

（2）窄渠道营销策略。窄渠道是指生产者在特定市场上只选用一类中间商为自己推销产品的营销渠道。一般来说，生产资料和少部分专业性较强或较贵重的消费品适合于窄渠道销售。窄渠道的优点是能促使生产者与中间商通力合作，排斥竞争产品进入同一渠道；缺点是如果生产者对某一中间商依赖性太强，在发生意外情况时，容易失去已经占领的市场。

（二）中间商的选择

中间商是指在制造商与消费者之间从事"专门媒介商品交换"经济组织或个人。中间商可以按照不同的标准进行分类：按照中间商是否拥有商品所有权可将其划分为经销商和代理商；按照销售对象的不同可将其划分为批发商、零售商、代理商和经纪人。选择中间商的条件如下：

（1）中间商的市场范围。市场是选择中间商最关键的因素。首先，要考虑预先订的中间商的经营范围所包括的地区与产品的预计销售地区是否一致，比如说产品在东北地区，中间商的经营范围就必须包括这个地区。其次，中间商的销售对象是否是生产商所希望的潜在顾客，这是个最根本的条件，因为生产商都希望中间商能打入自己已确定的目标市场，并最终说服消费者购买自己的产品。

（2）中间商的产品政策。中间商承销的产品种类及其组合情况是中间商产品政策的具体体现，选择时一要看中间商有多少"产品线"（即供应来源），二要看各种经销产品的组合关系是竞争产品还是促销产品。一般认为，应该避免选用经销竞争产品的中间商，即中间商经销的产品与本企业的产品是同类产品，比如说都为 21 英寸的彩色电视机。但是，若产品的竞争优势明显就可以选择出售竞争者产品的中间商，因为顾客会在对不同生产企业的产品进行客观比较后，决定购买有竞争力的产品。

（3）中间商的地理区位优势。地理区位优势即位置优势，如选择零售中间商最理想的区位应该是客流量较大的地点；选择批发中间商则要考虑所处的位置是否利于产品的批量储存与运输，通常以交通枢纽为宜。

（4）中间商的产品知识。许多中间商被规模巨大且有名牌产品的生产商选中，往往是因为它们对销售某种产品有专门的经验。选择对产品销售有专门经验的中间商就会很快打开销路，生产企业应根据产品的特征选择有经验的中间商。

（5）预期合作程度。中间商与生产企业合作得好会积极主动地推销企业的产品，对双方都有益处。有些中间商希望生产企业也参与促销，并相信这样会获得更高的利润。生产企业应先根据产品销售的需要确定与中间商合作的具体方式，再选择最理想合作中间商。

（6）中间商的财务状况及管理水平。中间商能否按时结算（包括在必要时预付货款），取决于财力的大小、整个企业销售管理是否规范和高效。这些关系到中间商营销的成败，都与生产企业的发展休戚相关，所以这两方面的条件也必须考虑。

（7）中间商的促销政策和技术。采用何种方式推销商品及运用何种促销手段直接影响销售规模。有些产品广告促销比较合适，有些产品适合通过人员推销，有些产品需要有效的储存，而有些产品则应快速运输。要考虑到中间商是否愿意承担一定的促销费用，以及有没有必要的物质、技术基础和相应的人才，选择中间商前必须对其所能完成产品销售的市场销售政策和技术现实的可能程度进行全面评价。

（8）中间商的综合服务能力。现代商业经营服务项目甚多，选择中间商要看其综合服务能力如何，如有些产品需要向顾客提供售后服务，有些产品在销售中要提供技术指导或财务帮助（如赊购、分期付款），有些产品还需要专门的运输存储设备。合适的中间商所能提供的综合服务项目与服务能力应与企业产品销售所需要的服务要求相一致。

（三）营销渠道策略的选择

市场营销中唯一不变的就是变化本身。企业要想在瞬息万变的市场环境和令人眼花缭乱的市场营销渠道中为自己的产品选择一条适当的营销渠道，就必须对市场产品市场有准确的把握和恰当的渠道选择策略。

1. 良好营销渠道的特征

（1）经济效益高且费用相对较低。不管企业选择什么营销渠道，都会产生一定的费用。为了获得更高的经济效益，企业一般选择一条经济效益较高而费用较低，即性价比较高的销售渠道，对于企业降低渠道费用和成本有很大的作用。好的营销渠道应该可以使企业产品的流通和营销费用降低，提高交易成功率和减少交易环节，加快企业的资金周转，提高资金的利用率。

（2）覆盖面广，方便消费者购买。营销渠道的覆盖面趋势影响企业产品的覆盖面和渗透程度。营销渠道的覆盖面越大，企业产品的市场渗透能力就越强，所形成的市场营销机会就越多，企业的市场风险就越小；同时，也可以渗透到竞争对手的领地，夺走其市场，巩固和扩大自己的实力。

（3）连续性强。企业所选择的销售渠道应该能保证其产品连续不断地从生产领域转到流通领域和消费领域。这就要求企业在选择营销渠道时要注意环环相扣，如果连续性差，经常在某个中间商处出现问题，那么就必然会更失去销售机会，影响经济效益，让企业在竞争中处于不利的位置，进而影响企业长期的营销能力。

（4）配套全面且合作意愿良好。良好营销渠道中的各个成员之间应该既有合理分工又有良好的合作，渠道成员之间为了共同的利益而自觉地努力，只有这样才能保证较高的工作效率。

2．影响产品销售渠道选择的因素

（1）产品因素。产品的性质、档次等因素直接制约企业产品营销渠道的选择，企业应当根据自己的情况来进行选择。

（2）市场因素。影响营销渠道选择的市场因素主要有消费者的需求特点、市场竞争状况和中间商。

（3）企业自身因素。企业的规模、市场营销实力对营销渠道有很大的影响。这主要取决于企业产品的广度、深度及企业控制营销渠道的愿望和能力。一般来说，企业的产品深度和广度越大，企业的市场形象越好，对中间商的控制力就越强，选择中间商的余地也就越大，甚至可以自己组织营销系统。当企业的规模较小时，则必须通过批发商转卖产品，这时就应当采取"长而窄"的渠道。

（4）其他因素。除了上述因素外，其他如法律、法规及相关政策、当地的特殊习俗和文化取向等对营销渠道的选择也有一定的影响。

四、促销策略

促销策略是市场营销组合的基本策略之一。促销策略是指企业通过人员推销、广告促销、营业推广和公共关系等各种促销方式，向消费者或用户传递产品信息，引起他们的注意和兴趣，激发他们的购买欲望和购买行为。一个好的促销策略，往往能起到多方面的作用，如提供信息情况，及时引导采购；激发购买欲望，扩大产品需求；突出产品特点，建立产品形象；维持市场份额，巩固市场地位；等等。

（一）人员推销策略

人员推销是指通过推销人员深入中间商或消费者进行直接的宣传介绍活动，使中间商或消费者实施购买行为的促销方式，它是古老的促销方式。在商品经济高度发达的现代社会，人员推销这种古老的形式焕发了青春，成为现代社会最重要的一种促销形式。人员推销的类型有以下三种。

1．上门推销

上门推销是最常见的人员推销形式。它是由推销人员携带产品样品、说明书和订单等走访顾客，推销产品。这种推销形式可以针对顾客的需要提供有效的服务，方便顾客，也为顾客广泛认可和接受。

2．柜台推销

柜台推销又称门市推销，是指企业在适当地点设置固定门市，由营业员接待进入门市的顾客，推销产品。门市的营业员是广义的推销员。柜台推销与上门推销正好相反，它是等客上门式的推销方式。由于门市里的产品种类齐全，能满足顾客多方面的购买要求，为顾客提供较多的购买方便,并且可以保证产品完好无损,故顾客比较乐于接受这种方式。

3. 会议推销

会议推销是指利用各种会议向与会人员宣传和介绍产品,进行推销活动。例如,在订货会、交易会、展览会、物资交流会等会议上可进行推销产品。这种推销形式接触面广、推销集中,可以同时向多个推销对象推销产品,成交额较大,推销效果较好。

(二)广告促销策略

广告是付费的大众传播,其最终目的是传递信息,改变人们对广告商品或事项的态度,诱发其行动而使广告主获得利益。企业借助有效的广告宣传,向目标市场的消费者快速传递企业信息,可以树立产品和企业形象,扩大企业的影响,强化消费者的信念,激发购买欲望,形成有利的销售局面。因此,认识和了解广告促销,合理运用广告宣传的技巧和策略,对搞好产品促销有着重要作用。

1. 广告媒体及其选择

广告媒体种类很多,凡是可以传播广告信息的物体都可以作为广告媒体。主要的广告媒体有报纸、杂志、广播、电视、网络、户外媒体等。广告的选择要注意消费者的习惯、媒体的影响及传播范围、信息类型、广告预算与费用等因素。

2. 广告促销策略

广告的形式多种多样,不同的广告的特点、费用要求等有较大差异。不同的企业广告目标各异、内容涉及面广泛,企业要结合具体需要,确定合理的广告策略,以增强广告宣传的效果,提高企业的经济效益。

(1)做好企业广告宣传的系统规划。企业在使用广告手段时,应该系统地利用广告资源,做好广告宣传的整体规划。一方面,通过科学规划,广告宣传活动要紧紧围绕企业的战略和目标进行,成为企业发展的重要促进力量;另一方面,广告宣传活动还应注意与企业的营销计划、营销活动的整体要求相协调、相统一,以追求企业营销的整体效果。

(2)确定的广告目标。广告目标决定广告活动的方向。企业在开展广告活动时,先要根据企业的具体任务、目标市场等情况,明确要达到的预期目标,以此来指导广告选择、广告策划和实施活动。

(3)组合运用相关广告媒体。不同广告媒体有不同的特点,将产生不同的广告效果。企业要结合产品特点、媒体受众的情况、广告预算等,系统考虑媒体的选择与组合运用,使有限的广告投入能发挥最大的作用。

(4)提高广告设计制作水平。广告活动要达到预期效果,必须遵循广告的一般规律和原则,加强市场调查和消费者分析,真正把握消费需求,创作出高水平的广告,吸引和打动消费者。

(5)选择合适的时机投放广告。广告投放时机选择恰当,可以达到事半功倍之效,避免盲目、不合理投放造成的浪费。

(6)加强与其他企业在广告宣传方面的合作。单一的企业实力有限,特别是中小型企业,可以通过企业间的相互合作,联合发布广告来克服这个困难。

(7)注意使用软性广告。软性广告因为形式特别,具有隐蔽性强、不易辨别的特点,往往往具有高于一般广告的可信度。软性广告的成本较低，但却具有良好的宣传效果，深受企业的喜爱。企业要注意做好与媒体的沟通与协调，处理好媒体关系，为软性广告的顺利发布创造有利条件。

（8）做好广告效果评估。广告的有效计划和控制，主要在于广告的评估。通过评估，可以科学分析广告投入所产生的效益，还能够分析广告活动中存在的问题与不足，以促进企业广告活动的改进与提高。广告效果评估的内容侧重于对广告沟通效果和销售效果的评价。

 案例阅读

一艘海船出事了，幸好一名乘客带着全球通，他打通了求救电话，全船的人因此得救。故事向人们阐释：生命的价值是任何优惠价格所换不来的，好的网络比价格更重要。该故事演绎了中国移动"沟通无限"的理念，在情节上进行了虚构，但在表现"信号好"这个关键部分时没有脱离现实。

（三）营业推广策略

营业推广是一种适宜于短期推销的促销方法，是企业为鼓励购买、销售商品和劳务而采取的除广告、公关和人员推销之外的所有企业营销活动的总称。

1. 营业推广的方式

（1）面向消费者的营业推广方式有赠送促销、折价券、包装促销、抽奖促销，如顾客购买一定的产品之后可获得一定的礼品或抽奖券等。

（2）面向中间商的营业推广方式有批发回扣、推广津贴。企业为促使中间商购进企业产品并帮助企业推销产品，可以支付给中间商一定的推广津贴、销售竞赛、零售商扶持等。

（3）面对内部员工的营业推广方式主要是针对企业内部的销售人员，鼓励他们热情推销产品或处理某些老产品，或鼓励他们积极开拓新市场，一般可采用销售竞赛、免费提供人员培训、技术指导等形式。

2. 营业推广的控制

营业推广是一种促销效果比较显著的促销方式，但倘若使用不当，不仅达不到促销的目的，反而会影响产品销售，甚至损害企业的形象。因此，企业在运用营业推广方式促销时，必须遵循以下原则：

（1）选择适当的方式。营业推广的方式很多，且各种方式都有各自的适应性，选择好营业推广方式是促销获得成功的关键。一般来说，应结合产品的性质、不同方式的特点及消费者的接受习惯等因素选择合适的营业推广方式。

（2）确定合理的期限。控制好营业推广的时间长短也是取得预期促销效果的重要一环。推广的期限既不能过长，又不宜过短，这是因为时间过长会减小对消费者需求的刺激作用，甚至会使其产生疑问或不信任感，时间过短会使部分顾客来不及接受营业推广的好处，收不到最佳的促销效果。一般应以消费者的平均购买周期或淡旺季间隔为依据来确定合理的推广时间。

（3）禁忌弄虚作假。营业推广的主要对象是企业的潜在顾客，企业在营业推广的过程中，一定要坚决杜绝徇私舞弊的短视行为发生。在市场竞争日益激烈的条件下，企业商业信誉是十分重要的竞争优势，企业没有理由自毁商誉。本来营业推广这种促销方式就有贬低商品之意，如果再不严格约束企业行为，那将会产生失去企业长期利益的巨大风险。因此，弄虚作假是营业推广中的最大禁忌。

（4）注重中后期宣传。开展营业推广活动的企业比较注重推广前期的宣传，这非常必要。但还要注意的是，不应忽视中后期宣传。因为在营业推广活动的中后期，面临的十分重要的宣传内容是营业推广中的企业兑现行为，这是消费者验证企业推广行为是否具有可信性的重要信息源。令消费者感到可信的企业兑现行为，一方面有利于唤起消费者的购买欲望，另一方面可以换来社会公众对企业良好的口碑，增强企业良好形象。

（四）公共关系策略

公共关系策略是指企业或组织采用传播的手段，使自己与公众相互了解和相互适应，以便树立企业良好形象，达到企业的某种目的的管理活动。公共关系策略是企业促销工作的重要组成部分，对于企业传播信息，协调公众关系，争取公众的大力支持，提高知名度和美誉度，增强市场竞争有着独特的作用。公关促销策略的方法有以下几种：

（1）内部刊物。这是企业内部公关的主要内容。企业内部各种信息载体是管理者和员工的舆论阵地，是沟通信息、凝聚人心的重要工具，如海尔集团的《海尔人》就起到了这样的作用。

（2）发布新闻。由公关人员将企业的重大活动、重要的政策及各种新奇、创新的思路编写成新闻稿，借助媒体或其他宣传手段传播出去，帮助企业树立形象。

（3）举办记者招待会。邀请新闻记者，发布企业信息，通过记者传播企业重要的政策和产品信息，这种方式传播广、信誉好，可引起公众的注意。

（4）设计公众活动。通过各类捐助、赞助活动，努力展示企业关爱社会的责任感，树立企业美好的形象。

（5）企业庆典活动。营造热烈、祥和的气氛，显现企业蒸蒸日上的风貌，以树立公众对企业的信心和偏爱。

（6）制造新闻事件。制造新闻事件能起到轰动的效应，常常引起社会公众的强烈反响，如张瑞敏刚入主海尔时的"砸冰箱"事件，至今还被人们谈及。

（7）散发宣传材料。公关部门要为企业设计精美的宣传册或画片、资料等，这些资料在适当的时机向相关公众发放，可以增进公众对企业的认知和了解，从而扩大企业的影响。

综合练习与实践

一、判断题

（1）市场推销是指在变化的市场环境中，旨在满足消费需要、实现企业目标的商务活动过程。（　　）

（2）目标市场的选择是企业营销战略性的策略，是市场营销研究的重要内容。（　　）

（3）价格策略是指企业通过对顾客需求的估量和成本分析，选择一种能吸引顾客、实现市场营销组合的策略。（　　）

（4）市场集中化策略是指企业只经营一种类型的产品，满足某一类顾客特定的需要。（　　）
（5）分析市场机会包括市场调研和市场购买行为分析两方面内容。（　　）

二、单项选择题

（1）（　　）认为企业的任务是确定目标市场需求、欲求和利益，并且在保持、增进消费者和社会福利的情况下，比竞争者更有效率地使目标顾客满意。

  A. 市场营销观念   B. 社会市场营销观念
  C. 推销观念   D. 生产观念

（2）（　　）是指为批发商和零售商等各类中介人销售供转卖之用的商品和服务市场。

  A. 市场购买行为   B. 政府购买行为
  C. 中间商购买行为   D. 代理商购买行为

（3）（　　）是指企业通过辨明具有不同需求的消费者群，将整体市场划分为若干个不同类别的子市场。

  A. 市场选择 B. 市场定位 C. 市场规划 D. 市场细分

（4）（　　）是指企业通过人员推销、广告、公共关系和营业推广等各种促销方式，向消费者或用户传递产品信息，引起他们的注意和兴趣，激发他们的购买欲望和购买行为。

  A. 促销策略 B. 营销策略 C. 市场策略 D. 推销策略

（5）市场细分的最终目的是选择和确定（　　）。

  A. 目标市场 B. 市场定位 C. 市场规划 D. 子市场

三、多项选择题

（1）关于市场营销，以下表述正确的是（　　）。

  A. 营销活动的主题是企业
  B. 消费者和用户是企业营销的对象
  C. 市场营销是一个商务活动过程
  D. 营销和推销一样，都是为了将产品卖得更好

（2）市场营销策略包括有（　　）。

  A. 产品策略 B. 价格策略 C. 渠道策略 D. 促销策略

（3）良好的营销渠道的特征是（　　）。

  A. 经济效益高且费用相对较低 B. 覆盖面广，方便消费者购买
  C. 连续性强   D. 配套全面且合作意愿良好

（4）以供求弹性为基础的定价策略有（　　）。

  A. 取脂定价策略   B. 渗透定价策略
  C. 心理定价策略   D. 满意定价策略

（5）常用的促销策略有（　　）。

  A. 人员推销策略   B. 广告促销策略
  C. 营业推广策略   D. 公共关系策略

四、简答题

（1）简述市场营销的概念。
（2）分析市场机会的方法有哪些。
（3）简述选择目标市场的步骤。
（4）产品定价的策略有哪些？
（5）简述营销渠道策略。

五、技能实训

一位顾客来到小徐的服装店，小徐赶忙上前招呼。小徐在和顾客的交谈中发现顾客性格比较开朗，十分容易相处，对介绍的服装感到满意，也没有否定自己对店中服装做出的描述评价。小徐觉得这个顾客是有心来自己店买服装的，应该好好抓住这个机会，努力向顾客介绍自己店里的服装，促成交易。

小徐在和顾客交谈的过程中，了解到顾客想买一件上衣。小徐根据顾客的年龄、相貌和经济等特征，把今年新出的一件上衣拿出来给顾客看，接着说："这是今年新出的一款上衣，它的款式设计是来自巴黎著名的服装设计师。这件上衣挺适合您的，它仿佛就是为了适应您的行为举止和气质而设计出来的，价钱也十分合理。我们店讲的是一分钱一分货。"顾客这时开始认真地检查这件上衣，小徐立即向顾客做出服装的质量保证，还告诉顾客该店还提供服装的售后服务，从而打消了顾客对服装质量的疑虑。

在做了一系列引发顾客兴趣的努力之后，小徐决定进一步激发顾客的购买欲望。双方展开了一场心理战，顾客突然抱怨服装的颜色过时了。小徐毫不紧张地说："您的记忆力的确很好，这种颜色几年前已经流行过了，但是如今又有了这种颜色回潮的迹象。"顾客想了想后，对小徐的态度明显好转。小徐抓住这一有利时机，对顾客说："现在您如果花几分钟把购买手续办一下的话，这套服装就是您的了。"顾客犹豫了一下，便点了点头。几分钟以后，顾客带着新上衣高兴地离开了小徐的服装店，小徐顺利地促成了这笔交易。

问题：

（1）这位顾客属于哪种类型？除了这种类型的顾客，还有哪些类型的顾客？

（2）如果这位顾客并不平易近人，而对产品处处提出疑问，甚至对销售人员的品质都提出质疑，假如你是销售人员，你会怎么接待这种顾客？

【在线答题】

第 4 章

人力资源开发与管理

 【学习目标】

通过本章的学习,学生应掌握人力资源管理的基本理论和技术,学会招聘方案设计,懂得培训过程管理,清楚绩效方案设计中需要掌握的关键点和薪酬的基本原则。

 【学习要求】

知识要点	能力要求	相关知识
人力资源开发与管理的工作基础	掌握岗位说明书的编写要点	岗位说明书的编写样板
人员招聘	(1)了解招聘的途径 (2)懂得不同招聘信息发布渠道的适用情况 (3)了解简历挑选过程中要注意的问题 (4)了解面试过程的关键技术	不同招聘途径的优、缺点
员工培训	(1)懂得员工培训的原则 (2)学会培训中的过程管理 (3)学会培训后的结果反馈	企业需要什么样的培训
绩效与薪酬	(1)懂得绩效管理的概念 (2)懂得绩效管理的流程 (3)懂得绩效管理的基本内容 (4)掌握绩效管理的技术 (5)懂得薪酬管理的原则 (6)掌握工资制度的类型和适用范围	绩效管理方案设计样板

【案例导入】

去过寺庙的人都知道，一进庙门，首先看到的是弥陀佛，他笑脸迎客。而在他的北面，则是黑口黑脸的韦陀。但相传在很久以前，他们并不在同一个庙里，而是分别掌管不同的庙。

弥勒佛热情快乐，所以来的人非常多，但他什么都不在乎，丢三落四，没有好好地管理账务，所以入不敷出。而韦陀虽然管账是一把好手，但成天阴着个脸，太过严肃，搞得人越来越少，最后香火断绝。

佛祖在查香火的时候发现了这个问题，就将他俩放在同一个庙里，由弥勒佛负责公关，笑迎八方客，于是香火大旺。而韦陀铁面无私，锱铢必较，则让他负责财务，严格把关。在两人的分工合作中，庙里一派欣欣向荣景象。

其实在用人大师的眼里，没有天才与庸才，正如武功高手不需要名贵宝剑，即使摘花飞叶也可伤人一样，关键是看如何用人。

 ## 4.1 工作基础

【音频故事】

人力资源开发与管理是指对人力资源进行有效开发、合理配置、充分利用和科学管理的制度、法令、程序和方法的总和。它贯穿于人力资源的整个运作过程，包括人力资源的预测与规划，工作分析与设计，人力资源的维护与成本核算，人员的甄选录用、合理配置和使用，还包括对人员的培训，组织发展和职业生涯规划，调动人的工作积极性，提高人的科学文化素质和思想道德觉悟。

一、工作岗位调查

工作岗位调查是指以企业单位中各类劳动者的工作岗位为对象，经过岗位调查制定出工作说明书等人事管理文件，为人力资源的战略规划、招聘配置、绩效考评、培训开发、薪酬福利、劳动关系等管理提供规范和标准的过程。

（一）岗位调查的内容

（1）岗位工作任务的性质、内容和程序，完成各项任务所需要的时间及占规定工作时间的百分比。

（2）岗位的名称、工作地点、担任岗位职工的职称、职务、年龄、工龄、技术等级、工资等级等。

（3）岗位的责任。

（4）承担岗位的资格、条件。

（5）担任岗位工作所需要的体力。

（6）岗位工作的危险性。

（7）岗位的劳动强度、劳动姿势、空间、操作的自由度等。

（8）岗位使用设备、工具的复杂程度。

（9）工作条件和劳动环境，如空气流速、温湿度、噪声、工作地照明、粉尘、有毒有害气体、雾滴、振动、热辐射等。

（10）其他需要补充说明的事项。

（二）工作岗位调查的方式

（1）面谈。为了获得岗位的有关信息，可采用面谈的方式，即调查人直接约见职工，调查了解其所在岗位的有关情况。面谈进行之前，调查人员应拟订调查提纲，列出所有需要调查的事项。面谈时，应按照问题的顺序逐一发问，并做详细的记录。

（2）现场观测。调查者直接到工作现场进行实地观察和测定，如测时、工作写实、工作抽样等。

（3）书面调查。书面调查是指利用调查表进行调查。调查表是在调查之前由专业人员设计编制的，被调查人接到调查表之后，应按调查项目逐一认真填写。书面调查结果的可靠性和准确性受两个因素的影响：一是调查表本身设计是否科学合理；二是被调查者的文化程度和填写时的诚意、兴趣、态度。

二、工作岗位说明书

工作岗位说明书是对岗位工作的具体特征的描述，是指对相应岗位的人的职责与需要具备的资格、能力要求等的说明性文件。岗位说明书的撰写人一般是从事该岗位的工作人员。在填写岗位说明书时，要注意几点：一是说明书填写的是岗位的情况，而非有关个人的资料，填写需详细、准确，不要有所保留或者夸大；二是说明书不是对员工工作表现的评价，在填写时需要写出岗位对任职者的要求；三是可以把说明书当作是对公司新招收的员工介绍该岗位的要求；四是说明书所提供的信息应当适用于最典型的及一般性的情况，而不适用于短期工作或临时工作。工作岗位说明书样板见表 4-1。

表 4-1　工作岗位说明书

岗位名称：	部　　门：	组　　别：
工作地点：	薪资等级：	编写时间：
直接上级岗位：	直接下属岗位：	

岗位使命：

岗位职责：

编号	工作内容 （主要职责用陈述句来说明一项有明确结果或产出的工作及岗位所负的责任，按工作重要次序分类编写）	关系部门/岗位	占全部工作时间的百分比
1			
2			
3			
4			
5			

续表

责任及权限：（岗位被授予的任何方面的决策权，如财务管理、人员管理、合同管理及生产运作方面等。例如，采购主管有权批准 5 000 元人民币的采购申请，任何超出这个数字的采购要求必须由采购经理批准）

任职资格：（该岗位所需的最低学历、专业职称、相关工作经验及其他技能的要求，非目前在职人员的情况）

教 育	基本要求				
	学 历		专 业		
	证 书				
知 识	知识内容	掌握程度			
		了解	掌握	熟悉	精通
技能、职业素质	技能、职业素质名称	等级要求			
		基本达到	良好	优秀	卓越
	员工发展				
	影响力				
	沟通能力				
	计划和组织能力				
	决策能力				
	责 任				
	敬 业				
	诚 信				
	自我超越				
经 验	工作经验				
	行业经验				
	岗位经验				

主要考核项目：

岗位发展方向：

可晋升岗位：

可轮换岗位：

填写人：　　　　　　　　　　　　　　　　　　　　审批人：
填写日期：　　　　　　　　　　　　　　　　　　　审批日期：

4.2 人员招聘

人员招聘是指企业及时寻找、吸引并鼓励符合要求的人，到本企业中任职和工作的过程。它是企业运作中一个重要的环节。

一、招聘信息发布

（一）人员补充的途径

通常有内部招聘和外部招聘两种途径，这两种方式各有优、缺点，见表 4-2。

表 4-2　人员补充途径优、缺点比较

人员补充的途径	优　　点	缺　　点
内部招聘	费用较低 激励性强 适应性强 准确性高	可能会在组织中造成一些矛盾 容易造成"近亲繁殖"
外部招聘	带来新思想、新方法 有利于招到一流人才 树立形象的作用	筛选难度大，时间长 进入角色慢 招募成本大 决策风险大 影响内部员工的积极性

1. 内部招聘的优、缺点

当一个职位出现空缺时，管理人员首先考虑的是从企业内部现有的人员中进行招聘。现在的雇员通常是企业最大的招聘来源。据有关资料显示，79%的美国公司采用以内部招聘为主的政策，而且企业中 90%以上的管理职位都是由企业内部提拔起来的人担任的。

（1）内部招聘的优点。

① 费用较低。人力资源部门对企业原有职员都有一定的了解，可通过多种渠道获取该员工是否适合招聘职位要求的相关信息，而且在内部发布招聘信息可以利用各种内部媒体，具有节省人力、物力、财力的优点。同时，由于内部招聘的人才来源于企业内部，他们对企业，特别是企业文化比较熟悉，已经具备了一定的工作能力和经验，对空缺职位的职责、要求等也较了解，所以在对他们进行上岗前的培训时，可以在很大程度上简化培训程序和减少培训费用。

② 激励性强。通过内部招聘来选拔人才，会使员工更加意识到工作绩效与提拔、晋升、加薪之间的关系，从而可以起到强有力的"鼓励先进，鞭策后进"的作用，激励员工奋发向上。由于内部招聘为员工提供了更多提拔、晋升、培训、加薪的机会，所以能够使员工在企业得到高度的认同感和归属感，也使得他们在不断开拓自己的职业生涯过程中获得自我实现的满足，从而让广大员工感到企业是自身发展的良好空间，在企业能够让自己的才能得到最大限度的发挥，进而愿意为企业贡献自己的全部才智和能力。

③ 适应性快。内部招聘的人员对原有职位和现有职位都比较熟悉，尤其是通过多次招聘的人员对企业内部的组织结构、生产过程、人员配置等都有较好的了解，因此，能够有效地提高企业整体的劳动生产率，增加对现有员工的投资回报。内部招聘给员工提供了一个对自己职业发展更负责任的机会。内部招聘的对象是企业内部的员工，基于对企业的原有了解，他们能更快地适应新的工作岗位。

④ 准确性高。从招聘的有效性和可信性来看，由于对内部员工有较充分的了解，如对该员工过去的业绩评价资料较易获得，管理者对内部员工的性格、工作动机及发展潜能等方面也有比较客观、准确的认识，提高了人事决策的成功率。尤其是招聘一些关键的管理人员时，企业可以通过选拔内部成员来降低因对应聘者缺乏了解而承担的风险。

（2）内部招聘的缺点。

① 因处理不公、方法不当或员工个人原因，可能会在企业中造成一些矛盾，产生不利的影响。内部招聘需要竞争，而竞争的结果必然有成功与失败，并且失败者占多数。竞争失败的员工可能会心灰意冷、士气低下，不利于组织的内部团结。内部选拔还可能导致部门之间"挖人才"现象，不利于部门之间的团结协作。此外，如果在内部招聘过程中，按资历而非能力进行选择，将会诱发员工养成"不求有功，但求无过"的心理，也会给有能力的员工的职业生涯发展设置障碍，导致优秀人才外流或被埋没，从而削弱了企业的竞争力。

② 容易造成"近亲繁殖"。同一组企业员工有相同的文化背景，可能会产生"团体思维"现象，抑制个体创新，尤其是当企业内部重要岗位主要由基层员工逐级升任时，就可能会因缺乏新人与新观念的输入，而逐渐产生一些趋于僵化的思维，这将不利于组织的长期发展。例如，许多观察人士认为，通用汽车公司在20世纪90年代所面临的严重问题就是与其长期实行的内部招聘策略有关。幸运的是，通用汽车公司已经意识到这点，也开始注意吸收"新鲜血液"。

此外，企业的高层管理者如果多数是从基层逐步晋升的，管理层的年龄就会偏高，不利于冒险和创新精神的发扬，而冒险和创新则是处于新经济环境下企业发展至关重要的两个因素。要弥补或消除内部选拔的不足，就需要人力资源部门做大量细致的工作。

【音频故事】

2. 外部招聘的优、缺点

（1）外部招聘的优点。

① 带来新思想、新方法。从外部招聘来的员工对现有的组织文化有一种崭新的、大胆的视角，而较少有感情的依恋。典型的内部员工已经彻底被企业文化同化了，受惯性思维影响，既看不出企业有待改进之处，又没有进行变革、自我提高的意识和动力，整个企业缺乏竞争的意识和氛围，可能呈现出一潭死水的局面。通过从外部招聘优秀的技术人才和管理专家，就可以在无形中给企业原有员工施加压力，激发他们的斗志，从而产生"鲶鱼效应"。特别是高层管理人员的引进，这一点尤为突出，因为他们有能力重新塑造组织文化。例如，惠普公司的董事会出人意料地聘用朗讯公司的一个部门经理来任首席执行官（CEO），以重塑惠普公司的文化。

② 有利于招到一流人才。外部招聘的人员来源广，选择余地很大，能招聘到许多优秀人才，尤其是一些稀缺的复合型人才。这样还可以节省内部培训费用。

③ 树立形象的作用。外部招聘也是一种很有效的交流方式，企业可以借此在其员工、客户和其他外界人士中树立良好的形象。

（2）外部招聘的缺点。

① 筛选难度大，时间长。企业希望能够比较准确地测评应聘者的能力、性格、态度、兴趣等素质，从而预测他们在未来的工作岗位上能否达到企业所期望的要求。而研究表明，这些测量结果只有中等程度的预测效果，仅仅依靠这些测量结果来进行科学的录用决策是比较困难的。为此，一些企业还采用诸如推荐信、个人资料、自我评定、同事评定、工作模拟、评价中心等方法。这些方法各有各的优点，但也都存在不同程度的缺点，使得录用决策耗费的时间较长。

② 进入角色慢。从外部招聘来的员工需要花费较长的时间来进行培训和定位才了解企业的工作流程和运作方式，增加了培训成本。

③ 招聘成本大。外部招聘需要在媒体发布信息或者通过中介机构招聘时，一般需要支付一笔费用。而且由于外界应聘人员相对较多，后续的挑选过程也非常烦琐，不仅耗费了很多人力、财力，而且占用了很多时间，所以招聘的成本较大。

④ 决策风险大。外部招聘只能通过几次短时间的接触，就必须判断候选人是否符合企业空缺岗位的要求，而不像内部招聘那样经过长期的接触和考察，所以很可能因为一些外部的因素（例如，应聘者为了得到这份工作而夸大自己的实际能力等）而做出不准确的判断，进而增加了决策的风险。

⑤ 影响内部员工的积极性。如果企业中有胜任的人未被选用或提拔，即内部员工得不到相应的晋升和发展机会，他们的积极性可能会受到影响，容易导致"招来女婿气走儿子"的现象发生。因此，进行外部招聘一定要慎重。

（二）招聘信息发布渠道

招聘信息发布渠道多种多样，各种渠道之间没有绝对的好坏之分，各有优、缺点。曾经有一位高级职业经理人说过："没有高级经理愿意在熙熙攘攘的人群中挤出一身大汗，然后递上一份简历。"一般来说，现场发布招聘信息以中低端职位和储备人才为主，网络、报纸、猎头等以招聘中高端职位为主。各种招聘信息发布渠道的优、缺点比较见表4-3。

表4-3 招聘信息发布渠道比较

招聘信息发布渠道	优　点	缺　点
网络招聘	覆盖面广；费用少；速度快；适合招技术人员或中高层管理者	会吸引许多不合格的申请者；对应聘者了解较少，增加筛选工作量及难度；招聘压力大
广播电视	广播电视有良好的视听效果，容易给人留下深刻印象	广告时间短；费用一般较高；适用于单位迅速扩大，需要短时间招聘大量人员时使用
报纸杂志	覆盖面广；有利于提高企业的知名度；起到广告效果；费用适中	会吸引许多不合格的申请者；对应聘者了解较少，增加筛选工作量及难度；招聘压力大
职介机构	花费比较合理，有时可免费；初次筛选对象较多	对应聘者了解少；成功率低；难以招到优秀人才
猎头公司	对"猎取"高级和紧缺人才特别有用	费用高；容易上当受骗
校园宣传	针对性比较强；能够吸引大量的申请者	应聘者缺乏实际操作能力；人员稳定性差，有较高的流失率

二、简历筛选

发布招聘信息之后,企业会收到大量的各类应聘简历。一般各大招聘网站会要求应聘者填写统一模板的简历,实现对简历进行快速的筛选,然后将这些简历交给企业。

收到大量简历,企业通常会关注以下两个方面:

(1)需要看内容的真实性。

(2)如果是应届毕业生的简历,注重的是教育背景和专业背景、成绩排位、社会活动等;而对资深人员的简历,会浏览其全部内容之后再做出评估,考察内容更偏重实际工作经历。

注意:应届毕业生的名校背景和资深人员的名企背景会是一个优先的因素,但面试的时候是否名校和名企就不会过度关注了。

至于应聘者的基本信息、教育经历、工作经历,具体体现在以下几个重要的"关键词"上:

(1)工作年限。这是重要指标之一,很多企业根据数字判断应聘者的等级,一般设有1~3年、3~5年、5~8年、8年以上这几个阶段。

(2)教育水平。这是很多企业关注的"硬性指标",一般会根据这一项筛掉很多简历。

(3)技术能力。这一项尤为关键,招聘企业大都是通过此项关键词从茫茫大海中筛选出它们所需要的简历。例如,软件企业需要熟悉"Java"的开发人员,系统会去查找简历"IT技能""职业特长"等信息里面是否有熟悉"Java"的相关信息,从而寻找该类职业特长突出的应聘者。

注意:除了关键词以外,简历摘要项是企业要关注的另一个重点,这也是求职者职业历程中最出彩的地方。例如,具备哪些职业专长、职业经验的概述等,这些内容都可以通过简短的语言描述出来。

三、面试问题

面试官与应聘者均以着装大方得体为主,一般不录用衣着暴露或衣冠不整的应聘者。

在面试过程中,面试官向应聘者发问,而应聘者的回答将成为面试官考虑是否接受他的重要依据。对面试官而言,重要的是根据不同的招聘要求,设计好不同的问题。面试中经常出现的一些典型问题及提问目的见表4-4。

表4-4 面试问题及提问目的

面试问题	提问目的
请你自我介绍一下!	(1)观察对方介绍内容是否与个人简历相一致,淘汰简历虚假的应聘者 (2)口头表达是否清楚
谈谈你的家庭情况!	(1)了解应聘者生活背景的方法之一 (2)了解家庭状况对于了解应聘者的性格、观念、心态等有一定的作用 (3)家庭和睦有利于工作开展
你为什么选择我们公司?	(1)从中可以了解应聘者求职的动机、愿望,以及对工作的态度 (2)可以看出应聘者对行业和企业的看法,以及对本岗位的热爱程度

续表

问　题	发问目的
对这项工作，你有哪些可预见的困难？	（1）可以看出应聘者对这项工作的信心 （2）应聘者对所应聘岗位熟悉的程度
你在前一家公司的离职原因是什么？	（1）主观的负面感受，如"太辛苦""人际关系太复杂""管理太混乱""公司不重视人才""公司排斥我们这类员工"等，这类人会在工作遇到困难时抱怨，影响同事关系，传染不良气氛，一般不录用 （2）涉及负面的人格特征，如不诚实、懒惰、缺乏责任感等，一般不录用
你有什么业余爱好？	（1）业余爱好能在一定程度上反映应聘者的性格、观念、心态 （2）了解应聘者性格是否孤僻，间接表现出是否能与他人良好合作 （3）为单位日常业余活动发掘人才
谈谈你的缺点！	（1）说没有缺点的人过于自信，不太愿意与人合作 （2）把明显的优点说成缺点的人有虚伪倾向 （3）有令人不放心、不舒服的缺点的人要淘汰
谈谈你的一次失败经历！	（1）没有失败的经历的人过于自信，不太愿意与人合作 （2）把明显的成功说成失败的人有虚伪倾向 （3）严重影响所应聘工作的失败经历，说明专业技能缺乏
如果录用你，你将怎样开展工作？	应聘者对所应聘岗位熟悉程度
与上级意见不一致时，你将怎么办？	考察应聘者的服从程度
我们为什么要录用你？	（1）考察应聘者能否换位思考问题 （2）应聘者展示能力与信心
你能为我们做什么？	（1）展示应聘者的专业技能 （2）考察应聘者对应聘岗位了解的程度
你是应届毕业生，缺乏经验，如何能胜任这项工作？	提出这个问题，并不真正在乎"经验"，关键看应聘者怎样回答，考察应聘者的灵活性
你最崇拜谁？	（1）最崇拜的人能在一定程度上反映应聘者的性格、观念、心态 （2）崇拜自己的人一般比较桀骜不驯 （3）崇拜一个虚幻的人，往往生活在想象中，有心理问题倾向 （4）崇拜一个明显具有负面形象的人，可能对社会有不满情绪，将来可能有潜在的对抗企业制度的行为
你的座右铭是什么？	（1）座右铭能在一定程度上反映应聘者的性格、观念、心态 （2）引起不好的联想的座右铭一般不太好，有某些心理问题的倾向 （3）座右铭能反映出自己某种优秀品质
你希望与什么样的上级共事？	通过应聘者对上级的"希望"可以判断出应聘者对自我要求的意识

同一个面试问题并非只有一个答案，关键在于面试官针对应聘者情况灵活地应用，对面试的具体情况进行把握，有意识地提出问题。

四、因人定岗

有很多成功的企业家，他们既没有技术背景，也没有营销背景，甚至没有上过大学，但他们却可以缔造出一个伟大的企业，原因就在于他们懂得如何打造团队，如何让合适的人做合适的事。

让合适的人做合适的事，说起来简单，做起来并不是一件容易的事情。有的领导在选择团队成员的时候，唯一的标准就是能力，认为只要能力高，就能给团队带来战斗力。其实不然，企业所需的人才就像企业生产产品所需的材料一样，必须十分合适。小材大用、大材小用，都不是理想的用人准则，唯有适才专用，才能使人的才能发挥到极致。例如，企业需要一位记账的会计，招聘一位有会计证和一定工作经验的普通员工就可以了。如果一位高级会计师来应聘这个职位，就算招进来也做不长久，因为每个人都要考虑自己的职业生涯发展。如果没有施展能力的舞台，那么越是有能力的人越会选择跳槽——他们不怕赚不到钱，害怕体现不出自己的价值。

【音频故事】

因此，需要注意能力和职位的相匹配。首先，团队领导要对团队内部每一个职位的工作内容有所了解，这样他才能知道需要什么样的人才加入团队；其次，团队领导需要对每一个团队成员的能力有所了解，既要知道他们的优势所在，又要了解他们的劣势所在。只有这样，才能把他们安排到合适的职位，充分发挥他们的优势，规避他们的劣势。

4.3 员工培训

员工培训是指企业为开展业务及培育人才的需要，采用各种方式对员工进行有目的、有计划的培养和训练的管理活动。其目标是使员工不断地更新知识、开拓技能，以改进员工的动机、态度和行为，使其适应企业新的要求，更好地胜任现职工作或担负更高级别的职务，从而促进企业生产效率的提高和目标的实现。

一、员工培训的原则

员工培训有一定的目的，也就是要符合一定的原则。员工培训的原则需要符合战略性、按需培训、理论联系实际的实践性、全员培训与重点提高、企业与员工共同发展、注重投入提高效益、反馈与强化培训效果等原则，如图4.1所示。

图 4.1 员工培训的原则

【音频故事】

（一）战略性原则

企业在进行员工培训时，一定要从企业的发展战略出发去思考相关的问题，使员工培训工作构成企业发展战略的重要内容。

（二）按需培训原则

由于企业的岗位繁多、差异很大，而且员工的水平不同，所以不能采取普通教育"齐步走"的模式，只能遵循因材施教的原则。也就是说，要针对每个员工的实际水平和所处岗位的要求开展培训。

（三）理论联系实际的实践性原则

员工培训要注意针对性和实践性，并以工作的实际需要为出发点，与职位的特点紧密结合，与培训对象的年龄、知识结构紧密结合。企业发展需要什么，员工缺少什么理论与技术，员工发展需要什么，组织员工教育培训就要及时、准确地予以体现和实施。实践性既是员工培训的目标，又是员工培训的方法，这就要求员工培训的内容要与培训的目的相一致，把对员工的培训与培训后的工作及使用统一起来。如果培训与使用脱节，受训者学而无用，那么既给企业造成人力、物力、财力的浪费，又会失去培训的意义。

（四）全员培训与重点提高原则

全员培训是有计划、有步骤地对在职的各级各类员工所进行的培训，它是提高企业全员素质的必由之路。但是，在实行全员培训的同时，企业也应重点地培训一批技术、管理骨干，特别是中高层管理人员。对他们除了更新、补充业务知识外，企业还应该提供专门提高经营管理决策、协调、指挥能力等方面的培训。

（五）企业与员工共同发展原则

对企业而言，员工培训是调动员工工作积极性，改变员工观念、提高企业对员工凝聚力的一条重要途径；对员工而言，员工培训是员工学习并掌握新的知识和技能，提高个人的管理水平，有利于个人职业发展的难得机会。因此，有效的员工培训，会使企业和员工共同受益，促进企业和员工共同发展。

（六）注重投入提高效益原则

该原则主要是针对员工培训的实际效果而言的。效果和质量是员工培训成败的关键。员工培训必须讲求实效，不能只图虚名而流于形式。为了确保员工培训的效果和质量，企业必须做好两方面的工作：一是制订全面周密的培训计划，为员工培训提供重要依据；二是在总结本企业员工培训经验的基础上，借鉴和吸收其他企业员工培训的先进、科学的培训方法和手段。

（七）反馈与强化培训效果原则

企业应尽可能使受训者对所学的内容做出反馈。企业必须定时检查学习结果，这样才能了解培训进度，不断改善培训课程，而且对于错误也可以设法改正。

企业需要评估员工培训的效果。培训员工其实是企业对人力资源的一项长期投资，至于收效如何，未必能在短期内立即见效。

注意： 上述员工培训原则是整个培训过程中必须遵循的原则。它不仅涉及员工培训的方法、内容、目的和效果等各个方面，而且各项原则之间是相互联系、相互影响的。员工培训必须贯彻上述原则，这样才能收到实效。

二、员工培训系统设计

员工培训系统设计是一项系统性的技术，这项技术可以保证员工和企业获得履行岗位职能所必需的知识、技能和劳动态度。培训系统的设计、开发必须回答三个问题，即培训目标是什么？开展哪些活动才能实现目标？怎样检验目标是否达到？要使企业培训能够有效地促进和实现企业的经营目标，应该建立一套有效的、完善的现代企业培训系统。

现代企业员工的培训系统应当由培训需求分析、培训规划、培训组织实施和培训效果评估四个子系统组成，如图4.2所示。

（一）培训需求分析

培训需求分析就是采用科学的方法弄清谁最需要培训、为什么要培训、培训什么等问题，并进行深入探索研究的过程。进行培训需求分析时，首先应当找出差距，明确目标，即确认培训对象的实际状况同理想状况之间的差距，明确培训的目标与方向；其次要找出解决需求差距的方法及培训的标准。差距的确认一般包括三个环节：一是明确培训对象目前的知识、技能和能力水平；二是分析培训对象理想的知识、技能和能力标准或模型；三是对培训对象的理想和现实的知识、技能和能力水平进行对比分析。

图4.2 员工的培训系统构成

1. 企业战略发展要求

在现代企业发展过程中，人们把目光投向未来，不仅针对企业的过去和现在进行培训需求分析，而且重视对企业未来进行培训需求分析，即战略层次分析。战略层次分析一般由人力资源部发起，需要企业的执行层或咨询小组的密切配合。战略层次分析要考虑各种可能改变组织优先权的因素，如引进一项新的技术、出现了临时性的紧急任务、领导层面的更换、产品结构的调整、产品市场的扩张、财政的约束等，还要预测企业未来的人事变动和企业人才结构的发展趋势（如高中低各级人才的比例），调查了解员工的工作态度和对企业的满意度，找出对培训不利的影响因素和可能对培训有利的辅助方法。

2. 新员工培训需求

新员工由于对企业文化、企业制度不了解而不能融入企业，或是由于对企业工作岗位的不熟悉而不能很好地胜任新工作，此时就需要对新员工进行培训。对于新员工的培训需求分析，特别是对于从事低层次工作的新员工的培训需求分析，通常使用任务分析法来确定其在工作中需要的各种技能。

3. 在职员工培训需求

在职员工培训需求是指由于新技术在生产过程中的应用，在职员工的生产效率不能满足工作需要等方面的原因而产生的培训需求，通常采用绩效分析法评估在职员工的培训需求。

（二）培训规划

为了从根本上保证员工培训的质量，就需要企业根据自身发展的战略规划，在进行培训需求分析的基础上，制订出一套完整的培训计划，即先要确认培训内容，再根据培训内容选择培训的方式，从而进行培训课程的设计，确定培训时间和培训教师，最后编制出培训预算和培训计划。

1. 确定培训内容

培训内容的开发要坚持"满足需求，突出重点，立足当前，讲求实用，考虑长远，提升素质"的基本原则。明确培训的目标群体及其规模，考虑他们在企业中的作用、目前的工作状况和知识技能水平，进行后续的目标设定和课程安排等。

2. 确定培训时间

根据培训需求分析的紧急程度，列出各种培训需求的优先顺序，并根据企业的资源状况优先满足那些排在前面的需求，确定具体的培训时间，并通知到相关人员。

3. 确定培训方式

培训方式是采取企业内部培训还是委托外部培训的方式，或者是与外部机构进行合作培训，具体选取哪种培训方式，主要从培训效果来看，但同时也要兼顾培训成本和时间安排。

4. 确定受训人员

确定受训目标群体，要考虑到个体的差异性和培训的互动性，并对培训预期达到的结果、完成任务的条件、达到目的的标准（即完成任务的速度或工作规范）进行明确的描述。

5. 选择培训教师

根据培训内容，选择和确定培训教师，具体选择以培训效果为主要依据。

6. 培训成本的控制

要切实保证企业培训的效果，在培训计划实施前，企业必须全面掌握培训成本相关信息，做好员工培训费用预算的编制工作，为企业培训工作的开展提供资金上的有力支持，从物质上保证培训计划的贯彻执行，不断提高员工培训的实际效果和经济效益。

（三）培训组织实施

培训的组织实施是按照培训计划分项进行的，关键是工作细节。就像组织一场晚会，作为观众觉得整个过程很简单，但作为组织者，背后有大量细致的工作要做，以保证整个过程不出瑕疵。这主要注意下面的一些问题。

1. 培训课前准备工作

（1）准备茶水。

（2）学员报到签名。

（3）引导学员入座。

2. 课程培训开始的介绍工作

（1）培训主题、课程和日程安排的介绍。

（2）培训师介绍。
（3）破冰活动。
（4）知识或技能传授。

3．培训结束后期工作

（1）向培训师致谢。
（2）培训效果调查。
（3）清理、检查设备。

（四）培训效果评估（四级反馈）

【音频故事】

（1）培训效果第一级：满意度（Satisfaction），即学员在课程结束时对于课程整体设计和教授方式的满意情况。这仅仅是一个细小的开始环节，通过调查问卷就可以解决。而阻碍其公正性的因素有：一是对于大多数学员来讲，大家通常趋向于满意；二是在过分追求授课满意度的前提下，有些课程设计会过分着重于课程本身的趣味性，学员感觉课程本身教授得十分完美，但是并不实用。

（2）培训效果第二级：学习度（Learning），即学员是否真的掌握到教授的内容。这种方式比较直接，一般通过考试、面试和课程案例研究就可以完全测评出学员的知识掌握情况。但是，对于试卷和案例分析的评分机制和标准的设计，要求具有一定的科学性，同时评审人员必须是了解相关话题的专家。另外，由于企业培训与大学教育不同，学员很难针对没有实际业务价值的案例进行演练，这就需要高管团队强调培训的重要性，或者在案例设计时兼顾必要的关联性。

（3）培训效果第三级：应用度（Adoption），即学员多大程度地将所学的知识应用到工作实践中。这项工作需要员工的直系经理对于课程本身的结构和内容有清晰的了解，以便了解员工是否应用了培训所教授的内容。结构化的问卷或者面对面的访谈能够帮助直系经理理清思路，对员工的知识应用做出评估。另外，定期的心得体会分享和经验交流也能够帮助培训部门了解员工的技能应用程度。值得注意的是，在这个环节中有必要重新审视学员对于知识的理解，以纠正偏差、校准方向、消除误解。

（4）培训效果第四级：绩效改善度（Performance），即学员在多大程度上通过自己的知识运用提高了自身和组织的绩效，一般可以应用绩效考核指标体系来考量员工在培训前后的绩效变化程度。绩效改善度可以纳入企业正常的绩效考核程序，但不可忽视的问题在于员工的工作内容较多，能力要求比较繁杂，内外部环境和资源的变化，以及员工学习的自主性等，员工在一段时期内的绩效提高并不一定是因为培训直接产生的。针对这个问题，植入统计学的分析方法是有一定的必要性的，如采取相关性分析和线性回归的方法，能够帮助企业找到培训与绩效提升的相关性。

4.4 绩效与薪酬管理

绩效与薪酬往往就像一对孪生姊妹，绩效管理的背后，是根据绩效考评的成绩对薪酬进行一定的调整，从而使企业从总经理到部门经理再到普通员工，都能承担企业经营目标实现的责任，从各自不同的角度（主要体现在岗位职责的要求方面）为企业战略的实现做出自己的贡献。

一、绩效管理

绩效管理是指各级管理者和员工为了达到企业目标共同参与的绩效计划制订、绩效辅导沟通、绩效考核评价、绩效结果应用、绩效目标提升的持续循环过程。绩效管理的目的是持续提升个人、部门和组织的绩效。

由绩效管理的概念可知，它是一个管理者和员工保持双向沟通的过程，在过程之初，管理者和员工通过平等的沟通，对未来一段时间（通常是一年）的工作目标和任务达成一致，确立员工未来一年的工作目标；绩效管理强调组织目标和个人目标的一致性，强调组织和个人同步成长，以形成"多赢"局面；绩效管理体现"以人为本"的思想，在绩效管理的各个环节中都需要管理者和员工的共同参与。

绩效管理实际上是一种自上而下传递绩效压力及分散工作任务的过程，即围绕企业的长期发展战略将企业在一段时期内的经营目标自上而下地进行分解。因此，为了保证绩效管理的有效实施，从绩效压力的产生到压力的传递再到压力的承担，必须有一个完整的链条，任何一个环节的缺失都会导致所有的绩效管理努力付之东流。

（一）绩效管理流程

绩效管理流程是一个完整的系统，一般由五个环节组成，如图 4.3 所示。

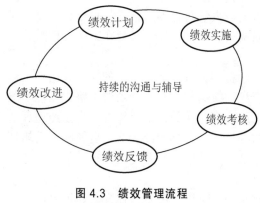

图 4.3　绩效管理流程

1. 绩效计划

它是绩效管理过程的起点。企业的战略要落实，必须先将战略分解为集体的任务或目标，落实到各个岗位上，然后对各个岗位进行相应的职位分析、工作分析、人员资格条件分析。这些工作完成后，考评者就应该和被考评者一起根据本岗位的工作目标和工作职责来讨论，搞清楚在绩效计划周期内员工应该做什么工作、做到什么程度、何时应该完成及员工的权利大小和决策权限等。

2. 绩效实施

制订绩效计划之后，被评估者就开始按照计划开展工作。在工作的过程中，管理者要对被评估者的工作进行指导和监督，对发现的问题及时纠正，并随时根据实际情况对绩效计划进行调整。在这个过程中，管理者要不断地对评估者进行持续的沟通。

3. 绩效考核

绩效考核是指按照事先确定的工作目标及其衡量标准，考察员工实际完成绩效情况的过程，发现绩效与标准之间"差距"。

4. 绩效反馈

绩效管理的过程并不是为考核打出一个分数就结束了，主管人员还需要与员工进行一次或多次面对面的交谈。通过面谈，使员工了解上级对自己的期望，了解自己的绩效，认识到自己有待改进的方面。同时，员工也可以提出自己在完成绩效中遇到的困难，请求上级的指导。由于绩效反馈在绩效考核结束后实施，而且是考核者和被考核者之间的直接对话，所以有效的绩效反馈对绩效管理起着至关重要的作用。

5. 绩效改进

绩效管理的目的不仅是将考核的结果作为确定员工的薪酬、奖惩、晋升或降级的标准，而且要求员工的能力不断提高、绩效的持续改进和发展才是其根本的目的，寻找改进方法作为下一循环的开始，进而不断提高。

（二）绩效考核的基本内容

1. 对公司高层管理人员考核

它是指对公司高层主管进行资源配置，而且是针对对某一方面行使主导意见的那部分人员，他们的工作内容重在方针、目标、战略和远景，典型代表就是总经理。

高层管理人员应该对企业经营效益的好坏承担主要责任，具体表现在资源分配要合理，投资方向不能有重大失误，促进建立良好的企业文化。对于高层管理人员的绩效考核，只要他们能够把目标、方针、战略规划、远景描绘等工作内容做好，重点不在于细节的问题，应该允许其犯一些小错误，对这类人员的评价要客观，没有必要把所有的内容都放进去。在企业中，高层管理人员在某方面的具体能力越强，往往相对应部门的绩效就会越差。这是因为，高层管理者过多地参与具体事务，会极大地影响下属的思维活跃性，所以尽量避免对高层管理人员在具体事务上的考核。

2. 对中层管理性人员考核

它是指对企业里负责一个部门、某个职能的人员进行资源配置，典型代表就是部门经理等中层管理人员。他们承担企业里具体工作的指挥任务，管理内容重在计划、组织、领导、协调和控制，绩效考核对于他们的要求是比较高的，要求他们不仅要制定方案而且还要去执行方案。在这个过程中，这类人员的压力比较大，相对而言，对他们的考核也应该是全面、具体的。从实际的情况来看，这个层次的人员也是最难以考核的。

（1）工作成绩考核。工作成绩根据岗位具体情况尽量量化成具体的指标，不能量化的尽量用易于判断的语句来描述。

（2）工作态度考核。工作态度考核一般是上级的主观评价。还有一种工作态度评价方法是360°评价，就是上级、下级、周围同事对其进行评价。

至于客观指标和主观指标权重的比例，一般建议为8:2比较合适，但也要根据实际情况来进行调整。

3. 对业务人员考核

对业务人员的考核重点在于量化的指标，如销售收入、销售费用等。但需要特别指出的是，这些量化指标只是考核的主体内容而不是全部。以营销人员为例，随着企业规模的发展，对他们的考核可能还需要涉及客户档案的健全程度、销售组织的培训力度及客户的满意度。因此，对业务人员的考核应该是以量化指标为主，以其他的相关指标为辅。

4. 对研发人员考核

与业务人员相比较，设定对研发人员的考核内容要复杂和麻烦得多，原因在于研发人员普遍具有这些特点：个性和自尊心极强；拥有自己的价值观，对行业中技术能手的认同多过直接的行政领导；强调价值的认同，蔑视权威。综合考虑他们的这些特点，设定考核内容时应侧重其有效工作时间，以及其开发的产品推向市场后受欢迎的程度，并注意将其收益与市场营销的状况挂起钩来。

5. 对生产工人及其直接主管考核

生产工人及其直接主管是企业里面从事具体事务性工作的人员，对他们的考核主要以产量和质量为主，辅以工作态度。一般工作态度采取上级评价的形式，根据企业具体情况确定客观指标和主观指标的权重比例，一般建议为9∶1比较合适。

（三）绩效技术

1. 关键绩效指标法（KPI）

KPI（Key Performance Indicator）是指将企业战略目标经过层层分解产生的可操作性战术方法。KPI 是衡量企业战略实施效果的关键指标，其目的在于建立一种有效的监测机制，将企业战略转化为具体可操作的过程和活动，并以此指标来对执行结果进行评价。通过这种方法，企业可不断增强核心竞争力，持续地取得高效益。从这个意义上说，KPI 评估体系不仅仅是一种激励约束手段，更是一种战略实施工具。

2. 平衡记分卡

平衡记分卡也叫综合记分卡，其核心思想是通过财务、客户、内部经营过程、学习与成长四个方面的指标之间相互作用，实现从绩效评估到战略实施的目的。它一方面通过财务指标保持对企业短期绩效的关注，另一方面通过员工学习、新技术的运用、产品和服务创新来提高客户的满意度，共同驱动企业长期的绩效成长。

3. 目标管理

目标管理是一种程序或过程。进行目标管理时，企业的上级和下级一起协商，根据企业的使命确定一定时期内企业的总目标，由此分解出上、下级的责任和分目标，并把这些目标作为对企业贡献的标准进行考核。

4. 标杆超越

标杆超越是不断寻找和研究业内外一流的企业的管理过程与成就，以此为标杆，将本企业的产品、服务和管理等方面的实际情况与这些标杆进行量化比较，分析这些标杆企业达到优秀水平的原因，再结合自身实际加以创造性地学习、借鉴并选取改进的最优策略，从而赶超一流企业或创造高绩效的不断循环提高的过程。

 案例阅读

××公司装配部员工绩效考核方案

1. 目的

为了适应公司的快速发展，进一步提高装配部的管理水平，充分调动员工的工作积极性，并全面、客观、公正地评价每一位员工，特制定本方案。

2. 考核对象

装配工、装配组长、领料员。

3. 考核方式

考核指标量化，设定基本分，根据奖罚等情况对各项考核指标进行统计，所得总分为该员工考核期内的综合得分。

4. 考核指标

岗 位	考 核 指 标							
装配工	装配合格率	交货及时性	工作表现	"5S"执行	奖励	—	—	—
装配组长	装配合格率	交货及时性	工作协调能力	连带责任	"5S"执行	管理能力	团队精神、敬业精神	奖励
领料员	备货准确率	备货及时性	工作表现	"5S"执行	团队精神、敬业精神	奖励	—	—

各考核指标的详细说明如达到要求就可获得分数，但由于各企业情况不同，应根据实际情况制定要求和权重，故本实例省略。

5. 考核说明

（1）每月月初将统计结果张榜公布，考核结果作为上个月工资的评定依据。

（2）员工违反考核规定进行扣分，责任明确的直接扣到个人，责任不明确的由该工序人员共同负责，各项分数扣完即止。

（3）装配合格率以检测中心的《装配产品返工通知单》每月统计各组的返工次数、返工原因作为扣分依据。质检部门的投诉（包括车间管理员的意见）均作为考核员工的依据。

（4）产品全部完成后，质检抽查发现问题，不能明确责任的，由全组负责，每人扣1分。

（5）现场"5S"执行情况以《"5S"执行检测表》的综合评分作依据。

（6）装配发现不合格奖励以《装配部产品质量更换记录》每月统计数据而来，此项在月底同组员工进行分配。

（7）备货准确率及备货及时性以各仓库的投诉次数及车间管理人员的评定为依据。

（8）装配工、装配组长、领料员因其他错误等原因，给公司造成损失的按公司要求另行扣罚，并视情况的严重性在绩效考核中扣除1~5分。

（9）每月根据各装配工、领料员的考核结果进行排名，将装配组、领料组计件工资分为四个等级［评分每上升（下降）5分者升（降）一个等级］。

工资级别	计 算 公 式
一级工资	装配组或领料组本月平均计件工资×1.1
二级工资	装配组或领料组本月平均计件工资×1.05
三级工资	装配组或领料组本月平均计件工资×1.0
四级工资	装配组或领料组本月平均计件工资×0.9

（10）新员工第一个月不参与本月的考核，其计件工资额按照《储运部装配车间计件管理方案》的规定执行。

（11）装配工、装配组长及装配领料员请假所扣工资额按照其平均计件工资的基数处理。

（12）年终将根据员工上年度各月的综合考核结果对其进行评审。

（13）其他福利均遵照《储运部装配部计件管理方案》的规定执行。
（14）其他奖罚按公司相关制度执行。

本考核方案从20××年4月开始实施。

装配部
20××年3月7日

（四）不能忽略的绩效反馈

绩效反馈是绩效管理的最后、最重要的一个环节，评估者与被评估者双方就绩效考评的结果交流信息、探讨绩效原因和提高、改进措施的活动。它有两个特征：一是信息交流，即向员工传递有关的信息；二是激励与警醒，促使员工对上一阶段工作进行回顾，对被肯定的，促使他获得动力，而对于不足的，促使他反省并加以改正。

绩效反馈是绩效管理能否取得成功的关键一步，恰恰正是不少企业最薄弱的环节。绩效信息的反馈不仅仅局限于信息的传递，更重要的是企业绩效管理系统能为员工如何进一步改善和维持企业所期望的行为提供有益的帮助。不少企业试图激励高绩效的员工，来改善企业的绩效管理，一般认为仅此不够。事实上任何一个企业都不同程度地存在边际成员，即那些由于工作能力有限或者工作动机始终不足导致较低绩效水平的员工，他们更需要和更渴望通过企业的绩效管理系统，理性地进行自己的职业定位和选择，了解自己实际的知识和技能、企业的需求，以实现能力和工作需要之间的动态平衡。绩效管理是实现人力资源开发的前提，企业应该鼓励员工和企业一起确立员工个人的开发计划，探讨如何才能获得和提高所需知识和技能的有效途径，建立和健全企业绩效反馈机制，增强绩效反馈对企业员工行为的强化作用。

（五）克服员工对绩效管理的抵触情绪和管理者的畏难

对于基层员工，一是被考核时意识到轻松无压力的工作转变为紧张的工作，担心绩效考核结果的运用对自己产生不利；二是不仅在实际的考核过程中会花费大量的时间，而且有可能因统计错误导致绩效考核指标数据统计和运算不准确；三是担心绩效考核方案的设计和主观评定因素缺乏公平公正。总之，他们认为绩效考核是为企业管理者服务的，这些因素均会使被考核员工产生抵触情绪，并不断制造出抵触绩效体系实施的方法和行动，成为绩效管理体系实施障碍因子。

对于管理者，尽管目前很多管理者口头上强调绩效管理的重要性，但是他们自己却不能做到根据绩效管理的要求制定工作目标并实施严格的绩效考核，这里面的原因是：一方面绩效管理需要花费大量的统计、审核成本；另一方面被考核员工的抵触情绪也是管理者不得不考虑的因素之一。在企业的高层不能将工作绩效压力实实在在地传递给中层管理人员，不能客观公正地对所属中层管理人员的绩效进行评价的情况下，中层管理人员对员工的绩效管理也就同样会敷衍了事，而员工在没有感到真正的绩效考核压力的情况下，通常也不会积极主动、高标准地去完成工作。

针对上述问题，首先，管理者要摆好心态，不要幻想立竿见影，特别在民营企业中的推行更要循序渐进；其次，做好各种形式的宣传和研讨工作，一定要取得各部门主管的支持；最后，管理者应该让员工了解绩效管理并非单纯的绩效考核，是希望帮助员工实现自己的目标，这样企业也能实现自身的目标，同样有了绩效管理体系，他们的努力工作便能够得到相应的回报。

合适的绩效考核方案就是最好的。考核方案的制定，一定要在结合自身实际情况的基础上去引用，不要说哪个国际公司做得好，就全部照抄，到头来也许适得其反。选择方案时，考核者应与被考核者共同参与，经过上、下级对绩效考核方案的反复试用，并根据实际情况进行调整设计绩效管理系统，尽可能以实际数据说话，才能够保证绩效考核的公平公正，消除员工的抵触情绪。

二、薪酬管理

薪酬管理是在企业发展战略指导下，对员工薪酬支付原则、薪酬策略、薪酬水平、薪酬结构、薪酬构成进行确定、分配和调整的动态管理过程。

（一）薪酬管理原则

合理的薪酬管理原则必须坚持公平性原则、竞争性原则、激励性原则、经济性原则、合法性原则，如图 4.4 所示。

1. 公平性原则

在企业薪酬制度中，要根据员工贡献大小、工龄、职务的重要性等因素付给员工薪酬，使企业员工体会到公平，多劳多得，少劳少得，不劳不得，否则会挫伤员工的积极性。因此，要达到用薪酬激励员工的目的，首先就要树立公平性原则。

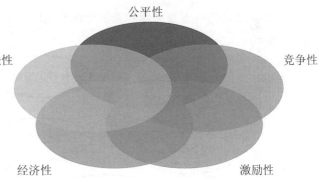

图 4.4　薪酬管理原则

（1）外部公平。对于外部公平，员工将自己的薪酬和本单位以外的员工进行比较时，会获得一种关于公平的感觉。企事业单位存于各个行业、各地区中，员工不但会和本单位的员工比较付出与收入，而且会和同行业、同地区、不同行业、不同地区的企事业单位员工的收入进行比较。解决薪酬外部公平的基本思路是薪酬调查，通过了解外面单位是怎样做的、薪酬水平如何，来设计或调整本单位的薪酬水平，使本单位薪酬制度在外面具有竞争力。

（2）内部公平。内部公平是指同一组织内不同类型的工作的相对报酬与工作本身的价值相匹配，也就是同一组织内部同事所得的薪酬相互比较时具有的公平性。内部公平要求组织内部各部门、各职位、各技能之间的薪酬水平要相互协调，具有较强的合理性。内部公平是员工之间的一种平衡。这种平衡的衡量标准是：是否能让员工对薪酬的公平性感到满意？如果员工认为薪酬不公平，则公司的薪酬没有达到内部公平；员工对薪酬公平性认同感越高，薪酬的内部公平性就越好。

2. 竞争性原则

人力资源管理就是选人、育人、用人、留人及员工考核。竞争性是指企业的薪酬要比其他企业高，这样才能留住人力，激励员工努力工作。

3．激励性原则

激励性是指企业内部在各级职务的薪酬水准上，适当拉开差距，真正体现薪酬的激励作用，从而提高员工的工作热情，为企业做出更大的贡献。

4．经济性原则

提高企业的薪酬水准，固然可以提高其竞争性与激励性，但不可避免地会导致企业人工成本的上升。因此，薪酬水平的高低不能不受经济性的制约，即要考虑企业的实际承受能力的大小。

5．合法性原则

合法性是指企业的薪酬制度必须符合现行的政策与法律，否则将难以顺利推行，如不得违反用工当地最低工资标准的规定、依法办理国家规定的"五险一金"等。相关内容详见"第11章　企业管理法律、法规"。

（二）工资制度

工资制度是指与工资决定和工资分配相关的一系列原则、标准和方法。工资制度形式如图4.5所示。

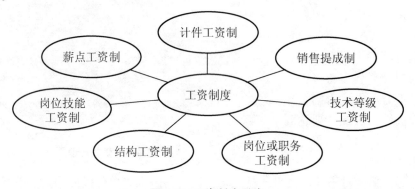

图 4.5　工资制度形式

1．计件工资制

计件工资制是指按照合格产品的数量和预先规定的计件单位来计算的工资。它不直接用劳动时间来计量劳动报酬，而是用一定时间内的劳动成果来计算劳动报酬。

计件工资可分个人计件工资和集体计件工资。个人计件工资适用于个人能单独操作而且能够制定个人劳动定额的工种；集体计件工资适用于工艺过程要求集体完成，不能直接计算个人完成合格产品的数量的工种。

计件工资制一般适用于基层工作员工，其显著特点是将劳动报酬与劳动成果最直接、最紧密地联系在一起，能够直接、准确地反映出劳动者实际付出的劳动量，使不同劳动者之间及同一劳动者在不同时间上的劳动差别在劳动报酬上得到合理反映。因此，计件工资能够更好地体现按劳分配原则。

2．销售提成制

销售提成又称佣金，与承包制和租赁制一样源远流长，广为应用。它是诸多工资制中最简便易行且有效的一种，所推崇的是机会和权益的平等，其本质是贡献与回报等比率。

（1）纯佣金制。纯佣金制是指按销售额（毛利、利润）的一定比例进行提成作为销售报酬，此外销售人员没有任何固定工资，收入是完全变动式的。其计算公式为

$$个人收入 = 销售额（或毛利、利润）\times 提成率$$

纯佣金制最大的优点就在于销售报酬指向非常明确，能激励销售人员努力工作。它还将销售人员工资成本的风险完全转移到销售人员身上，大大降低了企业运营成本的压力。当然，其弊端也是很明显的：完全的佣金行为导向使得销售人员热衷于进行有利可图的交易，而对其他不产生直接效益的事情不予重视，有时甚至会损害企业的形象；纯佣金制会带给销售人员巨大的风险和压力，减弱销售队伍的稳定性和凝聚力；易于助长销售人员骄傲自大，不服从管理、不尊重领导的倾向。

（2）基本工资加佣金制。基本工资加佣金制是指将销售人员的收入分为固定工资及销售提成两部分内容。销售人员有一定的销售定额，当月不管是否完成销售指标，都可得到基本工资（即底薪）；如果销售员当期完成的销售额超过设置指标，则超过部分按比例提成。基本工资加佣金制实际上混合了固定薪金制和纯提成制的特点，使得销售人员收入既有固定薪金作保障，又与销售成果挂钩；既有提成的刺激，又提供了相对固定的收入基础，使他们不至于对未来收入的情况心里完全没底。正因为基本工资加佣金制兼具了纯薪金制和纯提成制两者的特点，所以成为当前最通行的销售报酬制度，在美国约有 50%的企业采用这一制度。其计算公式为

$$个人收入 = 基本工资 + （当期销售额 - 销售定额）\times 提成率$$

在实际工作中，有些企业名义上实行的也是工资加提成的收入制度，但是规定如果当月没有完成销售指标，则按一定的比例从基本工资中扣除。例如，某公司规定每月每人的销售指标为 10 万元，基本工资为 1 000 元，当月不满销售指标的部分，则按 1%的比例扣款。这实际上是一种变相的全额提成制，因为它除了指标前后比例不一致以外，性质都是一样的。

3．技术等级工资制

技术等级工资制是一种主要根据技术复杂程度及劳动熟练程度划分等级和规定相应的工资标准，然后根据雇员所达到的技术水平评定技术（工资）等级和标准工资的一种等级工资制度。这种工资制度适用于技术复杂程度比较高、工人劳动差别较大、分工较粗及工作场所不固定的工种。技术等级工资制举例见表 4-5。

表 4-5 技术等级工资制举例

工资等级	1	2	3	4	5
等级线			钳工 →		
		机修工 →			
			吊车司机 →		

4. 岗位或职务工资制

岗位或职务工资制是依据任职者在组织中的岗位或职务确定工资等级和工资标准的一种工资制度。

岗位或职务工资制基于这样的假设：岗位或职务任职要求刚好与任职者能力素质相匹配，如果员工能力超过岗位或职务要求，意味着人才的浪费；如果员工能力不能完全满足岗位或职务要求，则意味着任职者不能胜任岗位或职务工作，无法及时、保质保量地完成岗位或职务工作。

岗位或职务工资制的理念是：不同的岗位或职务将创造不同的价值，因此不同的岗位或职务将获得不同的工资报酬；企业应该将合适的员工放在合适的岗位或职务上，使员工的能力素质与岗位或职务要求相匹配，对于超过岗位或职务任职要求的能力不给予额外报酬；岗位或职务工资制鼓励员工通过岗位或职务晋升来获得更多的报酬。

5. 结构工资制

结构工资制又称分解工资制或组合工资制，是指基于工资的不同功能划分为若干相对独立的工资单元，各单元又规定不同的结构系数，组成有质的区分和量的比例关系的工资结构。

各企业可以根据不同情况做出不同的具体规定，其组成部分及其比例可以依据生产和分配的需要或大或小，没有固定的格式。其一般包括六个部分：基础工资、岗位工资、技能工资、效益工资、浮动工资、年功工资。

6. 岗位技能工资制

岗位技能工资制是以岗位工资和技能工资为基础，将两者结合而形成的一种工资制度，以岗位工资、技能工资为主要内容建立起的工资制度。它以劳动技能、劳动责任、劳动强度和劳动条件等基本劳动要素评价为基础。由于这种工资制度是建立在岗位测评（岗位测评是以劳动者在不同劳动岗位的劳动为评价内容，综合运用劳动管理、劳动生理、劳动卫生、环境监测、数理统计和计算机技术方面的知识和技术，通过劳动者的劳动状况诸因素的定量测定和评定，把劳动者在生产岗位上所付出的智力、体力及劳动环境的影响抽象化、定量化，来反映劳动者的劳动负荷量和不同岗位之间的劳动差别）的基础之上，充分突出了工资中岗位与技能这两个结构单元的特点，所以更有利于贯彻按劳分配原则，调动企业职工努力学业务、提高业务能力的积极性。由于其各个工资单元分别对应体现劳动结构的不同形态和要素，所以较为全面地反映了按岗位、按技能、按劳分配的原则，对调动职工的积极性、促进企业生产经营的发展和经济效益的提高，在一定时期起到了积极的推动作用。

7. 薪点工资制

薪点工资制是在市场经济条件下产生的一种薪酬制度，为现代企业工资收入分配制度改革提供了一个可供借鉴的模式。在薪点工资制里，用薪点表示员工的收入水平。薪点是企业计算薪酬的基本单位，既反映企业整体的经营绩效水平，又反映员工个人收入水平的变化。员工的薪点数越高，表明其薪酬水平越高；反之越低。薪点工资制融工资的保障、激励、调节职能于一体，克服了岗位技能工资制按固定数额支付工资、工资的激励作用不显著、工资分配制度与现代企业的改革要求不配套等不足，使企业的工资分配与市场对企业工资的决定机制相适应。

（1）薪点工资制核算原理。薪点也是企业分配的最小价值单位，它随赋予每个薪点的货

币价值的不同而代表不同金额，也叫薪点值。其计算公式为

$$员工收入 = 点数 \times 薪点值$$

例如，某岗位点数为 100 点，每个薪点值为 1.5 元，则收入为"100 点×1.5 元/点＝150 元"。

薪点的本质是：第一，每个员工的薪点数不同表明不同员工所具有的价值是不一样的，这取决于各个员工之间的教育背景、应负职责大小、拥有的技能和工作经验或者具备的综合能力的差异；第二，薪点数反映的是员工任职资格层级，也就是员工胜任其所在职种的水平，反映了员工所具备的知识、技能、经验对企业的价值。

有三个因素影响薪点数，即职种、任职资格等级、绩效。

（2）实行薪点工资制前要做好以下工作：

① 薪点点值的确定与调整。薪点点值是以企业的经济效益为基础，依据当年工效挂钩结算的可使用数与企业的实际支付能力计算确定。由于企业工资总额受企业效益制约，所以薪点点值及职工收入，都将随着企业经济效益的升降而相应浮动。

② 制定统一的量化考核办法。绩效考核是反映员工当月工作绩效的直接依据，由企业管理部门和员工所在的部门负责实施。岗位绩效薪点工资依据评价结果进行计算，实现员工的收入与企业的效益、单位/部门的业绩和个人的工作成绩紧密挂钩，加强对员工的工作态度、能力和业绩等因素的考核，年终则以业绩为依据按一定比例进行奖惩。通过考核，实现了人事、劳动、薪酬三位一体的滚动淘汰制。

③ 建立健全绩效评价制度。要实现分配的公平性，则必须对单位和职工的绩效做出全面、客观、公正、准确的考核评价。在试行薪点工资制时，要把对单位和职工实际履岗贡献考核摆在重要位置，并提出具体要求，即对单位试行工效挂钩，严考核、硬兑现，对职工严格按照确定的量化考核标准实行考核，确定职工的贡献系数和实得点数。

④ 薪点工资制实行动态管理。以岗定薪，易岗易薪，职工岗位晋升或岗位调低，则按岗位最低档核定岗位要素点。岗位绩效薪点工资制以岗位为对象，具有岗位工资的基本特征，在什么岗位就按什么岗位的点数加履岗贡献大小考核的奖罚点计酬，是一种以岗位因素为主的分配制度。其核心是对岗不对人，即不论谁在这个岗位上，都按岗位的点数计酬，不存在干部与工人的差异。只要竞争上其岗，在其位负其责得其薪，真正实现责、权、利的统一。

（三）选择合适的工资制度

不同的企业有不同的工资制度，在不同的工资制度下，员工的工资构成不同。工资构成的不同，体现了企业对员工的不同方面的认可度，如岗位或职务等级工资，体现了企业认为员工所承担的岗位不同，对企业的贡献价值也不同。在选择合适的工资制度时，一般要考虑下面的四个因素。

1. 企业的盈利水平

企业盈利水平高低，直接影响到员工的收入。若盈利水平高，可采用结构工资制；若盈利水平低，可采用操作简单的岗位或职务等级工资制。

2. 企业所处行业的发展水平

行业的发展，同行业熟练劳动力人数成正比。若行业发展较快，则一般采用岗位技能工资制比较好；若行业发展缓慢，则可采用结构工资制。

3. 企业规模

企业规模越大，受到企业所在地政府的关注就越多，各项工资福利就比较齐全。企业一旦违法，便会付出高昂成本，所以企业规模大时，宜选用各小项目分得清楚的结构工资制。如果企业规模小，一般选用简单的工资形式。

4. 工资管理成本

选择工资制度时，一般考虑直接的成本，但从经济学的角度来看，还要考虑机会成本的因素。

综合练习与实践

一、判断题

（1）岗位说明书就是对岗位工作的具体特征的描述，是指对相应岗位的人的职责与需要所具备的资格、能力要求等的说明。（　　）

（2）内部招聘的人才来源于企业内部，他们对企业，特别是企业文化比较熟悉，已经具备了一定的工作能力和经验，对空缺职位的职责、要求等也较了解。（　　）

（3）在面试过程中，面试官向应聘者发问时，重要的是考察应聘者的个人能力和私人生活。（　　）

（4）招聘人才时，一般要挑高级人才到企业工作，如高级会计师、注册会计师到企业应聘普通会计职位时，应该优先录用。（　　）

（5）在企业薪酬制度中要根据员工贡献大小、工龄、职务的重要性等因素付给员工薪酬，使企业的员工体会到公平，多劳多得，少劳少得，不劳不得。（　　）

二、单项选择题

（1）岗位调查是以企业单位中各类劳动者的（　　）为对象，经过岗位调查制定出工作说明书等人事管理文件，为人力资源的战略规划、招聘配置、绩效考评、培训开发、薪酬福利、劳动关系等项管理提供规范和标准的过程。

　　A. 成功点　　　　B. 工作岗位　　　　C. 控制点　　　　D. 结果评定

（2）（　　）的员工对现有的组织文化有一种崭新的、大胆的视角，而较少有感情的依恋。

　　A. 外部招聘　　　B. 内部招聘　　　　C. 销售部　　　　D. 生产部

（3）发布招聘信息后，通常会收到大量简历，企业首先需要看简历内容的（　　）。

　　A. 学历　　　　　　　　　　　　　　B. 应聘者个人愿望

　　C. 真实性　　　　　　　　　　　　　D. 工作经验

（4）绩效管理是一个管理者和员工保持（　　）的过程。

　　A. 指挥与被指挥　　　　　　　　　　B. 标准规定

　　C. 上级对下级的指导　　　　　　　　D. 双向沟通

（5）销售提成又称（　　），是诸多工资制中最简便易行而有效的一种，它所推崇的是机会和权益的平等，其本质是贡献与回报等比率。

　　A. 计时工资　　　B. 计件工资　　　　C. 佣金　　　　　D. 补贴

三、多项选择题

（1）工作岗位调查的方式有（　　）。

　　A. 面谈　　　　　B. 审问　　　　　　C. 现场观测　　　D. 书面调查

（2）人员补充的途径通常有（　　）。
　　A. 推荐　　　　B. 内部招聘　　　　C. 自荐　　　　D. 外部招聘
（3）内部招聘的优点有（　　）。
　　A. 费用较低　　B. 激励性强　　　　C. 适应性强　　D. 准确性高
（4）企业培训系统设计、开发前必须弄明白的问题是（　　）。
　　A. 培训目标是什么　　　　　　　　B. 开展哪些活动才能实现目标
　　C. 培训怎样才能条理清楚、突出重点　D. 怎样检验目标是否达到
（5）绩效控制流程是一个完整的系统，一般由（　　）环节组成。
　　A. 绩效计划　　B. 绩效实施　　　　C. 绩效考核
　　D. 绩效反馈　　E. 绩效改进

四、简答题

（1）人力资源管理的概念是什么？
（2）不同招聘信息发布渠道的适用范围有哪些？
（3）员工的培训系统由哪些子系统构成？
（4）绩效技术有哪些？
（5）简述薪酬管理的内部公平性和外部公平性的内容。

五、技能实训

分小组模拟招聘的全过程。

（1）角色扮演的情景设定：一部分学生扮演招聘公司人员，另一部分学生扮演应聘者。成立多个模拟公司招聘团，招聘由总经理主持，公司成员均为招聘组成员；每名应聘学生可向不超过三家公司（不含自己所在公司）应聘；各公司根据每个应聘者的表现决定是否聘任；招聘程序按课程讲授内容进行，先在课下进行精心准备，再在课上完成角色扮演。

（2）各公司要制订招聘计划，包括招聘目的、招聘岗位、任用条件、招聘程序，特别是聘用的决定办法。

（3）每个人要写出应聘提纲或应聘讲演稿，要体现出应聘竞争优势。

【在线答题】

第 5 章

财务管理

【学习目标】

通过本章的学习,学生应了解财务管理的基本内容与会计记账方法,能看懂会计报表,能根据会计报表的数据分析企业的状况。

【学习要求】

知识要点	能力要求	相关知识
财务管理	(1)掌握财务管理的概念 (2)了解财务管理的目标 (3)懂得资金的时间价值,能利用存贷款利率表计算存贷款终值 (4)了解经济学成本和会计学成本的区别	银行存贷款利率计算
财务管理的内容	(1)懂得筹资的方法 (2)懂得对投资项目可行性分析的关键 (3)了解营运资金管理的风险 (4)了解利润分配管理顺序	女富豪吴某非法集资 7.7 亿元被判死缓
财务分析	(1)懂得企业偿债能力分析 (2)懂得企业营运能力分析 (3)懂得企业盈利分析 (4)懂得企业发展能力分析	分析上市公司股票投资价值

【案例导入】

某日，朋友兴高采烈地打电话过来。小李开玩笑地随口一说："难不成你淘到宝啦？"她吃惊地回问道："神啊，你咋知道的？"没等小李反应过来，她就迫不及待地噼里啪啦说了一通。原来，她看了最近网上疯传的一个关于存钱的帖子，发帖者称，日存50元能"榨干"银行利息。

据称，告别传统的存款方式，改为每天存款，即每天将50元闲钱存5年期定存，5年后每天都有定期存款到期，然后连本带息续存。

计算方法为：1天50元，30天1 500元，1年18 250元，按活期存款年利率0.4%和每年365天计算，连续存5年累计存91 250元，利息约912元。而每天将50元闲钱通过网银存5年期定存，连续存5年，总存款金额同为91 250元，利息却为25 595元。如果选择到期续存，就可以把银行"榨干"，5年下来最多可获取高达5.61%的年利率，这种利率水平，甚至比银行能给出的5年期最高利率还高，且7倍于活期利率。

这种方法真的可行吗？"极品存款法"理论上是可行的，当前银行的网银系统也支持定期转存，且按日存定期所获利息肯定最多，但这种"极品存款法"更适合每天都有资金进账的人群。需要注意的是，每笔钱的到期时间也不同，最后一笔存款需要10年的最后一天到期，所以说也不是5年一到就能拿到这个利息，而且每天存款非常烦琐。此外，资金的灵活性也会受影响，若一次性使用大量现金，提前支取定期，操作起来不仅复杂，且会损失定期利息。有理财师说："即使是定期存款这种看似简单的理财方式，也是有技巧的，这或许是'极品存款法'的启示意义。"

5.1 财务管理概述

资金的运营效率，直接关系到企业的利润。人性对金钱的积聚的本能，迫使人们对企业财务管理建立一套完善的管理与控制机制。因此，人们要从提高资金的运营效率和控制财务漏洞及风险多方面出发学习财务管理的知识，保证企业正常运作。

一、财务管理的内涵

（一）财务管理的概念

财务管理（Financial Management）是指在一定的整体目标下，关于资产的购置（投资）、资本的融通（筹资）、经营中现金流量（营运资金）及利润分配的管理。财务管理是企业管理的一个组成部分，它是根据财经法规制度，按照财务管理的原则，组织企业财务活动，处理财务关系的一项经济管理工作。简单来说，财务管理就是组织企业财务活动、处理财务关系的一项经济管理工作。

（二）财务管理的目标

财务管理的目标是股东主导下的利益相关者财富最大化，它的内涵是处于均衡状态的出资者权益与其他利益相关者权益的共同发展，从而达到企业或企业财务管理在经济目标和社会目标上的平衡。这是企业财务管理目标的理性选择，也是适应国情的财务管理目标。这样的定位既充分体现了所有者的权益，又有利于保障债权人、经营者和职工等的利益。

企业所有者投入企业的资本是长期的、不能随意抽走的，所有者履行的义务最多，承担的风险最大，理应享有最多的权利和报酬。实现所有者权益价值最大化，可以充分保障所有者的权益，是对所有者权利与义务对等的一种认同。企业经营者的利益与所有者的权益是息息相关的，经营者若要得到丰厚的报酬和长期的聘用，就必须致力于实现所有者权益价值最大化，以博取企业所有者的信任与支持。

企业职工的利益同样与所有者的权益相关联：如果企业经营不善，所有者权益价值最大化就无法实现，职工的收入和福利就会受到影响；如果所有者权益价值能实现最大化，必然会使职工的收入和福利得到改善。

企业权益资本是所有者的长期投资，短期的、暂时的权益资本增值并不是所有者所期望的。要实现所有者权益价值最大化，要求权益资本增值长期最大化，需要考虑未来不同时间取得的等额投资收益因时间先后而导致的不同现值，体现预期投资的时间价值，并在考虑资金时间价值的基础上，注重企业长远利益的增加。实现所有者权益价值最大化，不仅要考虑眼前的获利能力，而且要着眼于未来潜在的获利能力，既要规避风险，又要获取收益，实现风险与收益的均衡，从而取得竞争优势，满足企业不断生存发展的需要。

根据企业财务管理的目标不难看出，出资者对其权益的让渡是以其总体效用的增加为目的的。如果分权导致其总体效用下降，出资者必然采取策略应对直至关闭企业，将致使所有利益相关者的权益都受损。因此，股东与其他利益相关者的权益均衡点由股东的边际效用决定，其边际效用为正值，呈下降趋势，并以零为极限。

二、财务管理的原则

财务管理需要符合战略管理原则，收益、风险均衡原则，正确协调利益原则，货币时间价值观念原则，市场观念决策原则，财务收支平衡原则，如图 5.1 所示。

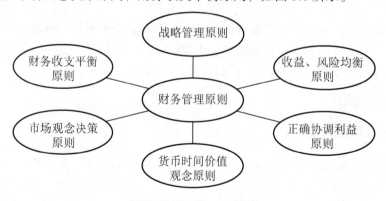

图 5.1 财务管理的原则

（一）战略管理原则

战略管理是为实现财务目标而进行的规划和控制过程，包括战略目标的制定、战略规划的确定、战略部署的实施和业绩评价四个环节。企业应从财务目标的角度出发，在对整个财务环境包括经济周期、经济政策、税收政策、同行业竞争对手等情况进行充分研究的基础上，结合实际情况制定出宏观规划，明确发展方向，开展具体的运营活动。

（二）收益、风险均衡原则

在市场经济条件下，财务活动不可避免地会遇到各种各样的风险。从理财主体角度来分析，主要有市场风险和企业特别风险。市场风险是所有企业共同面临的风险；特别风险是个别企业特有的风险，即因生产经营方面的不确定性和举债经营的不确定性而造成企业预期财务成果的不确定性。但企业要想取得收益，就不能回避风险，因为风险中也包含收益。收益、风险均衡原则就要求企业对每一项具体的财务活动的收益性和安全性进行分析，按照风险和收益适当均衡的要求制定方案，以趋利避害，力争做到既降低风险又能取得较高的收益。

（三）正确协调利益原则

企业在组织实施财务管理中，应兼顾和协调好债权人和债务人、所有者和经营者、投资者和受资者等各种利益关系。

1. 债权和债务关系协调

企业的债权人主要有本企业债券的持有人、贷款机构、商业信用提供者、其他提供给企业资金的单位和个人。企业要按照约定的期限、利率向债权人支付利息，债务到期时，要合理调度资金，及时归还债权人本金。同样，企业资金借出后，有权要求其债务人按约定的条件支付利息和归还本金。

2. 所有者和经营者关系协调

企业财务目标直接反映的是所有者的利益，与企业经营者没有直接的利益关系。对所有者来说，其所放弃的利益也就是经营者所得利益，这种被放弃的利益称为所有者支付给经营者的享受成本。此时问题的关键不是享受成本的多少，而是在增加享受成本的同时，是否能更多地提高企业的价值，即所有者的权益。因此，经营者和所有者的主要矛盾就是经营者希望在提高企业价值的同时，能更多地增加享受成本，而所有者总希望以较小的成本支出带来更高的企业价值。为解决这一矛盾，经营者必须保证所有者真正的利益经营和管理，同时企业也应建立相应有效的保证机制，在有效保证经营者真正利益的前提下，要求其对企业进行高效的经营。例如，一些西方企业在其发展过程中建立起来的诸如"绩效股""股票选择权""奖金"等奖励企业有功之臣的激励方式，有效地解决了这一矛盾。

3. 投资者和受资者关系协调

所有者要按照投资合同、协议、章程的约定履行出资义务，以便及时形成企业的资本规模，企业利用资本进行营运实现利润后，应按出资比例或合同、章程的规定，向其他所有者支付红利。同样，企业向其他单位投资时应按约定履行出资义务，并依据其出资份额参与受资者的经营管理和利润分配。企业与投资者、受资者的关系，是投资与分享投资利益的关系，企业应该站在维护投资方和受资方各自合法利益的立场上正确处理这些关系。

（四）货币时间价值观念原则

将货币时间价值运用在资金筹集、运用和分配方面是提高财务管理水平，搞好融资、投资、分配决策的有效保证。货币时间价值以商品经济的高度发展和借贷关系的普遍存在为前提条件或存在基础，是一个客观存在的经济范畴，也是财务管理中必须考虑的重要因素。运用货币时间价值观念时,要将投资项目未来的成本和收益都以现值表示出来,如果未来收益的现值大于成本现值,且此时的未来风险投资收益高于无风险投资收益,则该项目应予以肯定;否则,予以拒绝。

(五)市场观念决策原则

企业能否生存、发展,关键是看市场对该企业产品或服务的接受程度。市场接受程度越高,企业发展机会就越大,其盈利能力也就越强。因此,企业经营决策的核心在市场。企业必须研制、开发、销售具有企业自己独特性能的产品,无论是产品的外形、包装、质量,还是广告、专利、服务,都应当比同类产品具有更大的吸引力,而每一个环节都离不开市场。企业要根据市场需求研制开发产品,确定生产规模,制定销售策略,安排销售渠道。企业在市场每一阶段所实施的决策首先是市场财务决策,它是直接决定了企业生存和发展的条件。

(六)财务收支平衡原则

在财务管理工作中,如果资金收不抵支,就会导致资金周转的中断或停滞;如果一定时期的收支总额可以平衡,但支出在前、收入在后,也会妨碍资金的顺利周转。企业要做到收支平衡首先要做到增收节支;其次,要积极运用短期投资和筹资来调剂资金的短缺,当资金发生短缺时,应积极通过办理借款、发行短期债券等方式融通资金;最后,当资金宽裕时,应适当进行短期投资。

三、资金时间价值

资金时间价值是指货币随着时间的推移而发生的增值,是资金周转使用后的增值额,也称为货币时间价值。资金时间价值可以用绝对数表示,也可以用相对数表示,即用利息额或利息率来表示。

(一)单利的终值和现值

终值又称将来值,是指现在一定量现金在未来某一时点上的价值,俗称本利和。现值又称本金,是指未来某一时点上的一定量现金折合到现在的价值。终值与现值的计算涉及利息计算方式的选择。目前有两种利息计算方式,即单利和复利。在单利方式下,每期都按初始本金计算利息,当期利息不计入下期本金,计算基础不变;在复利方式下,以当期期末本利和为基础计算下期利息,即利上加利。

1. 单利终值(即本利和)的计算

单利终值的计算公式为

$$S=P(1+ni)$$

式中,S——本利和;
P——本金;
n——期数;
i——年利率。

我国银行目前接受存款的计算利息是用单利计算的,但单利不能充分体现货币的时间价值,一般应用复利计算。

2. 单利现值的计算

单利现值的计算同单利终值的计算是互逆的。由终值计算现值称为折现。将单利终值计算公式变形，即得单利现值的计算公式为

$$P=\frac{S}{1+ni}$$

（二）复利的终值和现值

1. 复利终值的计算

复利终值是指一定量的本金按复利计算若干期后的本利和，计算公式为

$$S=P(1+i)^n$$

式中，S——期末复利终值；
   P——期初值；
   n——期数；
   i——年利率。

2. 复制现值的计算

复利现值是复利终值的逆运算，它是今后某一特定时间收到或付出的一笔款项，按折现率（i）所计算的现在时点价值，计算公式为

$$P=S\times\frac{1}{(1+i)^n}$$

（三）普通年金的终值和现值

年金是指一定时期内每次等额收付的系列款项。年金的形式多种多样，如保险费、折旧、租金、等额分期收款、等额分期付款、零存整取或整存零取储蓄等，都涉及年金问题。年金按照每次收付发生的时点不同，可分为普通年金、即付年金、递延年金、永续年金等几种。本书只介绍普通年金的终值和现值。

1. 普通年金终值的计算

普通年金是指一定时期内每期期末等额收付的系列款项，又称后付年金。

普通年金终值犹如零存整取的本利和，它是一定时期内每期期末收付款项的复利终值之和，计算公式为

$$S=A\times\frac{(1+i)^n-1}{i}$$

式中，S——普通年金终值；
   A——每年的支付金额；
   i——利率；
   n——期数。

2. 普通年金现值的计算

普通年金现值是对未来各期的等额收入或支出折现为现值的总和，计算公式为

$$P=A\times\frac{1-\frac{1}{(1+i)^n}}{i}$$

式中，P——普通年金现值。

3. 年资本回收额的计算

资本回收额是指在给定的年限内等额回收或清偿初始投入的资本或所欠的债务。年资本回收额是普通年金现值的逆运算，计算公式为

$$A = P \times \frac{i}{1 - \frac{1}{(1+i)^n}}$$

四、经济学成本与会计学成本

（一）经济学成本

传统经济理论中的成本理论主要是从厂商的角度出发，分析其在生产经营中如何通过比较各种成本支出方案，最终做出生产决策，即以最小成本支出获得一定利润或以一定成本支出获得最大利润。也就是说，传统成本理论是以企业的生产经营为出发点，主要研究生产成本问题。传统经济理论中主要包括生产成本、边际成本、机会成本、社会成本、交易成本等几个概念及其核算方法。

1. 生产成本

由于生产过程本身是一个投入/产出的过程，所以生产过程中所投入和使用生产要素的价格就是生产成本。经济学中关于企业生产成本的分析一般包括以下基本内容：

（1）短期成本。它是指在生产者在来不及调整某些生产要素的情况下，生产一定的产出数量所花费的成本。短期成本（TC）包括固定成本和可变成本（TVC）两部分，前者不随产量的变化而变化，后者可随产量变化而变化，呈现递减、不变、递增的态势。短期成本有两个重要概念：平均成本和边际成本。平均成本又可分为平均固定成本（AFC）、平均可变成本（AVC）和平均总成本（AC）。平均固定成本随产量增加而递减；平均可变成本、平均总成本、边际成本随产量的增加而经历递减、最小、递增三个阶段。

（2）长期成本。它是指在规模可以变动，即各种要素（机器、厂房、设备、劳动力、原材料）数量都能够变动情况下，生产一定产量必须花费的可能的成本。长期总成本曲线（LC）、长期平均成本（LAC）曲线分别是短期总成本曲线（SC）、平均成本线（SAC）的包络线。企业可根据长期成本曲线来做出生产规划。

2. 边际成本

边际成本（MC）是成本计量的一个重要概念，是指由于厂商产量每增加一单位所增加的成本费用。它可以通过总成本增量和总产量增量之比表示出来：$MC = dTC/dQ$。由于边际成本完全是可变成本增加所引起的，而单位可变成本又存在先减后增的变化规律，所以作为这种变动产生的结果，边际成本也必然呈一条先降后升的"U"形曲线。边际成本作为一个动态成本的概念，对平均成本（AC）的水平及其变动趋势有着重要影响，表现为：当 MC＜AC 时，AC 随产量的增加而下降；当 MC＞AC 时，AC 随产量的增加而上升；当 MC＝AC 时，AC 为最低。

边际成本分析也可用于长期所有生产要素同比例变动时，规模报酬递减的情况。同机会成本一样，边际分析是经济学家系统地考虑各种可替选择成本的关键性概念之一，其重要性甚至高于机会成本。正如斯蒂格利茨（美国经济学家，2001 年获诺贝尔经济学奖）在《经济

学》中指出，人们最难以做出的决策不是做事还是不做事，而是多做还是少做。

3. 机会成本

经济学一般着眼于社会生产过程中的资源配置，故机会成本在经济学中被定义为"从事某种选择所必须放弃的最有价值的其他选择"。机会成本不是实际的支出，而是对资源配置的一种度量，表达了稀缺与选择之间的基本选择。其具有这些特征：不是实际的支出，不关心已经发生的成本，而关心未来的产出，是对未来活动结果的预见。

把机会成本作为现实的重要因素，其意义在于：

（1）有助于决策者全面考虑可能采取的各种行动方法，以便为有限的资源寻求最为有利的使用途径。

（2）有助于人们理解货币成本和真实经济成本之间的差异，从而也解决了资源的使用在会计上是否盈利、在经济学上是否有效的问题。

4. 社会成本

社会成本是指从整个社会的角度来考察的进行生产的代价，它既包括各项私人成本，又包括各种各样的外在成本。外在成本是指由于单个厂商的生产行为所造成的整个社会利益的损失。譬如说，厂商生产经营中排放废气或污水，会引起空气和水资源污染，造成整个社会生态环境的恶化，从而引起社会环境治理投资或费用的增加。这一部分投资或费用尽管是由于厂商的生产行为引起的，但它并不直接或不完全直接由排污厂商承担，而是由社会来承担。这种成本就叫外在成本。外在成本和私人成本的总和构成社会成本。

5. 交易成本

交易成本又称交易费用。西方学者对交易成本定义众多，但并无质的差别，只是侧重点或范围不同而已。有的认为交易成本是获得准确的市场信息所需支付的费用及谈判和经常性契约的费用；有的认为交易成本可分为两个部分：一是事先签约的交易费用；二是签约后的事后费用；有的认为交易成本的概念应扩展到包括度量、界定和保护产权的费用、讨价还价的费用；等等。一般认为，交易成本是经济制度的运行费用，代理成本、信息成本、政治成本都属于交易成本的范畴。

交易成本有以下几个特点：

（1）交易成本是发生在处于一定社会关系中人与人之间的，离开了人与人之间的社会关系，交易活动不可能发生，交易成本也就不可能存在，即交易具有社会性。

（2）交易成本不直接发生在物质生产领域，即交易成本不等于生产成本。

（3）一切经济活动成本除生产成本之外的资源耗费都是交易成本。

关于交易成本的计算，人们还没有达到像传统成本价格的计算那么精确的程度，但不少新制度经济学家正在完善对交易成本的计算方法。新制度经济学的重要代表人物诺恩计算了美国1970年交换部门的交易成本，它占当时美国GDP的45%；国际知名经济学家张五常估算的我国香港地区交易成本占当时地区GDP的80%，交易成本数额巨大。正如有的学者所说："如果说亚当·斯密时期的经济学家在构造他们的模型时，忽略了专业化和劳动分工所产生的费用的话，那么现代的经济学家再也不能忽略数额巨大的交易费用了。"

（二）会计学成本

会计学成本是指根据实际成本原则和权责发生制的要求，按照成本计算对象受益的情况汇集和分配所发生的生产费用，所计算出的一定数量产品或劳务的个别劳动耗费的补偿价值。它可以用来计量企业生产经营性资金耗费、计算企业损益、考核企业耗费水平、限定生产经营性耗费补偿的范围和数量等。会计学成本具有以下特点：

（1）围绕企业生产过程进行研究，重点研究生产成本，不涉及企业与外界和企业内部组织之间的费用。

（2）它是对历史的反映，只关心实际发生的成本，不关心未来的产出。

（3）能够以货币加以计量。只核算企业成本中可以在货币支出形态上直接反映出来的部分，不包括应计入而不能在货币形态上直接反映出来的成本。

（4）只计量实物资本成本。

（三）会计学成本与经济学成本的比较

政治经济学中的成本概念赋予了成本本质的规定性，体现了成本的个别性和可补偿性，揭示了成本的经济性质。它对于对比研究会计学成本和经济学成本具有理论指导意义。

（1）会计学成本重点研究生产成本，其与传统经济学中的生产成本、边际成本范畴相同。在西方经济学中，生产成本和边际成本的概念已经比较成熟，其理论也广泛地运用在会计学实践上。

（2）会计学成本与机会成本比较。在传统会计学上，企业只关心实际发生的成本，忽略了机会成本，经济学则关心企业如何做出生产和定价决策，其在衡量成本时就包含了所有机会成本。在会计学中引入机会成本的概念，有助于传统会计在现有以核算为主的基础上加强参与决策，实施适时控制和开展经济分析等功能。例如，有学者提出的资本成本会计主张计量股权资本成本，将其视为真实成本，纳入会计核算中来。机会成本不是对传统会计成本的否定，而是对传统成本分析的补充，扩展了传统会计成本的内涵。

（3）会计学成本与社会成本比较。根据政治经济学中的成本概念，成本的经济实质是价值消费和补偿的有机统一体。人类的劳动消耗需要补偿，自然资源的消耗同样需要补偿。传统会计所依赖的成本概念是立足于企业微观本身来处置成本补偿的。若单个企业的生产行为造成自然资源的无偿占用和污染破坏，而不计入社会成本，就会以牺牲社会环境质量为代价而虚增企业盈利。社会成本概念告诉人们，应从可持续发展的实际要求出发，从整个社会的角度来看待成本耗费和补偿问题。为此，众多学者提出将社会责任会计和与之相应的环境会计纳入会计核算体系，在成本中反映企业生产商品时对社会资源消耗和损失的程度，以求得实际成本的真正补偿。

（4）会计学成本与交易成本比较。根据交易成本相关理论，企业是一系列契约的联结点，是契约联结的网络。企业不仅与人力资本的提供者（雇员、经理）、实物资本的提供者（股东、债权人等）缔约，而且与原料供应者、产品购买者缔约，也与政府缔约有关政府管制的契约，还与社会缔结有关社会责任的契约，故形成人力资本成本、信息成本、政治成本、社会成本等一系列成本范畴。这些成本范围随着各种条件的成熟，最终会进入会计成本的研究范围。

5.2 财务管理的内容

财务管理的内容包括筹资管理、投资管理、营运资金管理、利润分配管理、具体单证管理等,如图 5.2 所示。

一、筹资管理

（一）筹资的概念

筹资是指企业根据其生产经营、对外投资和调整资本结构的需要,通过筹资渠道和资本（金）市场,运用筹资方式,经济有效地筹集为企业所需的资本（金）的财务行为。

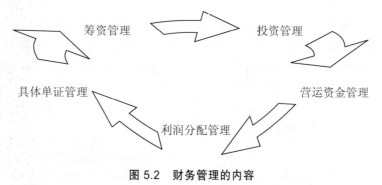

图 5.2 财务管理的内容

（二）筹资的方式

企业筹资方式主要有两种：一种是股权筹资,即在股票市场上发行股票；另一种是负债筹资,即在债券市场上发行债券,包括企业之间的借贷。负债筹资要支付固定的、与公司经营业绩无直接关系的借款利息,如图 5.3 所示。

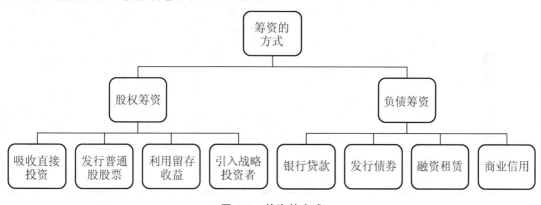

图 5.3 筹资的方式

1. 股权筹资

股权筹资是指以发行股票的方式进行筹资,是企业经济运营活动中一个非常重要的筹资手段。股票作为持有人对企业拥有相应权利的一种股权凭证,一方面代表股东对企业净资产的要求权；另一方面,普通股股东凭借其所拥有的股份及被授权行使权利的股份总额,有权行使其相应的、对企业生产经营管理及其决策进行控制或参与的权利。股权筹资没有固定回报,公司经营得成功,股东的收益就高。

股权筹资又包括吸收直接投资、发行普通股股票、利用留存收益和引入战略投资者四种主要形式。

（1）吸收直接投资。吸收直接投资是非股份制企业筹集权益资本的基本方式。吸收直接投资的出资方式有以货币资产出资、以实物资产出资、以土地使用权出资、以工业产权出资。对于非货币资产出资，需要满足三个条件，即可以用货币估价、可以依法转让、法律不禁止。

（2）发行普通股股票。股票作为一种所有权凭证，代表股东对发行公司净资产的所有权。

股票的特点有：永久性、流通性、参与性、风险性（其中风险的表现形式有股票价格的波动性、红利的不确定性、破产清算时股东处于剩余财产分配的最后顺序等）。

股东的权利有：按投入公司的股份额，依法享有公司收益获取权；公司重大决策参与权和选择公司管理者的权利，并以其所持股份为限对公司承担责任，其中包括公司管理权、收益分享权、股份转让权、优先认股权（配股）、剩余财产要求权；当公司解散、清算时，股东对清偿债务、清偿优先股股东以后的剩余财产索取的权利。

股票的种类具体介绍见表 5-1。

表 5-1　股票的种类

分类标志	类型	说明
股东权利与义务	普通股	公司发行的代表股东享有平等的权利、义务，不加特别限制的且股利不固定的股票。 提示：是公司最基本的股票，股份有限公司在通常情况下只发行普通股
	优先股	公司发行的具有一定优先权的股票，其优先权利主要表现在股利分配优先权和分配剩余财产优先权上。 提示：优先股股东在股东大会上无表决权，在参与公司管理上受到一定的限制，仅对涉及优先股股利的问题有表决权
票面是否记名	记名股票	股票票面上记载有股东姓名或将名称记入公司股东名册的股票
	无记名股票	不登记股东名称，公司只记载股票数量、编号及发行日期
发行对象与上市地点	A 股	境内发行、境内上市，以人民币标明面值，以人民币认购和交易
	B 股	境内公司发行，境内上市交易，以人民币标明面值，以外币认购和交易
	H 股	注册地在祖国内地，在香港特别行政区上市的股票
	N 股	在纽约上市
	S 股	在新加坡上市

（3）利用留存收益。留存收益是公司在经营过程中所创造的，但由于公司经营发展的需要或由于法定的原因等，没有分配给所有者而留存在公司的盈利。利用留存收益筹资的优点是不用发生筹资费用，维持公司的控制权分布；缺点是筹资数额有限。

（4）引入战略投资者。战略投资者是指符合国家法律、法规和规定要求，与发行人具有合作关系或合作意向和潜力并愿意按照发行人配售要求与发行人签署战略投资配售协议的法人，是与发行公司业务联系紧密且欲长期持有发行公司股票的法人。

一般来说，作为战略投资者的基本要求是：要与公司的经营业务联系紧密；要出于长期投资目的且较长时期地持有股票；要具有相当的资金实力，且持股数量较多。

引入战略投资者的作用：提升公司形象，提高资本市场认同度；优化股权结构，健全公司法人治理，因为战略投资者带来的不仅仅是资金和技术，更重要的是能带来先进的管理水平和优秀的管理团队；提高公司资源整合能力，增强公司的核心竞争力；达到阶段性的融资目标，加快实现公司上市融资的进程。

（1）股权筹资的优点。所筹措的资金无须偿还，具有永久性，可以长期占用；以这种方式一次性筹措的资金数额相对较大，用款限制也相对较为宽松；与发行债券等方式相比较而言，发行股票的筹资风险相对较小，且一般没有固定的股利支出负担；由于这种方式降低了公司的资产负债率，为债权人提供了保障，所以有利于增强发行公司的后续举债能力；以这种方式筹资，有利于提高公司的知名度，由于在管理与信息披露等各方面相对于非上市公司而言要求更为规范，有利于建立规范的现代企业制度。

（2）股权筹资的缺点。行股票的前期工作比较繁杂，发行费用相对较高；由于投资所承担的风险相对较大，要求的预期收益也相对较高，且股利是在税后支付的，不存在抵税效应，所以股票筹资的资金成本比较高；股票筹资有可能增加新股东，从而影响原有大股东对公司的控股权；如果股票上市，公司还必须按照相关法律、法规披露有关信息，甚至可能会因此而暴露商业机密，从而造成较高的信息披露成本。

2．负债筹资

负债筹资是指企业以已有的自有资金作为基础，为了维系企业的正常营运、扩大经营规模、开创新事业等而产生财务需求，发生现金流量不足，通过银行借款、商业信用和发行债券等形式吸收资金，并运用这笔资金从事生产经营活动，使企业资产不断得到补偿、增值和更新的一种现代企业筹资的经营方式。一方面，资金来源是以举债的方式筹集。如通过贷款、拆借、发行债券、内部融资等方式从银行、非银行金融机构、其他单位和自然人等吸收的资金，其资金所有权属于债权人，债务人仅有规定期限内的使用权，并承担按期归还的义务。另一方面，负债具有货币时间价值。如到期时债务人除归还债权人本金外，还应支付一定利息和相关费用。负债筹资的方式主要有银行贷款、发行债券、融资租赁、商业信用等。

（1）银行贷款。银行贷款是指企业根据借款合同从有关银行或非银行金融机构借入所需资金的一种筹资方式，又称银行借款筹资。

（2）发行债券。公司债券是指公司按照法定程序发行的、预定在一定期限还本付息的有价证券。

（3）融资租赁。融资租赁是指出租人在承租人给予一定报酬的条件下，授予承租人在约定的期限内占有和使用财产权利的一种契约性行为，又称财务租赁。它是区别于经营租赁的一种长期租赁形式，由于其可满足企业对资产的长期需要，故也称为资本租赁。

（4）商业信用。商业信用是指商品交易中的延期付款或延期交货所形成的借贷关系，是企业之间的一种直接信用关系。利用商业信用又称商业信用融资，是一种形式多样、适用范围很广的短期资金。

案例阅读

吴某曾是浙江本色控股集团有限公司法定代表人。经法院审理查明，被告人吴某在2006年4月成立本色控股集团有限公司前，即以每万元每日35元、40元、50元不等的高息或每季度分红30%、60%、80%的高投资回报为诱饵，从多人处集资达1 400余万元。

吴某在已负债上千万元的情况下，为了资金链的延续，于2005年下半年开始，继续以高息和高额回报为诱饵，大量非法集资，并用非法集资款先后虚假注册了多家公司。为掩盖其已巨额负债的事实，吴某又隐瞒事实真相，采用给付高息或高额投资回报，用非法集资款购置房产、投资、捐款等方法，进行虚假宣传，给社会公众造成其有雄厚经济实力的假象，骗取社会资金。

吴某在负债累累、无经济实力的情况下，仍对非法集资款随意处分和挥霍。例如，花 2 300 多万元购买珠宝，不用于经营，而是随意送人或用于抵押；不考虑自己的经济实力，投标或投资开发房地产，造成 1 400 万元保证金、定金被没收；用集资款捐赠达 230 万元；在无实用用途的情况下，花近 2 000 万元购置大量汽车，其中为本人配置购价 375 万元的法拉利跑车；为所谓的拉关系随意给付他人钱财 130 万元；其本人一掷千金，肆意挥霍，供认曾花 400 万元购买名衣、名表、化妆品，同时进行高档娱乐消费等花费达 600 万元。吴某不仅随意处分和挥霍集资款，巨额非法集资款本人竟无记录，公司账目也管理混乱，连三个会计师事务所都无法进行审计。

2012 年 5 月 21 日下午，浙江省高级人民法院对吴某集资诈骗案做出终审判决，以集资诈骗罪判处吴某死刑，缓期两年执行，剥夺政治权利终身，并没收其个人全部财产。

二、投资管理

传统的财务部只有核算公司账目、管理公司款项、统计纳税的职能，但现代的财务部还有把握公司投资方向和参与企业长期发展决策的职能，即进行投资管理。要对公司的资金进行合理利用或者直接投资取得收益，财务人员除懂得财务知识外，还需要了解证券投资、金融投资及各种经济税法，这样才会成为一个有竞争力的投资人员。

（一）投资项目的可行性研究内容

可行性研究（Feasibility Study）又称为可行性分析（Feasibility Analysis），是指对拟建投资项目通过技术经济的分析，以研究用最小投入获得最佳经济效果的科学方法。

对不同的拟建投资项目进行可行性研究的侧重点不同，投资项目的性质、用途和规模又决定了其在深浅程度上的差异。一般来说，对拟建投资项目进行的可行性研究主要内容包括以下几个方面：

（1）在技术上的可行性。涉及拟建投资项目的厂址选择、生产规模、工艺技术方案、产品规格数量和所需机器设备的选定，以及原材料、动力运输等因素的考虑。

（2）在经济上的合理性。涉及产品或劳务的供求预测估算、产品价格策略与销售渠道、投资项目建设与营运的组织结构，以及进度方案。

（3）在财务上的营利性。预测投资项目营运的获利能力、债务偿还能力、生产增长能力、承担风险的程度等。

（4）投资项目所需资金的数量。涉及投资规模，如果资金越小带动规模项目越大，则说明风险越大，但成功后收益越高。

（5）投资项目建设的质量标准。

（6）建设资金的筹措方式及渠道。

（7）投资项目建设的周期。

（8）投资项目建成后需要的人力、物力、资源和动力。

（9）社会上的可接受性。如投资项目对环境的影响、投资项目营运效益的社会分配是否符合国家的法律、法规和方针政策等方面，要以国民福利为最大的目标，综合考虑社会生活、社会结构、社会环境等因素的影响。

（10）投资项目资金的最佳运用方案。

可行性研究的主要工作过程一般可分为机会研究、初步可行性研究、详细可行性研究及投资项目评估四个阶段，其研究结果通常以投资项目建议书、可行性研究报告和投资项目评估报告的形式发布。

（二）投资项目可行性研究的关键点

投资项目可行性研究的关键在于客观真实。可行性研究报告的主要任务是对预先设计的方案进行论证，必须先设计研究方案、研究思路、研究方法，最后明确研究对象。项目方案的设计应该遵循系统性和逻辑性的原则。

（1）数据内容真实。可行性研究涉及的内容及研究分析所引用的数据应真实可靠，注明可供查询的数据来源，无偏差及失误。报告中所运用资料、数据都要经过反复核实，以确保内容的真实性。

（2）科学准确预测。可行性研究是投资决策前的活动，是在事件没有发生之前的研究，是对项目未来发展的情况、可能遇到的问题和结果的估计，具有预测性。必须进行深入地调查研究，充分地收集资料，运用切合实际的预测方法科学地预测未来前景。特别是对于财务预测，一定要充分考虑各种影响因素，科学合理地分析预测。

（3）论证严密精确。可行性研究必须做到运用系统的分析方法，围绕影响项目的各种因素进行全面、系统的分析，既要做宏观分析，又要做微观分析，而且前后观点、结论必须一致，数据测算科学精准。

三、营运资金管理

（一）营运资金管理的内容

营运资金管理是对企业流动资产及流动负债的管理。一家企业要维持正常的运转就必须拥有适量的营运资金，因此，营运资金管理是企业财务管理的重要组成部分。

（二）营运资金管理的关键点

控制应收账款的风险、加强成本管理是对营运资金管理的基本要求。营运资金管理关键点如图5.4所示。

图 5.4 营运资金管理的关键点

1. 控制应收账款，规避风险

许多企业为了实现利润、销售更多产品，经常采用赊销形式。片面追求销售业绩，可能会忽视对应收账款的管理而造成管理效率低下。例如，对赊销的现金流动情况及信用状况缺乏控制，未能及时催收货款，容易出现货款被拖欠从而造成的账面利润高于实际资金的现象。对此，财务部门应加强对赊销和预购业务的控制，制定相应的应收账款、预付货款控制制度，加强对应收账款的管理，及时收回应收账款，减少风险，从而提高企业资金使用效率。

2. 加强成本控制，增加价值

会计利润是当期收入和费用成本配比的结果。在任何收入水平下，企业都要做好对内部成本、费用的控制，并做好预算，加强管理力度，减少不必要的支出，这样才能够提高利润，增加企业价值。

3. 科学预算，提高效率

财务管理应站在企业全局的高度，构建科学的预测体系，进行科学预算。预算包括销售预算、采购预算、投资预算、人工预算、费用预算等。这些预算使企业能预测到风险，及时得到资金的各种信息，及时采取措施，防范风险，提高效益。同时，这些预算可以协调企业各部门的工作，提高内部协作的效率。而且，销售部门在销售、费用等预算指导下，还可事先对市场有一定了解，把握市场变化，减少存货的市场风险。

4. 完善财务管理制度

（1）明确内部管理责任制。很多企业认为催收货款是财务部门的事，与销售部门无关，其实这是一种错误的观点。事实上，销售人员应对催收应收账款负主要责任。如果销售人员在提供赊销商品时还要承担收回应收账款的责任，那么他就会谨慎对待每一项应收账款。

（2）建立客户信用档案。企业应在财务部门中设置风险管理员岗位，通过风险管理员对供应商、客户的信用情况进行深入调查和建档，并进行信用等级设置，对处于不同等级的客户实行不同的信用政策，减少购货和赊销风险。风险管理员对客户可从以下几个方面进行信用等级评定：考察企业的注册资本、偿还账款的信用情况、有没有拖欠税款而被罚款的记录、有没有拖欠供货企业货款的情况、其他企业的综合评价。风险管理员根据考察结果向总经理汇报情况，再由风险管理员、财务部门经理、销售部门经理、总经理讨论后确定给予各供应商及客户的货款信用数量。如果提供超过核定的信用数量，销售人员必须取得财务经理、风险管理员及总经理的特别批准；如果无法取得批准，销售人员只能降低信用规模或者放弃此项业务，这样就能控制销售中出现的大量坏账现象，减少风险。同时，严格控制信用期，应规定应收账款的收款时间，并将这些信用条款写进合同，以合同形式约束对方；如果未能在规定时间内收回应收账款，企业可依据合同对拖欠货款企业采取法律措施，以及时收回货款。

（3）通过信用折扣鼓励欠款企业在规定时间内偿还账款。很多企业之所以不能及时归还欠款，是因为它们及时归还得不到什么好处，拖欠也不会有什么影响。这种状况也会导致企业应收账款回收效率低下。为了改善这种局面，企业可以采取相应的鼓励措施，对积极回款的企业给予一定的信用折扣。实施审批制度，对不同信用规模、信用对象实施不同的审批级别，一般可设置三级审批制度，由销售经理、财务经理和风险管理员、总经理进行三级审核。销售部门如采用赊销方式时，应先由财务部门对赊销带来的经济利益与产生的成本风险进行衡量，可行时再交总经理审核。这样可以提高决策的效率，降低企业经营的风险。一旦发生货款拖欠现象，应加强补救措施，财务部门应要求销售人员加紧催收货款，同时风险管理员要降低欠款企业的信用等级；拖欠严重的，销售部门应责令销售人员与该企业取消购销业务。

（4）建立企业内部控制制度。其主要包括建立存货、应收账款、现金、固定资产、管理费用等一系列的控制制度。对违反控制制度的，要给予相关责任人惩罚；对各种开支采用计划成本核算，对各种容易产生浪费的开支要采取严格的控制措施。例如，很多企业的业务招待费在管理费用中占据很大比例，导致部分招待费在计征所得税时无法全额税前扣除。对此，企业应该要求销售人员控制招待费支出，并由财务部门按月销售收入核定适当的招待费标准。

注意：营运资金管理在企业销售及采购业务中处于重要地位，对企业利润目标的实现会产生重大影响。营运资金管理是对销售工作的控制而不是限制，其宗旨是促进销售部门减少销售风险，提高利润水平。

四、利润分配管理

利润分配是指将企业实现的净利润，按照国家财务制度规定的分配形式和分配顺序，在国家、企业和投资者之间进行的分配。利润分配的过程与结果关系到所有者的合法权益能否得到保护，企业能否长期、稳定发展的重要问题。为此，企业必须加强利润分配的管理和核算。利润分配的顺序依据《公司法》等有关法规进行规定。企业当年实现的净利润一般应按照下列内容、顺序和金额进行分配。

（一）提取法定盈余公积金

法定盈余公积金按照税后净利润的10%提取。法定盈余公积金已达注册资本的50%时，可不再提取。提取的法定盈余公积金用于弥补以前年度亏损或转增资本金，但转增资本金后留存的法定盈余公积金不得低于注册资本的25%。

（二）提取法定公益金

根据《公司法》规定，法定公益金按税后利润的5%～10%提取，提取的公益金用于企业职工的集体福利设施。

（三）向投资人分配利润

企业以前年度未分配的利润，可以并入本年度分配。

五、具体单证管理

财务管理主要是用于管理各种款项信息，其中包含款项申请、报销及收付款信息，如借款单、费用申请和报销申请等。

（一）借款单

借款单适用于销售、市场等各个部门的借款申请及审批，归还时需要财务经理确认还款单据状态并更新归还日期。

（二）费用申请

费用申请适用于销售、市场等各个部门对于费用的申请及审批，费用申请关联市场活动、业务机会信息，可以根据具体的费用情况计算出市场活动及销售过程中的投入/产出比。

（三）报销申请

报销申请主要针对费用申请功能，通过填写报销申请可以更具体地记录实际支出情况，可以根据预算与实际支出的对比对后期预算额度进行有效控制。

（四）涉及报表

（1）报销汇总表。按照报销单申请人统计每人每月报销总额。
（2）报销明细表。按照报销单申请人汇总每人详细报销信息。
（3）费用申请明细表。按照费用申请人汇总每人详细申请费用金额。
（4）借款汇总表。按照借款申请人统计每人每月借款金额。
（5）借款明细表。按照借款申请人汇总每人详细借款信息。

 案例阅读

王某是刚毕业的体育专业大学生，她决定自主创业。她根据在大学学到的知识，以及利用假期参与各类实习所积累的一些工作经验，在反复进行可行性论证后，准备在新城区开办一家健身俱乐部，主营业务为瑜伽，兼营咖啡店。她计划先搞单体式俱乐部，在未来5~8年实现连锁式俱乐部经营。

王某曾考察过几家瑜伽健身俱乐部，对瑜伽健身俱乐部的经营有一定了解。但是万事开头难，她面对的问题千头万绪，诸如俱乐部的选址和场地租借、场地设计和装修、工商税务登记和银行开户、员工招聘和培训等。于是，她请学财务管理专业的好朋友帮助她梳理出相关的财务管理问题，认为最需要解决的管理事项如下：

（1）俱乐部开业时需要花多少钱？
（2）钱从哪里来？开办俱乐部必须得有本金投入，这部分钱从何而来？对本金不足以满足全部投资所需缺口，该如何筹措？
（3）俱乐部该如何经营？她需要制订周全的商业计划书，以对经营策略、收入来源及其方式、成本控制等进行全面经营规划。
（4）俱乐部未来发展规划与预期收益分配该如何协调？她需要考虑未来收益该如何合理规划及分配。

经过以上分析不难发现，对于创业者而言，创业涉及的事务琐碎而庞杂，但是从财务管理的角度来看，主要涉及筹资、投资、资金营运管理和收益分配四个方面。

 ## 5.3 财务分析

财务分析是指以会计核算和报表资料及其他相关资料为依据，采用一系列专门的分析技术和方法，对企业等经济组织过去和现在有关筹资活动、投资活动、经营活动、分配活动的盈利能力、营运能力、偿债能力和增长能力状况等进行分析与评价的经济管理活动。它为企业的投资者、债权人、经营者及其他关心企业的组织或个人了解企业过去、评价企业现状、预测企业未来做出正确决策提供准确的信息或依据。

一、财务分析的内容

从企业的角度来看,财务分析的主要内容包括四个方面,如图 5.5 所示。

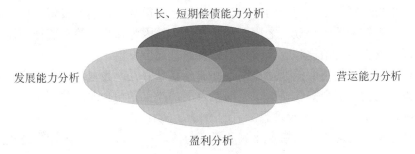

图 5.5　财务分析的主要内容

(1) 长、短期偿债能力分析。企业的偿债能力是指企业用其资产偿还长期债务与短期债务的能力。它是企业能否健康生存和发展的关键,是反映企业财务状况和经营能力的重要标志,也是企业偿还到期债务的承受能力。

(2) 营运能力分析。营运能力是指企业的经营运行能力,即企业运用各项资产以赚取利润的能力。

(3) 盈利分析。盈利能力是指企业获取利润的能力,也称为企业的资金或资本增值能力,通常表现为一定时期内企业收益数额的多少及其水平的高低。

(4) 发展能力分析。企业的发展能力也称企业的成长性,是指企业通过自身的生产经营活动,不断扩大积累而形成的发展潜能。企业能否健康发展取决于多种因素,包括外部经营环境、企业内在素质及资源条件等。

以上四个方面的内容互相联系、互相补充,可以满足不同使用者对会计信息的需要。其中,偿债能力是企业财务目标实现的稳健保证;营运能力是企业财务目标实现的物质基础;盈利能力是前面两者共同作用的结果,同时也对前面两者的增强起到推动作用。

二、财务分析的相关指标

(一) 评价短期偿债能力的常用指标

短期偿债能力是指企业以流动资产偿还流动负债的能力,它反映企业偿付日常到期债务的能力。对债权人来说,企业要具有充分的偿还能力才能保证其债权的安全,按期取得利息,到期取回本金;对投资者来说,如果企业的短期偿债能力发生问题,就会牵制企业经营的管理人员耗费大量精力去筹集资金,以应付还债,还会增加企业筹资的难度,或加大临时紧急筹资的成本,从而影响企业的盈利能力。进行短期偿债能力分析主要运用以下指标:

(1) 现金比率。现金比率是指企业现金与流动负债的比率,反映企业的即刻变现能力。这里所说的现金是指现金及现金等价物,这一比率可显示企业立即偿还到期债务的能力。其计算公式为

$$现金比率 = \frac{现金}{流动负债}$$

(2) 速动比率。速动比率是指速动资产与流动负债的比率,反映企业短期内用可变现资

产偿还短期内到期债务的能力。其计算公式为

$$速动比率 = \frac{速动资产}{流动负债} = \frac{流动资产 - 存货}{流动负债}$$

速动资产是指容易转变为现金的资产,一般包括货币资金、短期投资、应收账款等,也等于流动资产减去存货后的余额。之所以减去存货,是因为存货是流动资产中流动性最差的资产,其变现不仅要经过销货和收款两道手续,而且还会发生一些损失。速动比率越高,表明企业的近期偿付能力越强。但速动比率也并非越高越好,因为速动比率越高,说明企业将过多的资金占用在货币资金等收益性很差的项目上,严重影响企业的盈利水平。一般认为,速动比率应维持在1:1左右比较理想。

(3)流动比率。流动比率是指企业流动资产与流动负债的比率。其计算公式为

$$流动比率 = \frac{流动资产}{流动负债}$$

流动比率是短期偿债能力的最常用的比率,是衡量企业短期风险的指标。流动比率越大,说明资产的流动性越高,企业的短期偿债能力越强。但流动比率越高并非越好,因为流动比率过高,一方面可能是由于存货积压或滞销引起的,其所反映的近期偿付能力有水分;另一方面可能拥有过多的资金,资金得不到充分利用,影响资金的盈利能力。一般认为,流动比率应维持在2:1左右比较合适。

(二)评价长期偿债能力的常用指标

长期偿债能力是指企业对债务的承担能力和对偿还债务的保障能力。长期偿债能力分析是企业债权人、投资者、经营者和与企业有关联的各方面都十分关注的重要问题。进行长期偿债能力分析主要运用以下指标:

(1)资产负债率。资产负债率是指企业全部负债总额与全部资产总额的比率。该指标可以用来衡量债权人提供的资金占企业总资产的比重,企业利用债权人提供的资金进行经营活动的能力,反映债权人发放贷款的安全程度等。其计算公式为

$$资产负债率 = \frac{全部负债总额}{全部资产总额} \times 100\%$$

一般来说,企业的资产总额应大于负债总额,资产负债率应小于100%。如果企业的资产负债率较低(50%以下),说明企业有较好的偿债能力和负债经营能力。

在企业资产净利润率高于负债资本成本率的条件下,企业负债经营会因代价较小而使所有者的收益提高。所有者总是希望利用负债经营提高资产负债率;但债权人希望企业的资产负债率低一些,因为债权人更关心的是本息能否及时安全地收回来。如果企业的资产负债率等于甚至超过100%,说明企业资不抵债,债权人为维护自己的利益可能会向法院申请企业破产。因此,企业的负债经营一定要适度。

(2)产权比率。产权比率是指企业负债总额与所有者权益总额的比率。其计算公式为

$$产权比率 = \frac{负债总额}{所有者权益总额} \times 100\%$$

产权比率用来反映由债权人提供的和由投资者提供的资金来源的相对关系,揭示了所有者权益对债务的保障程度。产权比率越低,说明企业的长期财务状况越好,债权人的资金安全越有保障,企业的财务风险也就越小。

（3）已获利息倍数。已获利息倍数是指企业息税前利润与利息费用的比率，反映企业用经营所得支付债务利息的能力。其计算公式为

$$已获利息倍数 = \frac{息税前利润}{利息费用} = \frac{利润总额 + 利息费用}{利息费用}$$

公式中的利息费用是指支付给债权人的全部利息，包括财务费用中的利息和计入固定资产的利息；息税前利润是指企业支付利息和缴纳所得税之前的利润。一般来说，已获利息倍数至少应等于1。该指标越大，说明支付债务利息的能力越强。

（三）评价企业营运能力的常用指标

进行营运能力分析主要运用以下财务指标：

（1）应收账款周转率。应收账款周转率是赊销收入净额对平均应收账款余额的比率。其计算公式为

$$应收账款周转率 = \frac{赊销收入净额}{平均应收账款余额} \times 100\%$$

$$应收账款平均收款期 = \frac{365}{应收账款周转率}$$

应收账款周转率反映的是企业应收账款的变现速度、企业的信用政策和管理情况。一般认为，应收账款周转率越高越好，因为越高表明企业收款越快，可以减少坏账损失和收账费用。

（2）资产周转率。资产周转率是指销售收入净额与总资产平均余额的比率，反映了全部资产的使用效率。其计算公式为

$$资产周转率 = \frac{销售收入净额}{总资产平均余额} \times 100\%$$

（3）存货周转率。存货周转率是指销货成本对平均存货的比率。其计算公式为

$$存货周转率 = \frac{销货成本}{平均存货}$$

存货周转率表明企业存货的周转速度，反映了企业的销售能力、存货水平和经营绩效。如果一家企业的存货周转率偏低，可能是存货过多、周转太慢、销售不畅等原因所致，这往往会造成企业利润的下降。一般认为，存货周转率越高越好，因为越高表明企业的产品试销越对路，说明产品质量优良、价格合理、企业管理有效。

（四）评价企业盈利能力的常用指标

进行盈利能力分析主要运用以下财务指标：

（1）资产净利润率。资产净利润率是指企业的净利润与资产平均总额的比率。其计算公式为

$$资产净利润率 = \frac{净利润}{资产平均总额} \times 100\%$$

资产净利润率越高，说明企业全部资产的获利能力越强。

（2）销售净利润率。销售净利润率是指企业净利润与销售收入净额的比率。其计算公式为

$$销售净利润率 = \frac{净利润}{销售收入净额} \times 100\%$$

销售净利润率越高，说明企业从销售收入中获取利润的能力越强。

（3）资本收益率。资本收益率是指企业净利润与实收资本的比率。其计算公式为

$$资本收益率 = \frac{净利润}{实收资本} \times 100\%$$

资本收益率越高，说明企业资本的获利能力越强。

（4）净资产收益率。净资产收益率是指企业净利润与所有者权益的比率，反映所有者对企业投资部分的获利能力，也叫净资产利润率。其计算公式为

$$净资产收益率 = \frac{净利润}{所有者权益} \times 100\%$$

（五）评价企业发展能力的常用指标

进行企业发展能力分析主要运用以下财务指标：

（1）营业增长率。营业增长率是指企业本年度营业收入增长额与上年营业收入总额的比率，反映营业收入的增减变动情况。其计算公式为

$$营业增长率 = \frac{本年度主营业务收入 - 上年度主营业务收入}{上年度主营业务收入} \times 100\%$$

该指标大于 0，表示营业收入比上期有所增长，该指标越大，营业收入的增长幅度就越大，企业的前景也就越好；该指标小于 0，说明营业的收入减少，表示产品销售可能存在问题。

（2）资本积累率。资本积累率即股东权益增长率，是指企业本年所有者权益增长额同年初所有者权益的比率。其计算公式为

$$资本积累率 = \frac{本年度所有者权益增长额}{年初所有者权益} \times 100\%$$

资本积累率说明企业当年资本的积累能力，是评价企业发展潜力的重要指标。

（3）总资产增长率。总资产增长率是企业本年度总资产增长额同年初资产总额的比率，反映企业本期资产规模的增长情况。其计算公式为

$$总资产增长率 = \frac{本年度总资产增长额}{年初资产总额} \times 100\%$$

总资产增长率越高，说明企业一定时期内资产经营规模扩张的速度越快。但在分析时，需要注意资产规模扩张的质和量的关系及企业的后续发展能力，避免盲目扩张。

（4）固定资产成新率。固定资产成新率又称固定资产净值率或有用系数，是企业当期平均固定资产净值同固定资产原值的比率，反映企业所拥有的固定资产的新旧程度，体现了企业固定资产更新的快慢和持续发展的能力。其计算公式为

$$固定资产成新率 = \frac{当期平均固定资产净值}{固定资产原值} \times 100\%$$

固定资产成新率指标越高，表明企业固定资产比较新，对扩大再生产的准备比较充足，发展的可能性比较大。运用该指标分析固定资产新旧程度时，应剔除企业折旧对房屋、机器设备等固定资产真实状况的影响。

综合练习与实践

一、判断题

（1）企业应从财务目标的角度出发，在对整个财务环境包括经济周期、经济政策、税收政策、同行业竞争对手等情况进行充分研究的基础上，结合实际情况制定出宏观规划，掌握发展方向，开展具体的运营活动。（　　）

（2）会计学成本能够以货币加以计量，不仅核算企业成本中可以在货币支出形态上直接反映出来的部分，而且核算应计入却不能在货币形态上直接反映出来的成本。（　　）

（3）财务人员除懂得财务知识外，还需要了解证券投资、金融投资及各种经济税法，这样才会成为一名有竞争力的理财人员。（　　）

（4）财务管理主要是用于管理各种款项信息，其中包含款项申请、报销及收付款信息，如借款单、费用申请和报销申请等。（　　）

（5）一般认为，企业负债率越高越好，因为越高表明企业收款越快，可以减少坏账损失和收账费用。（　　）

二、单项选择题

（1）（　　）是指货币随着时间的推移而发生的增值，是资金周转使用后的增值额。
A. 成功经营　　　　　　　　　B. 资金的时间价值
C. 收支平衡　　　　　　　　　D. 资金充足

（2）复利终值是指一定量的本金按复利计算若干期后的本利和，计算公式为（　　）。
A. $S=P(1+ni)$　　　　　　　B. $P=\dfrac{S}{1+ni}$
C. $S=P(1+i)^n$　　　　　　　D. $P=S\times\dfrac{1}{(1+i)^n}$

（3）对不同的拟建投资项目进行（　　）的侧重点不同，投资项目的性质、用途和规模又决定了其在深浅程度上的差异。
A. 可行性研究　　B. 愿望　　C. 真实性　　D. 工作

（4）许多企业为了实现利润、销售更多产品，经常采用赊销形式，但片面追求销售业绩，可能会忽视对（　　）的管理而造成管理效率低下。
A. 应收账款　　B. 价格制定　　C. 质量制定　　D. 双向沟通

（5）企业当年实现的净利润，一般应按照（　　）的内容、顺序和金额进行分配。
A. 提取法定公益金→提取法定盈余公积金→向投资人分配利润
B. 向投资人分配利润→提取法定盈余公积金→提取法定公益金
C. 提取法定盈余公积金→向投资人分配利润→提取法定公益金
D. 提取法定盈余公积金→提取法定公益金→向投资人分配利润

三、多项选择题

（1）企业在组织实施财务管理中应兼顾和协调好（　　）的各种利益关系。
A. 债权人和债务人　　　　　B. 所有者和经营者
C. 企业和个人　　　　　　　D. 投资者和受资者

（2）经济学中关于企业生产成本的分析一般具有（　　）基本内容。
A. 生产成本　　B. 边际成本　　C. 机会成本
D. 社会成本　　E. 交易成本

（3）投资项目可行性研究的关键点（　　）。
　　A．数据内容真实　　　　　　　　B．交易机会的可能性
　　C．科学准确预测　　　　　　　　D．论证严密精确
（4）评价短期偿债能力的常用指标有（　　）。
　　A．资产负债率　　B．现金比率　　C．速动比率　　D．流动比率
（5）财务分析是以（　　）及其他相关资料为依据，采用一系列专门的分析技术和方法，对企业等经济组织过去和现在有关筹资活动、投资活动、经营活动、分配活动的盈利能力、营运能力、偿债能力和增长能力状况等进行分析与评价的经济管理活动。
　　A．会计核算　　　B．企业人数　　C．企业存货　　D．报表资料

四、简答题

（1）财务管理的概念和目标是什么？
（2）财务管理的内容是什么？
（3）试比较股权筹资和债务筹资的优、缺点。

五、技能实训

学生分组实训，一部分扮演银行工作人员，另一部分扮演贷款人，模拟向银行申请贷款。

角色扮演的情景设定：成立模拟银行，设行长（主任）、信贷员、会计，扮演贷款申请的学生各自事先准备贷款资料，在课上完成角色扮演。

提示：

银行工作人员主要审查贷款资料是否齐备，并按银行贷款流程完成贷款审批和发放。贷款手续和须提交的资料如下所述。

1．建立信贷关系

申请建立信贷关系时，企业须提交《建立信贷关系申请书》一式两份。银行在接到企业提交的申请书后，要指派信贷员进行调查。调查内容主要包括以下几个方面：

（1）企业经营的合法性。企业是否具有法人资格必需的有关条件。对具有法人资格的企业应检查营业执照批准的营业范围与实际经营范围是否相符。

（2）企业经营的独立性。企业是否实行独立经济核算、单独计算盈亏，是否有独立的财务计划、会计报表。

（3）企业及其生产的主要产品是否属于国家产业政策发展序列。

（4）企业经营的效益性。企业会计决算是否准确，符合有关规定；财务成果的现状及趋势。

（5）企业资金使用的合理性。企业流动资金、固定资金是否分别进行管理；流动资金占用水平及结构是否合理，有无被挤占、挪用的情况。

（6）新建扩建企业。扩大能力部分所需流动资金的 30%是否已筹足；如暂时不足，是否已制订在短期内补足的计划。

信贷员对上述情况调查了解后，要写出书面报告，并签署是否建立信贷关系的意见，提交科（股）长、行长（主任）逐级审查批准。

经行长（主任）同意与企业建立信贷关系后，银企双方应签订《建立信贷关系契约》。

2．提出贷款申请

已建立信贷关系的企业，可根据其生产经营过程中合理的流动资金需要，向银行申请流动资金贷款。以工业生产企业为例，申请贷款时必须提交《工业生产企业流动资金借款申请书》。银行依据国家产业政策、信贷政策及有关制度，并结合上级行批准的信贷规模计划和信贷资金来源对企业借款申请进行认真审查。

3．贷款审查

（1）贷款的直接用途。符合工业企业流动资金贷款支持范围的直接用途有：合理进货支付货款；承付应付票据；经银行批准的预付货款；各专项贷款按规定的用途使用；其他符合规定的用途。

（2）企业近期经营状况。主要包括物资购、耗、存及产品供、产、销状况，流动资金占用水平及结构状况，信誉状况，经济效益状况等。

（3）企业挖潜计划、流动资金周转加速计划、流动资金补充计划的执行情况。

（4）企业发展前景。主要指企业所属行业的发展前景，企业发展方向上的产品结构、寿命周期和新产品开发能力，主要领导人的实际工作能力和经营决策水平及开拓、创新能力。

（5）企业负债能力。主要指企业自有流动资金实有额及流动资产负债状况，一般可运用自有流动资金占全部流动资金比例和企业流动资产负债率两项指标进行分析。

4．签订借款合同

借款合同是贷款人将一定数量的货币交付给借款人按约定的用途使用，借款人到期还本付息的协议，是一种经济合同。

借款合同有自己的特征，合同标的是货币，贷款方一般是国家银行或其他金融组织，贷款利息由国家规定，当事人不能随意商定。当事人双方依法就借款合同的主要条款经过协商，达成协议。由借款方提出申请，经贷款方审查认可后，即可签订借款合同。

借款合同应具备的条款包括借款种类、借款用途、借款金额、借款利率、借款期限、还款资金来源及还款方式、保证条款、违约责任、当事人双方商定的其他条款。

借款合同必须由当事人双方的代表或凭法定代表授权证明的经办人签章，并加盖公章。

5．发放贷款

企业申请贷款经审查批准后，应由银企双方根据贷款种类签订相关种类的借款合同。签订合同时应注意项目填写准确，文字清楚工整，不能涂改；借、贷、保三方公章及法人代表签章齐全无误。

借款方立借据。借款借据是书面借款凭证，可与借款合同同时签订，也可在合同规定的额度和有效时间内，一次或分次订立。

银行经办人员应认真审查核对借款申请书的各项内容是否无误，是否与借款合同相符。借款申请书审查无误后，填制放款通知单，由信贷员、科（股）长"两签"或行长（主任）"三签"送银行会计部门办理贷款拨入借款方账户的手续。借款申请书及放款通知单经会计部门入账后，最后一联返回信贷部门作为登记贷款台账凭证。

【在线答题】

第 6 章

物流管理

  【学习目标】

通过本章的学习,学生应了解现代物流基本理论与现状,学会物流网络的规划设计,清楚配送流程和管理,了解有哪些物流信息技术。

  【学习要求】

知识要点	能力要求	相关知识
物流管理	(1)掌握物流的概念 (2)掌握物流的分类 (3)了解现代物流业的发展趋势	物流系统分类和控制系列关系图
物流网络的规划设计	(1)了解物流中心的功能 (2)学会规划物流中心 (3)了解物流节点的类型 (4)掌握影响物流节点选址的因素	参考国外物流中心规模
物流配送管理	(1)了解物流配送的概念 (2)了解物流配送的流程 (3)掌握物流配送的方案设计 (4)懂得在成本与满足客户需求之间进行平衡	引导一条配送线路上的客户进行集中周期性下单
物流信息技术	(1)懂得条码技术的原理和应用 (2)懂得射频技术的原理和应用 (3)懂得电子数据交换技术的原理和应用 (4)懂得GPS/GIS技术应用的原理和应用	通过GPS对车辆进行定位

【案例导入】

一般人认为水运比空运合算,因为水运的运费便宜。仅从运费的角度考虑确实如此。但是当货物价值较高时,水运由于运输周期长、批量大,企业库存量及占用资金就会大幅度增加,而且水运对包装要求较高,货物包装费用也会增加。这样,计算总成本,水运未必比空运合算。

发生在 20 世纪 60 年代的一个案例证明了这一推断。美国亚特兰大的凯迪拉克汽车厂,车体在意大利工厂生产,每个星期通过波音 747 货运飞机运送三次到美国工厂总装。这一安排使得车体的库存量从未超过 150 件。但是如果采用水运,车体的库存量不会少于 1 000 件。如果将用空运多付的运费与因减少库存而节省的资金占用费用进行比较会发现,多付的运费少于节省的库存资金占用费用,这说明采用空运是合算的。

这个案例要说明的一个核心思想就是现代物流是对运输、仓储、包装、装卸搬运及配送、流通加工、物流信息等要素综合管理的产物。这种综合不仅涉及成本,而且涉及技术、服务等多个方面。学习物流管理,不仅仅要掌握运输、仓储、配送等要素的管理,更要从系统的角度学习物流各要素的综合管理。

6.1 物流管理概述

随着人们对物流的深入研究,发现物流隐含了企业很多的成本,也就是说物流费用在企业成本中占了很大的一部分。而这部分成本在企业财务报表上并不能直接体现,所以人们开始研究物流管理,以期能提高企业竞争力。

一、物流的概念

我国《物流术语》(GB/T 18354—2006)国家标准中,对物流的定义是"物品从供应地向接收地的实体流动过程"。根据这个定义,可以这样理解物流:

(1)物流是为实现商务价值,使实体从生产者手中转移到消费者手中的过程。

(2)物流不只是物品的机械性流动,它是一个综合性过程,这个过程包括有计划地控制物品流动和信息传递的过程,同时是创造价值的过程。

(3)物流是产品流、商流、信息流的相互融合和统一。

二、物流的分类

(一)按照物流系统的性质分类

按照物流系统的性质分类,物流可分为社会物流、行业物流、企业物流和第三方物流,如图 6.1 所示。

(1)社会物流。社会物流是指以全社会为范畴、面向广大用户的超越一家一户的物流。社会物流涉及在商品的流通领域所发生的所有物流活动,带有宏观性和广泛性,所以也称为大物流或宏观物流。

(2)行业物流。在一个行业内部发生的物流活动被称为行业物流。在一般情况下,同一行业的各个企业往往在经营上是竞争对手,但为了共同的利益,在物流领域中它们却又常常互相协作,共同促进物流系统的合理化。

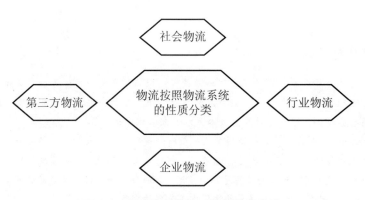

图 6.1　物流按照物流系统的性质分类

（3）企业物流。企业物流是指企业内部的物品实体流动。企业物流可理解为围绕企业经营的物流活动，是具体的、微观物流活动的典型领域。企业系统活动的基本结构是"投入→转换→产出"，对于生产类型的企业来讲，是投入原材料、燃料、人力、资本等，经过制造或加工使之转换为产品或服务。

（4）第三方物流。第三方物流主要是相对供应方和需求方而言的，是指生产经营企业为集中精力搞好主业，把原来属于自己处理的物流活动，以合同方式委托给专业物流服务企业，同时通过信息系统与专业物流企业保持密切联系，以达到对物流全程管理控制的一种物流运作与管理方式。

（二）按照物流活动的空间范围分类

按照物流活动的空间范围分类，物流可分为地区物流、国内物流和国际物流，如图 6.2 所示。

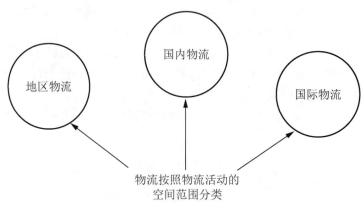

图 6.2　物流按照物流活动的空间范围分类

（1）地区物流。地区物流是指在一国疆域内，根据行政区或地理位置划分的一定区域内的物流。

（2）国内物流。国内物流是指在自己国家的领地范围内开展的物流活动。国内物流作为国民经济的一个重要方面，应该纳入国家总体规划的内容，如我国的物流事业是国家现代化建设的重要组成部分。因此，国内物流的建设投资和发展必须从全局着眼，清除部门和地区分割所造成的物流障碍，尽早建成一些大型物流项目为国民经济服务。

（3）国际物流。国际物流是指在两个或两个以上国家（或地区）之间所进行的物流。国际物流的一个非常重要的特点是，各国物流环境存在差异，尤其是物流软环境的差异。不同国家的物流适用法律不同使国际物流的复杂性远高于一国的国内物流，甚至会阻断国际物流；不同国家的经济和科技发展水平不同会造成国际物流处于不同科技条件的支撑下，甚至有些地区根本无法应用某些技术而迫使国际物流全系统水平的下降；不同国家的标准不同，也会造成国际"接轨"的困难，使国际物流系统难以建立；不同国家的风俗人文不同也会使国际物流受到很大限制。由于物流环境的差异，国际物流系统需要在几个不同法律、人文、习俗、语言、科技、设施的环境下运行，无疑会大大增加物流的难度和系统的复杂性。

（三）按照物流的作用分类

按照物流的作用分类，物流可分为供应物流、销售物流、生产物流、回收物流和废弃物流，如图6.3所示。

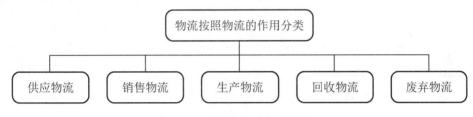

图 6.3 物流按照物流的作用分类

（1）供应物流。供应物流是指包括原材料等一切生产物资的采购、进货运输、仓储、库存管理、用料管理和供应管理的物流，也称为原材料采购物流。它是生产物流系统中独立性相对较强的子系统，并且和生产系统、财务系统等生产企业各部门及企业外部的资源市场、运输部门有密切的联系。供应物流是企业为保证生产节奏，不断组织原材料、零部件、燃料、辅助材料供应的物流活动，这种活动对企业生产的正常、高效率进行起到保障作用。企业供应物流不仅要实现保证供应的目标，而且要在低成本、少消耗、高可靠性的限制条件下来组织供应物流活动。

（2）销售物流。销售物流是指企业在销售过程中，将产品的所有权转给用户的物流活动。它是产品从生产地到用户的时间和空间的转移，是以实现企业销售利润为目的的。销售物流是包装、运输、储存等诸环节的统一。

（3）生产物流。生产物流是指在生产工艺中的物流活动。它一般是指原材料、燃料、外购件投入生产后，经过下料、发料，运送到各加工点和存储点，以在制品的形态从一个生产单位（仓库）流入另一个生产单位，按照规定的工艺过程进行加工、储存，借助一定的运输装置，在某个点内流转又从某个点内流出，始终体现物料实物形态的流转过程。生产物流是保障企业生产正常运作的基础。

（4）回收物流。回收物流是指不合格物品的返修、退货及周转使用的包装容器从需方返回到供方所形成的物品实体流动。即企业在生产、供应、销售的活动中总会产生各种边角余料和废料，这些物品的回收是需要伴随物流活动的。如果回收物品处理不当，往往会影响整个生产环境，甚至影响产品的质量，占用很大空间，造成浪费。

（5）废弃物流。废弃物流是指将经济活动中失去原有使用价值的物品，根据实际需要进行收集、分类、加工、包装、搬运、储存等，并分别送到专门处理场所时所形成的物品实体流动。它仅从环境保护的角度出发,不管对象物有没有价值或利用价值,都需要将其妥善处理,以免造成环境污染。

三、现代物流管理

(一)物流管理的类型

物流管理分为过程管理、控制要素管理、具体职能管理,如图 6.4 所示。

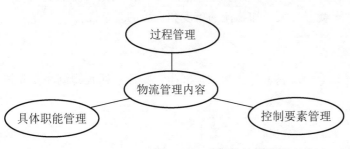

图 6.4 物流管理的内容

(1)对物流活动过程诸多要素的管理,包括运输、仓储等实体环节的管理。

(2)对物流各活动控制要素管理,包括人、财、物、设备、方法、信息六大要素的管理。

(3)对物流活动中具体职能实施管理,包括对物流计划、质量、技术、经济等职能进行管理。

(二)物流管理的工作要点

1. 控制物流成本

物流成本是指产品的空间移动或时间占有中所耗费的各种活劳动和物化劳动的货币表现。具体来说,它是产品在实物运动过程中,如包装、搬运装卸、运输、储存、流通加工等各个活动中所支出的人力、物力和财力的总和。由于物流成本没有列入企业的财务会计制度,如不进行特别计算,就不容易把握。

物流成本的隐蔽性也被称为物流冰山现象。冰山露出茫茫海面的只不过是它庞大身躯的一小部分,更大部分隐藏在海面之下,而物流成本也具有相似的特征。例如,传统会计所计算的外付运费和外付储存费不过是冰山一角,在企业内部占压倒多数的物流成本则混入其他的费用之中,如不把这些费用计算清楚,很难看到物流费用的全貌。航行在市场海洋上的企业巨轮如果看不到海平面下物流成本的庞大身躯,那么最终会遭到与"泰坦尼克号"同样的厄运;而一旦物流所发挥的巨大作用被企业开发出来,它给企业所带来的丰厚利润也是有目共睹的。物流冰山现象示意图如图 6.5 所示。

物流成本存在效益背反,在实际工作中,常常会遇到这样的情况:在产品运输过程中,假定其他成本因素不变,如果选择快捷的航空运输,货物一旦生产出来即可运走,这样仓储费用就降低了;如果选择大批量的火车运输,产品生产出来后还需要储存到一定的量才能发运,则仓储费用就增加了。

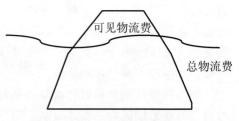

图 6.5 物流冰山现象

效益背反指的是物流的若干功能要素之间存在损益的矛盾,即某一个功能要素的优化和利益发生的同时,必然会存在另一个或另几个功能要素的利益损失;反之也如此。这是一种此消彼长、此盈彼亏的现象,虽然在许多领域中这种现象都是存在的,但物流领域中,这个问题似乎尤其严重。效益背反说得到了许多有力的实证支持。物流成本效益背反示意图如图6.6所示。

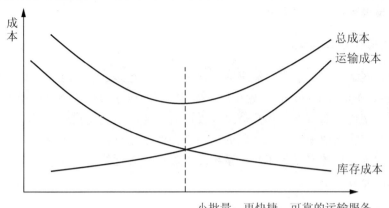

图6.6 物流成本效益背反示意图

物流管理要控制物流总成本,需要权衡几个方面:运输成本与库存成本的权衡;采购批量与存货成本的权衡;减少承运人的数量与分散货运风险的权衡;实行集中存货管理与货运成本、脱销成本的权衡;增值服务成本与客户服务水平的权衡;物流自营与物流外包及保持企业对物流运作控制权的权衡;信息共享与保持企业核心竞争力的权衡;等等。在客户服务水平确定以后,物流企业的管理运作就会围绕如何降低客户的物流总成本这个中心来展开。

2. 满足客户的需求

满足物流客户需求是专业物流企业发展的基础。专业物流公司是靠为客户企业提供物流服务而生存的。由于当前几乎所有的企业需要的物流服务都集中在仓储和运输上,而这种传统且简单的服务几乎是所有物流公司都能提供的,所以物流公司的无差异性使这种提供服务的竞争变得空前激烈。现在的物流公司拼抢客户已达到了白热化的程度,上至总经理,下至市场推广人员,都为争取客户煞费苦心。因此,弄清客户的真正需要,满足其需要,为客户提供高附加值的服务,是物流企业赢得客户的"灵丹妙药"。

四、现代物流业的发展趋势

现代物流业的发展呈现出社会化、信息化、系统化、一体化的趋势,其中信息化是现代物流的核心。现代物流充分利用现代信息技术,打破了运输环节独立于生产环节之外的行业界限,并通过供应链建立起对企业产、供、销全过程的计划和控制,从而实现物流信息化,即采用信息技术对传统物流业务进行优化整合,达到降低成本、提高水平的目的。

(一)物流中心、批发中心、配送中心社会化趋势

在市场激烈竞争压力下,越来越多的制造企业开始从战略高度重视物流功能整合和物流业务分离外包。外包的环节由销售物流向供应物流、生产物流、回收物流扩展,由简单的仓储、运输业务外包向供应链一体化延伸。同时,企业物流的专业化趋势也相当明显,几乎所有大型连锁企业都在力图优化自己的专业供应链,第三方物流日益成为物流服务的主导方式。在欧美国家,生产加工企业不再拥有自己的仓库,而由另外的配送中心为自己服务,这已经成为一种趋势。美国某机构对制造业500家大公司的调查显示,将物流业务交给第三方物流

企业的货主占69%（包括部分委托）。也有研究表明，美国33%和欧洲24%的非第三方物流服务用户正积极考虑使用第三方物流服务。

（二）现代物流信息化趋势

信息技术、网络技术日益广泛地应用于物流领域。尤其是20世纪70年代电子数据交换技术（Electronic Data Interchange，EDI）在物流领域的应用简化了物流过程中烦琐、耗时的订单处理过程，使得供需双方的物流信息得以即时沟通，物流过程中的各个环节得以精确衔接，极大地提高了物流效率。而互联网的出现则促使物流行业发生了革命性的变化，基于互联网的及时准确的信息传递满足了物流系统高度集约化管理的信息需求，保证了物流网络和总部之间信息的充分共享。

（三）现代物流系统化趋势

物流系统化首先是要把物流的运输、储存、装卸、包装、配送、流通加工、物流信息作为一个系统来构造、组织和管理。物流各子系统的共同目的是物流的效率化，正是基于这个共同目的，才使得物流各职能紧密地连接在一起，并通过降低物流总体系统成本来实现一定的物流服务。

（四）仓储、运输的现代化与综合化趋势

在现代物流条件下，商品储存高度机械化、自动化和标准化。商品运输由单一的传统运输方式变成多种运输方式的组合，提高了运输效率，缩短了中间储存和中转时间，加速了商品流动，大大降低了运输成本，加快了商品使用价值的实现。以互联网为平台的信息流，极大地加快了物流信息的传递速度，为客户赢得了宝贵的时间，使货物运输环节、方式科学化和最佳化。

（五）物流、商流、信息流一体化趋势

现代物流以快节奏的商流和先进的信息流为基础，能够有效地减少对流动资金的挤占，加速资金周转，充分发挥资本的增值作用。货物流、商流、信息流的统一，更快、更优地满足了客户的个性化需求。

6.2 物流中心管理

物流活动是一个网状的运动，各活动之间相互交叉、相互作用。其网络结构的合理性同实际的运营效率直接相关，就像渔网的功能一样，抓大鱼用大网眼的渔网，抓小鱼用小网眼的渔网。

一、物流中心的功能

物流中心是指处于枢纽或重要地位、具有较完善的物流环节，并能实现物流集散和控制一体化运作的物流据点。物流中心是决定公司成败的战略性业务实体。从物流中心的选址，物流中心类型、规模的确定，物流中心功能设施的设计，到物流中心的经营管理模式的选择

等，都必须与市场环境和战略发展目标紧密相连。物流中心的建设是非常复杂的，需要进行系统的规划和详细的论证。

物流中心具有以下三个功能：

（1）衔接功能。物流中心将各个物流线路联结成一个系统，使各条线路通过节点变得更加贯通而不是互不相干，这种作用称为衔接作用。在物流未成系统化之前，不同线路的衔接有很大困难。例如，轮船的大量输送线和短途汽车的小量输送线这两者输送形态、输送装备都不相同，再加上运量的巨大差异，所以往往只能在两者之间长时间地中断后再逐渐实现转换，这导致两者不能贯通。物流中心利用各种技术的、管理的方法可以有效地发挥衔接作用，将中断转化为通畅。

（2）收集、处理、传输信息功能。物流中心是整个物流系统或与节点相接物流的信息传递、收集、处理、发送的集中地，这种信息作用在现代物流系统中起着非常重要的作用，也是复杂物流储存单元能联结成有机整体的重要保证。在现代物流系统中，每一个节点都是物流信息的一个点，若干个这种类型的信息点和物流系统的信息中心结合起来，便构成了指挥、管理、调度整个物流系统的信息网络。这也是一个物流系统建立的前提条件。

（3）管理功能。物流系统的管理设施和指挥机构往往集中设置于物流中心之中。实际上，物流中心大都是集管理、指挥、调度、信息、衔接及货物处理于一体的物流综合设施。整个物流系统运转的有序化和正常化、整个物流系统的效率和水平都取决于物流中心的管理职能实现的情况。

二、物流中心规划设计

物流中心的规划设计要素有物流中心布局与选址、物流中心规模设计、物流中心设施的规划、物流中心信息系统的规划设计，如图6.7所示。

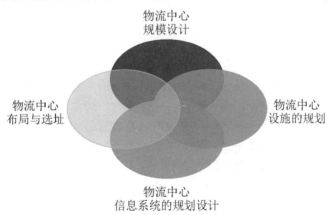

图6.7 物流中心的规划设计

（一）影响物流中心选址的因素

影响物流中心选址的因素有物流中心工商业发展水平、物流中心的物流量、交通运输状况、当地用地条件、从环境保护的角度出发，如图6.8所示。

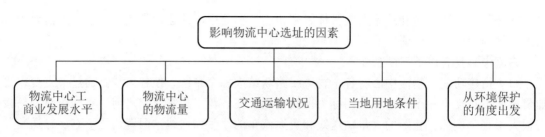

图 6.8　影响物流中心选址的因素

（1）物流中心工商业发展水平。工商企业是物流服务需求主体，如果工商业的发展水平高，则说明对物流服务的需求或潜在需求大。物流中心在此布局，一方面要考虑有助于促进当地工商业的发展，另一方面应便于吸引物流企业入驻，提高运营效益。这是判定物流中心类型的重要依据。

（2）物流中心的物流量。由于物流中心的建设投资大、周期长，所以物流中心的类型确定不仅要适应现在发展的需要，而且要适应将来发展的需要，所以物流量指标的取值应取近期、中期和远期的平均值。

（3）交通运输状况。物流中心作为物流诸要素活动的主要场所，为保证物流作业的顺畅进行，必须具有良好的交通运输条件，一般物流中心最好选在航空、铁路、公路和港口的交汇点。

（4）当地用地条件。物流中心的建设需要占用大面积的土地，所以土地价格的高低将直接影响物流中心的规模大小。有的区域鼓励物流企业的发展，对在当地建设物流中心予以鼓励支持，土地供应就相对容易，地价及地价以外的其他土地交易费用也可能比较低。

（5）从环境保护的角度出发。物流中心的设置需要考虑自然环境与人文环境保护等因素，尽可能降低对城市生活的干扰，尤其是大型的物流中心应尽量设置在远离市区的地方。

（二）物流中心的规模设计

一般根据市场总容量、发展趋势及竞争对手的状况，决定物流中心的规模。规模设定时应注意两个方面的问题：一是要充分了解社会经济发展的大趋势，地区、全国乃至世界经济发展的预测，预测范围包含中、长期内容；二是要充分了解竞争对手的状况，如生产能力、市场占有份额、经营特点、发展规划等。因为市场总容量是相对固定的，不能正确地分析竞争形势就不能正确地估计出自身能占有的市场份额。如果预测发生大的偏差，将导致设计规模过大或过小：估计偏低，将失去市场机遇或不能产生规模效益；估计偏高，将造成多余投资，从而使企业效率低下，运营困难。

> 相关知识

国外物流中心规模与服务能力

目前，国际上暂时还没有一套较为成熟的物流中心规模的确定方法，一般是通过横向对比国内外已有的物流中心建设规模的方法来确定新建物流中心的规模。

根据已存在的配送中心建设规模来看，就单个配送中心而言，一般用地规模均在 5 公顷以内；地方性配送中心多在 5 公顷以下；区域性配送中心用地规模多在 1~12 公顷，最大不超过 50 公顷。

从产品类型来看，大宗生产原料的配送中心用地规模较大，多在 5 公顷以上。不过，国外配送中心的占地规模并无特别严格和统一的标准，是由其所服务市场的需求量的大小、运输距离与费用及配送中心的规模经济等因素综合决定的，也与每个配送中心的空间服务范围、在商品配送网络中的地位、经营的产品类型等有关。近年来一些发达国家的配送中心建设向集中化和大型化方向发展。

物流货物处理能力还和物流中心处理的物流品种有关系，对于不同的物流商品，相应的物流中心处理能力也是不一样的。根据对美国物流中心建设情况的分析，一般食品及轻工业产品的物流处理能力较大宗生产资料的处理能力强一些。

（三）物流中心设施的规划

物流设施是指进行各项物流活动和物流作业所需要的设备与设施的总称。它既包括各种机械设备、器具等可供长期使用，并在使用中基本保持原有实物形态的物质资料，又包括运输通道、货运站场和仓库等基础设施。

设施规划与设计应根据系统的观念，运用系统分析的方法进行整体优化；减少或消除不必要的作业流程，在时间上缩短作业周期，在空间上少占用面积，在物料上减少停留、搬运和库存，以保证投入的资金最少、生产成本最低；作业地点的设计，实际是"人-机-环境"的综合设计，要考虑创造一个良好、舒适、安全的工作环境。

欧洲物流界认为"先进性"就是合理配备，能以较简单的设备、较少的投资，实现预定的功能。计算机管理信息系统、管理与控制软件的开发，要瞄准国际先进水平；而机械设备等硬件设施则要根据我国资金不足、人工费用便宜、空间利用要求不严格等特点，在满足作业要求的前提下，更多地选用一般机械化、半机械化的装备。譬如说，仓库机械化可以使用叉车或者与货架相配合的高位叉车；在作业面积受到限制，一般仓库不能满足使用要求的情况下，也可以考虑建设高架自动仓库。

物流中心的主要活动是物资的集散和进出，在进行设施规划设计时，环境条件非常重要。相邻的道路交通、站点设置、港口和机场的位置等因素，如何与中心内的道路、物流路线相衔接，形成内外一体、通畅的物流通道，这一点至关重要。

（四）物流中心信息系统的规划设计

物流信息系统一般包括七个信息管理子系统：需求管理系统（也可称为客户管理系统）、采购管理系统、仓库管理系统、财务管理和结算系统、配送管理系统、物流分析系统、决策支持系统。物流信息系统是高层次的活动，是物流系统中最重要的方面之一，涉及运作体制、标准化、电子化及自动化等方面的问题。由于网络技术的广泛应用，物流信息系统的发展有了一个坚实的基础，计算机技术、网络技术及相关的数据库、条码技术、EDI 等技术的应用使得物流活动中的人工、重复劳动及错误发生率减少，效率提高，信息流转加速，使物流管理发生了巨大变化。

物流中心的信息系统必须是对各类管理系统的有机整合与集成，建立相互之间的信息交换与传递，建立相应的功能链接，从而实现对物流中心业务的统筹运作与科学管理。物流中心信息系统的规划设计要求如图 6.9 所示。

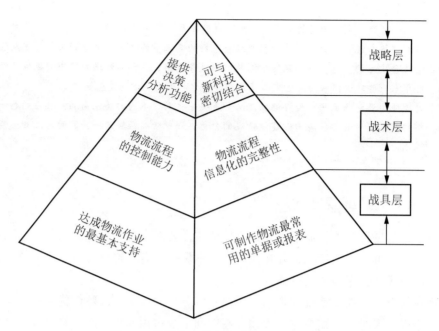

图 6.9 物流中心信息系统的规划设计要求

 6.3 物流配送管理

物流配送是指第三方物流供应商从商品供应者手中接收货物，进行货物配备与仓储，并按照消费者的要求，把商品送达消费者手中，以高水平实现销售和供应服务的过程。只有通过配送，才能使物流活动最终得以实现，而且配送活动增加了产品价值，还有助于提高企业的竞争力。

一、物流配送的流程

配送的一般流程为"备货→储存→分拣与配货→加工与配装→配送"，如图 6.10 所示。

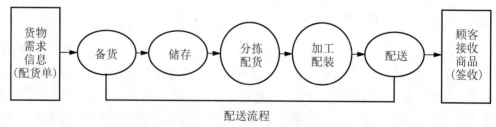

图 6.10 物流配送的基本流程

（一）备货

备货是物流配送的基础工作，包括筹集货源、订货或购货、进货和相关的质量检查、款项结算、单据交接等。物流配送的优势之一就是集中用户的需求进行一定规模的货物准备。备货是决定物流配送是否成功的初期工作，如果准备商品的成本太高，会大大降低物流配送的经济效益。

（二）储存

物流配送的储存有储备和暂存两种形态。物流配送储备是按一定时期的物流配送要求，形成对物流配送的一种资源保证。这种类型的商品储备数量大，结构完善。根据货源和到货时间，可以有计划地确定周转储备及安全储备的结构和数量。另一种储存形态是暂存，是指接到配送单执行配送时，按配送单要求，在暂存区放置的少量储存准备。暂时储备是对周转速度较快的商品进行储存的一种形态，是适应及时快速进行物流配送的方法。暂存可以减少作业次数和劳动力，节约成本。

（三）分拣与配货

分拣与配货是物流配送中很有特点的流程要素，也是物流配送成败的一项重要支持性工作。分拣与配货是完善物流配送的准备性工作，是物流配送的必不可少的作业之一，也是不同物流配送企业在配送时进行市场竞争和提高自身经济效益的延伸。分拣与配货会大大提高物流配送服务水平，是决定整个物流配送水平的关键要素。

（四）加工与配装

在物流配送中，加工要素不具有普遍性，但它往往是有重要作用的要素。通过配送加工，可以大大提高用户的满意程度。如果单个用户在交易中达成购买的商品数量不能达到配送车辆的有效载运负荷，就存在如何集中不同用户的订购商品，进行搭配装载以充分利用运能、运力的问题，这就需要配装。

（五）配送

配送处于物流流程的末端，是把商品送到目的地的最后一个环节。配送是较短距离、较小规模、频率较高的物流形式，一般使用汽车作为运输工具。配送中的城市运输由于配送用户较多，交通路线较复杂，所以如何设计最佳路线，如何使配装和路线有效搭配等，是配送中难度较大的工作。配送中的商品送达和用户交接非常重要，有效、方便地处理相关手续，是大有讲究的最末段管理。

二、物流配送方案设计

（一）配送方案设计的原则

配送方案需要满足客户需要，同时也要考虑企业成本，其设计原则如图 6.11 所示。

1. 适用性原则

这是针对物流配送设备是否具有运送货物的能力而言的，包括适应性和实用性。物流企业在选择运输设备时，要充分考虑到物流作业的实际需要，所选设备要符合货

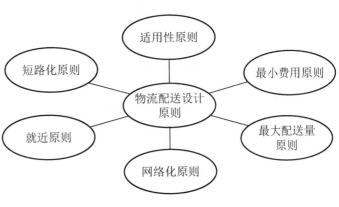

图 6.11 配送方案设计的原则

物的特性和货运量的大小,能够在不同的作业条件下方便、灵活地操作。实用性就涉及恰当选择设备功能的问题。物流设备并不是功能越多越好,因为在实际作业中,并不需要太多的功能,如果设备不能被充分利用,则造成资源和资金的浪费。同样,功能太少会导致物流企业的低效率,所以要根据实际情况,正确选择设备功能。

2. 最小费用原则

物流配送的目标是如何使用尽可能小的代价(费用)为用户提供尽可能好的服务。物流费用主要包括仓储作业费用、存货费用、运输费用、管理费用。物流各项费用之间存在一个背反的情况——其中某项费用的减少,会引起另一项费用的增加。因此,在配送方案设计中,需要在各方面费用之间权衡,使物流配送成本最低。

3. 最大配送量原则

充分利用资源,合理配置物流配送资源,通过优化安排仓储、运输、加工等环节的运作能力,达到最大配送量,是物流配送企业快速提升管理能力和市场竞争力的重要举措。同时,最大配送量是在合理成本的前提下达到的,信息共享是资源优化配置的关键。

4. 网络化原则

在无时空限制的网络交易条件下,市场无限扩大,任何一家物流企业都难以实现全市场、全方位的配送服务,必须实行物流业的整合,即网络化。其中包括物流配送的纵向整合和横向整合。

纵向整合是指把物流的各种功能,如储存、搬运、流通加工、配送、运输等整合成完整的物流系统,它是物流横向整合的基础。其中"信息瓶颈"是第三方物流发展中的主要屏障。横向整合是指物流企业必须采用联盟的方法,通过建立物流网站体系,充分发挥各业者的有效资源作用,化个别企业的服务行为为联盟整体的服务行为。也就是说,通过互联网实现网上业务委托、网上跟踪、网上车队、网上仓库、网上物流中心等功能,真正构成长途运输与短途配送相结合,专业配送与社会配送相结合,大批量、远距离运输与多品种、小批量、高频率配送相结合,各种功能的物流节点与输送网络相结合的综合物流网络体系。这种横向整合被称为"策略联盟",它需要信息技术的支撑,需要合同、协议等各种法律措施的保证。将互联网作为实现联盟的手段,把物流网络与互联网结合起来,可以形成网络化的配送体系。

5. 就近原则

就近原则是指物流配送节点的安排上,尽量接近服务的顾客群体,或者就近货源地,满足需要的应就近解决,以便既能及时满足用户需求,又能加快库存物资周转率。

6. 短路化原则

运输活动是物流配送系统中最重要的组成部分。通过运输活动,物流系统的各环节才能有机地连接起来,物流系统的目标才得以实现。合理的运输应当包括运距短、速度快、运费低等最佳的组织货物运输方式。这些因素的优劣大部分取决于运输线路的远近,因此,运输线路的优化成为物流配送中重要的环节。

(二)配送方案设计的方法

配送方案设计方法有多种,其中典型的设计方法如图 6.12 所示。

1. 模型法

模型法是指根据物流配送需求方的实际情况，经抽象化的数学处理后建立数学模型，对物流配送费用设定目标函数，利用各种数学方法求解，以确定最优的配送量和配送路线的方法。

图 6.12 物流配送方案设计方法

2. 流程法

流程法是指按照物流配送需求企业的物流流程逐步来设计物流配送方案，先规划企业的物流流程，再与物流流程相配套设计物流配送方案。这种方法以物流流程为基础，将物流流程的每个环节都纳入方案中。

3. 仿真法

仿真法是一种模拟方法，是指对具有物流配送需求的企业的物流配送系统进行系统模拟，用数值方法求解动态系统模拟的过程。这种方法从某个初始状态开始，按照物流时间的进程，一步一步地求解，最后得到一个物流系统特解。每一步计算的结果，都是实际流程中相应的一个时间点上的一种可能状态。仿真法也是一种系统方法，从整体效果出发考虑，比较适合于生产制造商的原材料物流配送方案设计，在第三方物流配送企业的方案设计中很少用仿真法。

（三）降低配送成本的策略

完成配送活动是需要付出代价的，即需要配送成本。对配送的管理就是在配送的目标满足一定的顾客服务水平与配送成本之间寻求平衡：在一定的配送成本下尽量提高顾客服务水平，或在一定的顾客服务水平下使配送成本最小。

1. 混合策略

混合策略是指配送业务一部分由企业自身完成，另一部分外包给第三方物流完成。合理安排企业自身完成的配送和外包给第三方物流完成的配送，能使配送成本最低。

2. 差异化策略

运用差异化策略，是因为产品特征不同，顾客服务水平也不同。当企业拥有多条产品线时，不能对所有产品都按同一标准的顾客服务水平来配送，而应按产品的特点、销售水平来设置不同的库存、不同的运输方式及不同的储存地点。

3. 合并策略

共同配送即合并运送，其目的在于将地域内随机发生且重叠运送的零星货物加以整合。合并策略包含两个层次，一是配送方法上的合并，二是共同配送。配送方法上的合并是指企业在安排车辆完成配送任务时，充分利用车辆的容积和载重量，做到满载满装，这是降低成本的重要途径。由于产品品种繁多，不仅包装形态、储运性能不一，而且在容重方面也往往相差甚远。车上如果只装容重大的货物，虽然达到了载重量，但容积空余很多；如果只装容重小的货物，看起来车装得满，但实际上并未达到载重量。这两种情况实际上都造成了浪费。实行合理的轻重、容积大小不同的货物搭配装车，不但在载重方面达到满载，而且充分利用了车辆的有效容积，可取得最优效果。共同配送是几个中小型配送中心之间的联合，如针对某一地区的用户，由于各配送中心所配物资数量少、车辆利用率低等原因，几个配送中心可将用户所需物资集中起来共同配送。

4. 延迟策略

延迟策略的基本思想就是对产品的外观、形状及其生产、组装、配送应尽可能推迟到接到顾客订单后再确定，一旦接到订单就要快速反应。因此，采用延迟策略的一个基本前提是信息传递要非常快。一般来说，实施延迟策略的企业应具备以下几个基本条件：

（1）产品特征。模块化程度高，产品价值密度大，有特定的外形，产品特征易于表述，定制后可改变产品的容积或重量。

（2）生产技术特征。模块化产品设计，设备智能化程度高，定制工艺与基本工艺差别不大。

（3）市场特征。产品生命周期短，销售波动性大，价格竞争激烈，市场变化大，产品的提前期短。

在配送中往往存在加工活动，所以实施配送延迟策略既可采用形成延迟方式，也可采用时间延迟方式。具体操作时，常常等到顾客下订单后才进行诸如贴标签（形成延迟）、包装（形成延迟）、装配（形成延迟）和发送（时间延迟）等操作。

5. 标准化策略

标准化策略就是尽量多地采用标准零部件、模块化产品。例如，汽车外形差异很大，但内部的零部件（如车门升降器、灯泡等）很多是通用的。采用标准化策略要求厂家从产品设计开始就要站在消费者的立场去考虑怎样节省配送成本，而不要等到产品定型生产出来后才考虑采用什么方式降低配送成本。

6.4 物流信息技术

【拓展视频】

物流信息（Logistics Information）是指反映物流各种活动内容的知识、资料、图像、数据、文件的总称。物流技术（Logistics Technology）是指物流活动中所采用的自然科学与社会科学方面的理论、方法设施、设备、装置与工艺的总称。在网络技术越来越发达的今天，物流技术中综合了许多现代信息技术，如条形码（Bar Code）技术、射频识别（Radio Frequency Identification，RFID）技术、EDI技术、全球定位系统（Global Positioning System，GPS）、地理信息系统（Geographic Information System，GIS）等。物流信息技术是指现代信息技术在物流领域各个作业环节中的应用。快速发展的网络技术的应用使物流信息技术达到了一个崭新的水平。

本节主要介绍条码技术、RFID技术、EDI技术、GPS/GIS技术等物流信息技术。

一、条形码技术

条形码技术是在计算机应用实践中产生和发展起来的一种自动识别技术，它是为了实现对信息的自动扫描而设计的，是实现快速、准确且可靠地采集数据的有效手段。条形码技术的应用解决了数据录入和数据采集的"瓶颈"问题，为供应链管理提供了有利的技术支持。

（一）条形码的结构

条形码简称条码，是由一组规则排列的条、空及其对应字符组成的，用以表示一定信息的标识。条形码中的一组黑白相间、粗细不同的条状符号隐含着数字信息、标志信息、符号信息等，主要用于表示商品的名称、产地、价格、种类，是国际通用的商品代码的表述方法。条形码中的条纹是由若干黑色条和白色空的单元组成，因为黑色条纹对光的反射率低而白色空对光的反射率高，加上条与空的宽度不同，使得扫描光线产生不同的反射接受效果，在光电转换设备上转换成不同的电脉冲，形成不同的电子信息。

一个完整的条形码结构组成次序依次为静空区（前）、起始符、数据符（中间分割符，主要用于 EAN 码）、校验符、终止符、静空区（后），如图 6.13 所示。

图 6.13　条形码的结构

（二）条形码应用的特点

在信息输入技术中，可采用的自动识别技术种类繁多。条形码作为其中一种图形识别技术，与其他识别技术相比具有以下特点：

（1）简单且易于制作，可印刷，被称为"可印刷的计算机语言"。条形码标签易于制作，对印刷技术设备和材料也无特别要求。

（2）信息采集速度快。普通计算机的键盘录入速度是每分钟 200 字符，而利用条码扫描录入信息的速度是键盘录入速度的 20 倍。

（3）采集信息量大。利用条形码扫描一次可以采集十几位字符的信息，而且可以通过选择不同码制的条形码增加字符密度，使录入信息量成倍增加。

（4）可靠性高。利用键盘录入数据，误码率为三百分之一；利用光学字符识别技术录入数据，误码率是万分之一；而采用条形码扫描录入数据，误码率仅为百万分之一，首读率可达 98% 以上。据统计，键盘录入平均每 300 个字符出现一个错误；而条形码录入平均每 15 000 个字符出现一个错误，如果加上校验位，误码率仅千万分之一。

（5）设备结构简单、成本低。与其他自动化识别技术相比，推广应用条形码技术所需费用较低。

（6）灵活、实用。条形码符号作为一种识别手段可以单独使用，也可以和有关设备组成识别系统实现自动化识别，还可和其他控制设备联合起来实现整个系统的自动化管理。同时，在没有自动识别设备时，条形码也可实现键盘录入。

（7）自由度大。识别装置与条形码标签相对位置的自由度要比光学字符识别技术（Optical Character Recognition，OCR）大得多。条形码通常只在一维方向上表达信息，而同一条形码上所表达的信息完全相同且连续，这样即使标签有部分缺欠，也可以从正常部分录入正确信息。

二、射频识别技术

射频识别（RFID）技术是无线电频率识别的简称，是从 20 世纪 80 年代兴起并逐渐走向成熟的一项自动识别技术。随着超大规模集成电路技术的发展，射频识别系统的体积大大缩小，应用越来越广泛。

（一）RFID 的组成和工作原理

1．RFID 的组成

从射频识别系统的工作原理来看，其一般由信号发射机、信号接收机、编程器、发射接收天线等部分组成。

（1）信号发射机。在射频识别系统中，信号发射机就是通常所说的标签，它由耦合元件及芯片组成，标签含有内置天线，用于存储需要识别传输的信息并和射频天线间进行通信。标签一般是带有线圈、天线、储存器与控制系统的集成电路。根据工作方式可分为主动式（有源）和被动式（无源）两大类。

（2）信号接收机。在射频识别系统中，信号接收机一般又称为阅读器或询问器，是对 RFID 标签进行读/写操作的设备。信号接收机主要包括射频模块和数字信号处理单元两部分，其功能是提供与标签之间进行数据传输的途径。

（3）编程器。具有可读写标签的系统才需要编程器，它是向标签写入数据的装置。

（4）发射接收天线。天线是 RFID 标签和读写器之间实现射频信号空间传播和建立无线通信连接的设备。RFID 系统中包括两类天线，一类是 RFID 标签上的天线，它已经和 RFID 标签集成为一体；另一类是读写器天线，既可以内置于读写器中，又可以通过同轴电缆与读写器的射频输出端口相连。

2．RFID 的工作原理

信号发射机（典型形式就是标签）进入磁场后，接收信号接收机（阅读器）发出的射频信号，凭借感应电流所获得的能力发送出储存在芯片中的产品信息（Passive Tag，无源标签或被动标签），或者主动发送某一频率的信号（Active Tag，有源标签）；阅读器读取信息并解码后，送至中央信息系统进行有关数据处理。其基本原理如图 6.14 所示。

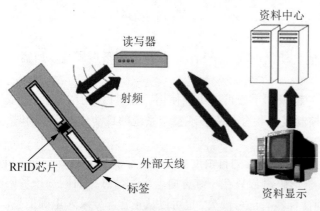

图 6.14　RFID 的工作原理

（二）RFID 在物流中的应用

（1）高速公路自动收费及交通管理。高速公路自动收费系统是 RFID 技术成功的应用之一。RFID 技术运用于高速公路的收费，可以实现不停车收取费用，车辆可以高速地通过收费站点而系统自动完成收费过程。RFID 技术应用在高速公路收费上，能充分体现它非接触识别的优势。

（2）门禁安保。运用 RFID 技术，可以调高检查效率，减少安保人数。

只要人们都佩戴了射频卡，出入的自动识别与非法闯入报警都能由系统完成。

三、电子数据交换技术

电子数据交换（EDI）技术是 20 世纪 80 年代发展起来的一种新颖的电子化贸易工具，是计算机、通信和现代管理技术相结合的产物。它通过计算机通信网络将贸易、运输、保险、银行和海关等行业信息，用一种国际公认的标准格式，实现各有关部门与企业之间的数据交换与处理，并完成以贸易为中心的全部过程。

（一）EDI 的构成

EDI 包含三个方面的内容，即计算机应用、通信网络和数据标准化。其中，计算机应用是 EDI 的条件，通信网络是 EDI 应用的基础，数据标准化是 EDI 的特征。这三方面相互衔接、相互依存，构成 EDI 的基础框架。EDI 系统工作原理的实现过程就是用户将相关数据从自己的计算机信息系统传送到有关交易方的计算机信息系统的过程，如图 6.15 所示。

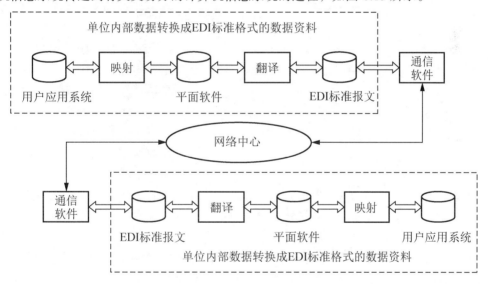

图 6.15　EDI 的工作原理

（二）EDI 在物流中的应用

EDI 在物流中的应用很广，它是现代物流中的重要发展方向，将商业或行政事务处理按照一个公认的标准，形成结构化的事务处理或报文数据格式，再从计算机到计算机的数据传输方法。现代物流中所用 EDI 的范围包括制造商、配送中心、运输商、批发商、零售商，具体应用于订购、进货、出货、送货、配送、对账、结账等业务，往来的数据交换单据主要有订单、出货单、催款单、对账单、收款凭证等。使用物流 EDI 的三个前提条件是：物流企业和供应商、零售商都拥有 EDI 信息系统；都有计算机的会计记录；它们之间建立了 EDI 的伙伴关系。

四、GPS/GIS 技术

（一）GPS 技术

全球定位系统（GPS）是由美国建设和控制的一组卫星所组成，24小时提供高精度的全球范围的定位和导航信息的系统。它是美国从20世纪70年代初在"子午仪卫星导航定位"技术上开始研制，到1994年建成，具有在海陆空进行全方位实时三维导航与定位能力的新一代卫星导航定位系统。它由24颗卫星组成全球定位、导航及授时系统，这24颗卫星分布在高度为20 000千米的6个卫星轨道上绕地球飞行，每条轨道上拥有4个卫星。在地球上任何地点、任何时候都可以同时接受来自4颗卫星的信号，也即GPS的卫星所发射的空间轨道信息覆盖着整个地球。

1．GPS 的组成

GPS由空间卫星系统、地面监控系统、用户接收系统三大子系统构成，如图6.16所示。

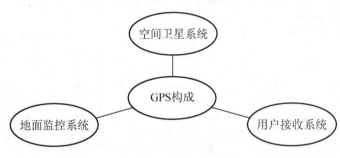

图 6.16　GPS 的组成

（1）空间卫星系统。GPS的空间卫星系统是由21颗工作卫星组成，它位于距地表20 200千米的上空，均匀分布在6个轨道面上（每个轨道面4颗），轨道倾角为55°。此外，还有3颗有源备份卫星在轨运行。这些卫星的分布使得在全球任何地方、任何时间都可观测到4颗以上的卫星，并能在卫星中预存导航信息。GPS的卫星因为大气摩擦等问题，随着时间的推移，导航精度会逐渐降低。

（2）地面监控系统。地面监控系统由监测站、主控制站、地面天线所组成。监测站的主要任务是对每颗卫星进行观测，精确测定卫星在空间的位置，定时向主控站提供观测数据；主控制站拥有大型电子计算机，接收各监测站的GPS卫星观测数据、卫星工作状态数据、各监测站和注入站自身的工作状态数据；地面天线负责收集由卫星传回的信息，并计算卫星星历、相对距离、大气校正等数据。

（3）用户接收系统。用户接收系统即GPS信号接收机，其主要功能是捕获到按一定卫星高度截止角所选择的待测卫星，并跟踪这些卫星的运行。当接收机捕获到跟踪的卫星信号后，就可测量出接收天线至卫星的伪距离和距离的变化率，解调出卫星轨道参数等数据。根据这些数据，接收机中的微处理计算机就可按定位解算方法进行定位计算，计算出用户所在地理位置的经纬度、高度、速度、时间等信息。接收机硬件、软件及GPS数据的后处理软件包构成完整的GPS用户设备。GPS接收机的结构分为天线单元和接收单元两部分。

2．GPS 在物流中的应用

（1）车辆跟踪。利用GPS和电子地图可以实时显示出车辆的实际位置，实现多车辆同时跟踪。通过跟踪，使物流运输三方都可对货运车辆进行全程控制，实时掌握运输过程中的货车位置、货物状态、行车轨迹等相关信息，提前完成相应工作安排。

（2）线路规划和导航。货物装车起运后，由司机确定起点和终点，系统自动规划出最佳行车路线，包括最快路线、最简单路线等，使货物快捷、准确地驶向目的地，可最大限度地降低货物运输费，从而大大提高物流运输配送效率。

（3）指挥调度。运输公司监控中心可随时与被跟踪目标通话，提供帮助。

（4）信息查询。货物运输过程中，司机可在电子地图上实时查询道路的准确位置、路面状况、沿途设施（如加油站、商店、旅店）等信息。同时，物流运输各方也能通过互联网技术，了解货物在运输过程中的具体细节，从而增强物流企业和货主之间的相互信任，提高物流企业的服务水平。

（5）紧急救援。通过GPS定位和监控管理系统，可以对遇有险情或发生意外事故的车辆进行紧急援助。监控中心的电子地图可显示求助信息和报警目标，从而快速规划出最优援助方案，由此保证行车安全，提高物流中心或企业的服务质量。

案例阅读

一家租车行的4辆轿车被两名男青年租走，还车期限过后两天车也没还，而且男青年留下的联系电话也打不通，这可急坏了租车行。"多亏车上装了GPS，通过GPS公司我们不仅将车追回，而且找到租车的两名男青年，前后只花了1个小时。"一家车行的李女士反映说，目前警方正在调查此事。

李女士介绍说，她是这家车行租车部的负责人，一周前两名男青年到店里租用了4辆马自达轿车，他们称租车一天，用来结婚使用，第二天会在约定时间将车还回来。办理完相关手续后，两名男青年将车开走。但到了次日交车时间，4辆轿车却迟迟未还，焦急的李女士拨打租车人的电话，但对方的电话却总是关机。此后一天，李女士反复与两名男青年进行联系，一直联系不上，无奈之下李女士只好向公安部门报警。在李女士一筹莫展时，一名员工告诉她，车行里的车辆都装备了一家公司的GPS定位系统，看能否通过GPS公司找回失踪车辆。男青年租车后的第三天下午3点，李女士与这家GPS公司取得联系。

"仅用了1个小时，GPS公司便为我们找到4辆租出的马自达轿车，这真是出乎我们的意料。"李女士说。这家GPS公司的经理介绍说，接到李女士所在车行求助电话后，他们立刻启动跟踪系统，4辆轿车的实时位置、行驶路线等信息通过卫星实时信号都显示在系统屏幕上。他们发现4辆轿车仍在当地，于是立即将此情况反映给公安部门，随后他们和办案民警一起赶到现场，当场查获失踪的4辆轿车和那两名租车的男青年。

（二）GIS技术

地理信息系统（GIS）是20世纪60年代人们在研究计算机图形学基础上发展起来的地理学研究成果，它是人类在生产实践活动中，为描述和处理相关地理信息而逐步产生的软件系统。20世纪90年代后，GIS在全球得到了迅速的发展，广泛应用于各个领域，产生了巨大的经济和社会效益。

1. GIS的组成

GIS由五个主要部分组成，包括计算机硬件设备、计算机软件系统、地理空间系统、组织管理人员和规范，如图6.17所示。

图 6.17 GIS 的组成

（1）计算机硬件设备。计算机硬件设备主要包括计算机和网络设备、存储设备、数据输入、显示和输出的外围设备等。它们为 GIS 系统提供运行环境，用于储存、处理、输入/输出数字地图及数据。

（2）计算机软件系统。计算机软件系统要包括操作系统软件、数据库管理软件、系统开发软件、GIS 软件等。它们负责执行系统的各项操作与分析的功能。一般根据 GIS 的功能可以将其分为：信息数据输入和处理软件，数据库管理系统，空间查询、分析与视觉化工具，数据输入软件。

（3）地理空间系统。地理空间系统是 GIS 系统中最重要的部件，它反映了 GIS 的管理内容，是系统的操作对象和原料。

（4）组织管理人员。系统的组织管理人员包括系统的建设管理人员和用户。管理人员的技术水平和组织管理能力是决定系统建设成败的重要因素。管理人员也是 GIS 系统设计、建库、管理、运行、分析决策处理问题的专门人员，是 GIS 系统中重要的组成部分。

（5）规范。规范是 GIS 的标准。成功的 GIS 系统具有良好的设计计划和本身的事务规律。对一个企业来说，规范是具体、独特的操作实践。

2．GIS 在物流中的应用

GIS 应用于物流领域分析，主要是指用 GIS 强大的地理数据功能来完善物流分析技术。完整的 GIS 物流分析软件集成了车辆路线模型、最短路径模型、网络物流模型、分配集合模型和设施定位模型等。

（1）车辆路线模型。车辆路线模型主要用来解决一个起始点、多个终点的货物运输中如何降低物流作业成本费用，并保证物流服务质量的问题，包括决定使用多少辆车、每辆车的行驶路线等。

（2）最短路径模型。简单来说，在一张网络图（如公路网）上面自己定义出发点和目标点，可以计算出从出发点到目标点的最短路径怎么走，可以生成物流路径。

（3）网络物流模型。网络物流模型一般用于解决寻求最有效的分配货物路径问题，也就是物流网点布局的问题。例如，将若干货物从 N 个仓库转移运往 M 个商店，每个商店都有固定的需求量，因此，需要确定由哪个仓库提货送给哪个商店的运输成本最低。

（4）分配集合模型。分配集合模型可以根据各个要素的相似点把同一层的所有或部分要素分为几个组，用以解决确定服务范围和销售市场范围等问题。例如，某公司要设立多个分销点，要求这些分销点要覆盖某一个地区，而每个分销点的顾客数量大概一致。

（5）设施定位模型。设施定位模型可以用于确定一个或多个设施的位置。在物流系统中，仓库和运输线路共同组成了物流网络，仓库处于网络的节点上，节点决定线路，可根据供求的实际需要，结合经济效益等原则进行考虑，在某一个区域设立一定数量的仓库，并确定仓库的位置和规模及仓库之间的物流关系等。

综合练习与实践

一、判断题

（1）同一行业的各个企业往往在经营上是竞争对手，但为了共同的利益，在物流领域中它们却又常常互相协作，共同促进物流系统的合理化。（　　）

（2）效益背反指的是物流的若干功能要素之间存在损益的矛盾，即某一个功能要素的优化和利益发生的同时，必然会存在另一个或另几个功能要素的利益损失；反之也如此，这是一种此消彼长。（　　）

（3）货物流、商流、信息流的统一，不仅不能满足客户的个性化需求，而且降低了物流效率。（　　）

（4）物流中心设施的"先进性"就是合理配备，能以最好、价格最高的设施设备实现预定的功能。（　　）

（5）最大配送量是在合理成本的前提下达到的，而信息共享是资源优化配置的关键。（　　）

二、单项选择题

（1）（　　）是生产经营企业为集中精力搞好主业，把原来属于自己处理的物流活动，以合同方式委托给专业物流服务企业，同时通过信息系统与物流企业保持密切联系，以达到对物流全程管理控制的一种物流运作与管理方式。

　　A. 第一方物流　　B. 第二方物流　　C. 第三方物流　　D. 第四方物流

（2）物流成本的（　　）也被称为物流冰山现象。

　　A. 隐蔽性　　B. 显著性　　C. 不可测性　　D. 可测性

（3）物流配送（　　）是指如何使用尽可能小的代价（费用）为用户提供尽可能好的服务。

　　A. 最大费用原则　　B. 最小费用原则　　C. 最优服务原则　　D. 最大配送量原则

（4）（　　）是由一组规则排列的条、空及其对应字符组成的，用以表示一定信息的标识。

　　A. 激光技术　　B. 射频识别　　C. 二维码　　D. 条形码

（5）利用（　　）和电子地图可以实时显示出车辆的实际位置，实现多车辆同时跟踪。

　　A. GGS　　B. GSS　　C. GIS　　D. GPS

三、多项选择题

（1）物流管理分为（　　）。

　　A. 物流控制　　B. 过程管理　　C. 控制要素管理　　D. 具体职能管理

（2）物流中心的功能有（　　）。

　　A. 连接功能　　B. 收集、处理、传输信息功能
　　C. 管理功能　　D. 设计的功能

（3）降低配送成本的方法有（　　）。

　　A. 混合策略　　B. 差异化策略　　C. 合并策略
　　D. 延迟策略　　E. 标准化策略

（4）RFID 技术主要应用在（　　）。

　　A. 高速公路自动收费及交通管理　　B. 望远镜
　　C. 商品条码　　D. 门禁安保

（5）GPS 由（　　）三大子系统构成。

　　A. 空间卫星系统　　　　　　B. 汽车
　　C. 地面监控系统　　　　　　D. 用户接受系统

四、简答题

（1）物流的概念、分类是怎样的？
（2）按照功能要素分类的物流管理内容有哪些？
（3）物流中心规划设计的影响因素有哪些？
（4）简述配送的基本流程。

五、技能实训

体会物流过程的小游戏——物流大亨。

物流大亨是风靡全球的网络小游戏，通过鼠标控制物品的流向，将货物运送往正确的地方，送货地点正确得分，送货地点错误不得分。

攻略说明：

你要控制太多的货物，有的运往码头，有的运往机场，而你的协调是保证这些运输正确的希望。使用鼠标控制物品的流向，作为一个合格的运输大亨，越到后面越会手忙脚乱。

物流大亨小游戏单机版下载：

可免费在线游戏，也可百度搜索"物流大亨"，进入游戏页面的下载按钮，出现单机版物流大亨小游戏的下载页面，单击【文件】→【文件另存为】→【选择本地磁盘】→【保存】完成单机物流大亨小游戏下载，如图 6.18 所示。

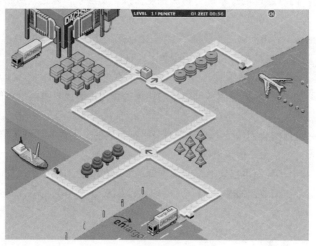

【在线答题】

【拓展视频】

图 6.18　物流大亨游戏界面

第 7 章

新产品开发管理

  【学习目标】

通过本章的学习,学生应了解新产品开发的基本程序,掌握产品生命周期的概念及不同寿命周期阶段应采取的不同营销策略,清楚新产品开发的方式及评价方法,了解价值工程的实施过程。

  【学习要求】

知识要点	能力要求	相关知识
新产品	(1) 掌握新产品的概念 (2) 掌握新产品的分类	
产品生命周期	(1) 了解产品生命周期的概念 (2) 理解产品生命周期四个阶段的特点 (3) 掌握产品生命周期四个阶段的营销策略 (4) 了解产品生命周期的意义	突破产品生命周期五大法宝
产品组合策略	(1) 了解产品组合的几个相关概念 (2) 掌握产品组合的调整策略	系列产品组合经典案例
新产品开发程序和开发计划	(1) 了解新产品开发的七大步骤 (2) 掌握新产品的方式	如何做好产品开发计划
新产品开发评价和价值工程	(1) 理解产品开发的评价目的及手段 (2) 了解价值工程的实施过程	新产品评价的方法

【案例导入】

养儿难，新产品开发更难。每天市场上都有新产品层出不穷地面市，许多公司也凭借新产品的推出获得了市场优势，但实际数据却是血淋淋的，每年上市的新产品中大多数都以失败告终。面对新产品开发，众多企业几乎都会面临一个尴尬的情况：不推新产品，等死；推出新产品，找死。一些企业甚至抱着赌一把的心态来开发新产品。难道新产品开发就没有秘诀吗？下面就介绍一个成功开发新产品的故事，看看对我们有哪些深刻启示。

一切还要从一次企业家座谈会说起，当时柳州市糖果二厂厂长江某向上级领导汇报企业的发展状况，并坦言企业存在产品结构不合理、假冒产品屡屡侵权和规模效应不强等几大难题。讲到动情处，江某止不住泪水。受到江某的情绪感染，上级领导当即给她指点迷津，并语重心长地说："搞高科技产品是一条路，但高科技产品不是一般企业随便模仿得了的。要走这条路，可以去上海与大专院校科研部门交朋友，只要产学研一旦结合起来，就会形成令人难以想象的能量。"虽然上级领导没有现场办公，也没下达什么具体解决企业困难的指令，但座谈会上的一席话却给了江某一件无价之宝——新产品开发秘诀。江某的经营思路受到启发，后来糖果二厂打破常规，果然跳出了糖厂制糖的局限，"大胆假设，小心求证"，立足于广西的糖业优势，倾注心力，独辟蹊径。最终，江某在上海华东师范大学找到了"贵人"——生物学家王教授。王教授发现柳州糖果二厂的一款润喉糖中有桉油、薄荷等成分。这款产品其实是江某在美国参观时发现西方人都喜欢吃清凉糖润喉咙后仿制的一款新产品，但这款产品的销量并不尽如人意，江某也不清楚消费者对这款产品的真实想法。在王教授看来，这款新产品只是简单把桉油和薄荷加在一起，不能根本解决喉咙干燥的问题，在药理上有缺陷。恰好王教授自己正在研究一个配方，专治慢性咽喉炎，润喉糖启发了他，他想用药来改造润喉糖。自此，江某与王教授共同开发出一款新产品——金嗓子喉宝，探索出了一条崭新的高校与企业联姻、科研与生产实践紧密结合的产品研发新路子。

金嗓子喉宝成功的真正原因并非只是上级领导的仙人指路，找到王教授这样的贵人，意义更在于金嗓子喉宝找到新产品开发的秘诀，找到营销创新与品牌化运作的方式。

金嗓子喉宝上市之初，咽喉含片市场已经过数年的广告大战，各品牌均已确立市场地位，如西瓜霜润喉片、草珊瑚含片、健民咽喉片等已占有市场的大部分份额，在医院与药店的地位稳固，也控制着医药公司传统的销售渠道。虽然新产品层出不穷，但都未能撼动它们的统治地位，只能如流星般退出市场或占据很小的市场份额。

这时，如果金嗓子喉宝仍按旧的营销思维定式，依靠传统的医药销售渠道与终端，它这样一种由糖果厂做的保健润喉糖是无法与老牌药厂面对面进行直接竞争的，搞不好销路还没打开，有限的血本就已经赔光。

面对营销困境，金嗓子喉宝独辟独辟蹊径，既当药卖又当糖卖，把金嗓子喉宝作为一种居家旅行、治疗轻微咽喉疾病的非处方药物，使用类似于日用品。随着国民生活水平的提高，消费者日益倾向于主动参与维护自己的健康，而不是被动接受医生治疗。另外，咽喉含片的目标消费群体中相当部分对于咽喉小病都怕麻烦，不愿进医院开处方。对此，金嗓子喉宝建立了高效能、便利性的营销通路，在旅游点、机场、车站、商场、药店、各类便利店随处可见。除药店外，金嗓子喉宝的通路建设与各类小食品相近，渗透到千家万户。

所以，在新产品开发与营销创新上，一定要记住：爱你的人永远都会有，只是你没发现。当你的产品老化，就要找到你的新欢，满足消费者的新需求；新产品在研发阶段，就要时刻想着你的目标消费者是谁。

7.1 新产品概述

在现代社会,消费者的需求不断发生变化,技术也在迅速发展,产品生命周期则相应逐渐缩短。不仅顾客需要新产品,为了保持或提高销售,企业也需要积极寻找、发展新产品。

一、新产品的概念

对新产品的定义可以从企业、市场和技术三个角度进行。对企业而言,第一次生产销售的产品都叫新产品;对市场来讲则不然,只有第一次出现的产品才叫新产品;从技术方面看,在产品的原理、结构、功能和形式上发生了改变的产品叫新产品。营销学上新产品的概念包括这三个方面的成分,但更注重消费者的感受与认同,它是从产品整体性概念的角度来定义的。凡是产品整体性概念中任何一部分的创新、改进,能给消费者带来某种新的感受、满足和利益的相对新的或绝对新的产品,都叫新产品。

二、新产品的分类

（一）从市场角度和技术角度分类

从市场角度和技术角度分类,新产品可分为市场型新产品和技术型新产品两类,如图 7.1 所示。

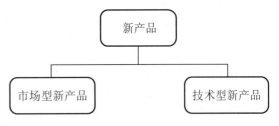

图 7.1　新产品从市场角度和技术角度分类

（1）市场型新产品。是指产品实体的主体和本质没有什么变化,只改变了色泽、形状、设计装潢等的产品,不需要使用新的技术。其中也包括因营销手段和要求的变化而引起消费者"新"的感觉的流行产品。例如,某种酒瓶由圆形改为方形或其他异形,也被认为是市场型的新产品。

（2）技术型新产品。是指由于科学技术的进步和工程技术的突破而产生的新产品。不论是功能还是质量,技术型新产品与原有的类似功能的产品相比都有了较大的变化。例如,不断翻新的手机或电视机,都属于技术型的新产品。

（二）按新颖程度分类

按新颖程度分类,新产品可分为全新新产品、换代新产品、改进新产品、仿制新产品和新牌子产品,如图 7.2 所示。

图 7.2　新产品按新颖程度分类

（1）全新新产品。是指采用新原理、新材料及新技术制造出来的前所未有的产品。全新新产品是应用科学技术新成果的产物，它往往代表科学技术发展史上的一个新突破。它的出现，从研制到大批量生产，往往需要耗费大量的人力、物力和财力，这不是一般企业所能胜任的。因此，它是企业在竞争中取胜的有力武器。

（2）换代新产品。是指在原有产品的基础上采用新材料、新工艺制造出的适应新用途、满足新需求的产品。它的开发难度较全新新产品小，是企业进行新产品开发的重要形式。

（3）改进新产品。是指在材料、构造、性能和包装等某一个方面或几个方面，对市场上现有产品进行改进，以提高质量或实现多样化，满足不同消费者需求的产品。它的开发难度不大，也是企业产品开发经常采用的形式。

（4）仿制新产品。是指对市场上已有的新产品在局部进行改进和创新，但保持基本原理和结构不变而仿制出来的产品。落后国家对先进国家已经投入市场的产品的仿制，有利于填补国家生产空白，提高企业的技术水平。在生产仿制新产品时，一定要注意知识产权的保护问题。

（5）新牌子产品。是指在对产品实体微调的基础上改换产品的品牌和包装，带给消费者新的消费利益，使消费者得到新的满足的产品。

（三）按区域特征分类

按新产品的区域特征分类，新产品可分为国际新产品、国内新产品、地区新产品和企业新产品，如图 7.3 所示。

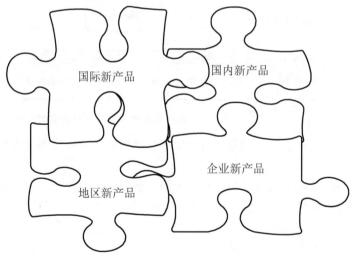

图 7.3　新产品按区域特征分类

（1）国际新产品。是指在世界范围内首次生产和销售的产品。

（2）国内新产品。是指在国外已经不是新产品，但在国内还是第一次生产和销售的产品。它一般为引进国外先进技术，填补国内空白的产品。

（3）地区新产品和企业新产品。是指国内已有，但本地区或本企业第一次生产和销售的产品。它是企业经常采用的一种产品开发形式。

三、新产品开发的作用

当今时代，唯一不变的事情就是变化。创新已成为时代发展的主旋律，大多数企业销售收入的 1/3 来自新产品及新服务。对企业而言，开发新产品具有重要的战略意义，它是企业生存和发展的重要支柱。具体来看，新产品开发对企业的重要性主要体现在以下几个方面：

（1）有利于促进企业成长。一方面，企业可以从新产品中获取更多的利润；另一方面，推出新产品比利用现有产品能更有效地提高市场份额。利润和市场份额是企业追求的两个重要目标，它们的增加和提高能帮助企业不断地发展。

（2）可以维护企业的竞争优势和竞争地位。为拥有消费者，占有市场份额，企业会运用各种方式和手段来获得竞争优势。开发新产品是当今企业加强自身竞争优势的重要手段。

（3）有利于充分利用企业的生产和经营能力。当企业的生产、经营能力有剩余时，开发新产品是一种有效地提高其生产和经营能力利用率的手段。因为在总的固定成本不变的情况下，开发新产品会使产品成本降低，也会提高企业的资源利用率。

（4）有利于企业更好地适应环境的变化。在社会经济快速发展的今天，企业面临的各种环境条件也不断发生变化。这预示着企业的原有产品可能会衰退，企业必须寻找合适的替代产品，这就导致了对新产品进行研究与开发。

（5）有利于加速新技术、新材料、新工艺的传播和应用。

四、新产品开发的程序

不同行业的生产条件与产品项目不同，管理程序也有所差异。开发新产品通常要经历几个阶段：产品构思、筛选、产品初步设计、可行性研究、试制和鉴定、试销、正式投产和上市。一般新产品开发管理的程序大致如图 7.4 所示。

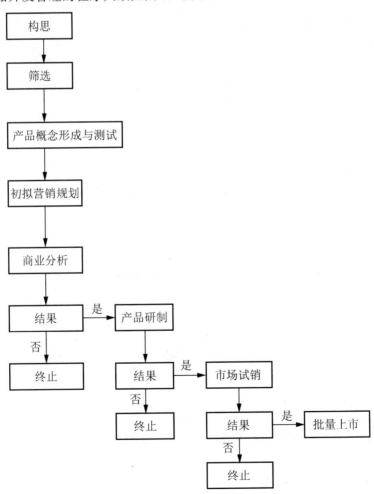

图 7.4 新产品开发管理的程序

（一）产品构思

产品构思又称创意，是指对新产品的设想。产品构思的内容包括产品使用目的、基本功能、产品大致轮廓和大概制造方法等。市场需求是开发新产品的出发点，产品构思来自与市场有关的几个方面：一是用户；二是销售者；三是科技人员。产品构思的其他一些来源包括中间商人、企业生产人员和管理人员，乃至竞争对手。

（二）筛选

在筛选时必须考虑两个重要因素：一是构思的新产品是否符合企业的目标，如利润目标、销售稳定目标、销售增长目标和企业总体营销目标等；二是企业是否具备足够的实力来开发所构思的新产品，这种实力包括经济和技术两个方面。

（三）产品初步设计

产品构思抽象地提出了开发新产品的方向和途径。构思虽经筛选但仍是抽象产品，把抽象产品具体化，需要从原理、结构、外形、性能等方面，对筛选出来的产品构思进行初步的产品设计，以达到产品构思所提出的目标。

（四）可行性研究

在产品初步设计的基础上，对新产品方案进行可行性研究，是进一步决定产品取舍的重要环节。

（五）试制和鉴定

新产品实体开发主要解决产品构思能否转化为在技术上和商业上是可行的产品这一问题。它是通过对新产品实体的设计、试制、测试和鉴定来完成的。

（六）试销

新产品的试销是指将经过鉴定的样品投入少量生产，按企业所制定的营销策略将产品小范围投放市场，以观测用户的反映，并及时收集用户的反馈意见，对新产品做进一步的改进后再试销。这个过程有时要反复多次。

（七）正式投产和上市

新产品经过试销获得成功后，企业就可将产品正式投入大批量生产。正式投产不仅需要大量资金，而且企业还应注意上市的时间、地点及市场营销策略。

五、新产品开发的基本方式

针对不同的新产品和企业研究与开发（Research and Development，R&D）能力，可以选择不同的新产品开发方式。

（一）独自研制

独自研制是指依靠企业自身的力量独立进行新产品的研究与设计。通过这种方式开发的新产品一般是改进型或创新型产品。独自研制方式是一种独创型的新产品开发策略，目的是发展有本企业特色的新产品，使产品在一段时间内处于垄断地位，形成独特的市场优势，同时还可以锻炼和提高企业的科研与开发能力。但是，新产品的开发需要从探讨产品的原理与结构、新材料、新技术开始，需要很雄厚的实力，同时风险也较大。

（二）联合开发

这种方式是指将企业内外技术力量结合起来开发新产品，如从社会上请专家、教授、研究员、工程师等来企业进行技术指导、审查设计方案；或与科研单位、大专院校组成联合设计小组，共同攻关；或组成各种形式的科研-生产联合体，共同开发新产品等。实践证明，这种联合开发的形式，是开发新产品的一种有效方式。

（三）技术引进

这种方式是指通过与外商进行技术合作或补偿贸易，向国外购买专利技术、关键设备等，引进比较先进和成熟的新技术进行产品开发。其优点是能够利用有限的资金和技术力量，较快地掌握先进的生产技术，缩短与国外产品的技术差距，提高企业的竞争能力，也有利于进入国际市场。但是，由于这种产品的市场往往已被别人率先占领，技术引进的代价也较高，所以要有选择地重点引进，引进较为先进并能对本企业生产技术水平的提高具有推动和启发作用的技术，然后与本国或本企业的科研成果相结合，创造出技术先进的新产品，这样才有利于对引进技术进行消化和进一步研究，更好地发挥引进技术的作用。

（四）仿制方式

这种方式是指按照样品仿制国内外的新产品，它是迅速赶上竞争者的一种有效的开发新产品的形式。其优点是仿制费用低，成功率高；其缺点是上市落后一步，市场占有率较领先发展新产品的企业要低。但是，如果能在仿制时有所创新，则可收到后发制人的功效。这种方式的运用要注意不能违反有关产品专利权和其他知识产权的法规。

（五）改进老产品

这种方式是指在现有的老产品的基础上，根据市场调查的资料，对其性能、质量、结构等方面进行有计划、有步骤的改进。这种方式投资少、见效快，是企业进行产品更新的主要方式。

 7.2 产品生命周期

一种产品进入市场后，它的销售量和利润都会随时间推移而改变，呈现一个由少到多再由多到少的过程，就如同人的生命一样，从诞生、成长到成熟，最终走向衰亡。这就是产品的生命周期现象。

一、产品生命周期的概念

产品生命周期（Product Life Cycle，PLC）即产品的市场寿命，是指产品从进入市场开始，直到最终退出市场为止所经历的市场生命循环过程。产品只有经过研究开发、试销，然后进入市场，它的市场生命周期才算开始。产品退出市场，则标志着生命周期的结束。产品生命周期曲线图如图 7.5 所示。

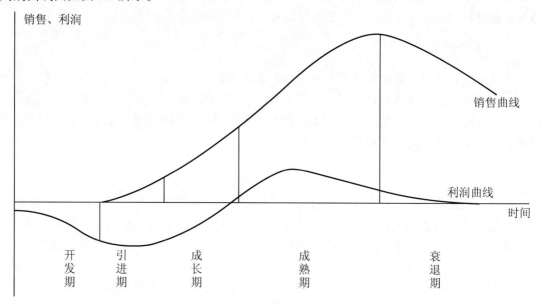

图 7.5　产品生命周期曲线图

二、产品生命周期各阶段的特点

（一）产品生命周期阶段的划分

典型的产品生命周期一般可分为四个阶段，即引进期（介绍期）、成长期、成熟期和衰退期。产品生命周期不同阶段及其特征见表 7-1。

表 7-1　产品生命周期不同阶段及其特征

项　　目	引进期（介绍期）	成长期	成熟期		衰退期
			前　　期	后　　期	
销售量	低	快速增大	继续增长	有降低趋势	下降
利润	微小或负	大	高峰	逐渐下降	低或负
购买者	爱好新奇者	较多	大众	大众	后随者
竞争	甚微	兴起	增加	甚多	减少

（1）引进期（介绍期）。新产品一经投入市场，便进入引进期。此时，顾客对产品还不了解，只有少数追求新奇的顾客可能购买，销售量很低。为了扩展销路，需要大量的促销费用对产品进行宣传。在这一阶段，由于技术方面的原因，产品不能大批量生产，所以成本高，销售额增长缓慢，企业不但得不到利润，反而可能亏损，产品也有待进一步完善。

（2）成长期。这时顾客对产品已经熟悉，大量的新顾客开始购买，市场逐步扩大。在这一阶段，产品大批量生产，生产成本相对降低，企业的销售额迅速上升，利润也迅速增长。竞争者看到有利可图，将纷纷进入市场参与竞争，使同类产品供给量增加，价格随之下降，企业利润增长速度逐步减慢,最后达到生命周期利润的最高点。

(3)成熟期。市场需求趋向饱和,潜在的顾客已经很少,销售额增长缓慢直至转而下降,标志着产品进入了成熟期。在这一阶段,竞争逐渐加剧,产品售价降低,促销费用增加,企业利润下降。

(4)衰退期。随着科学技术的发展,新产品或新的替代品出现,将使顾客的消费习惯发生改变而转向其他产品,从而使原来产品的销售额和利润额迅速下降,产品进入了衰退期。

(二)产品生命周期的其他形态

产品生命周期是一种理论抽象,在现实经济生活中,并不是所有产品的生命历程都完全符合这种理论形态。除了图 7.5 中正态分布曲线,产品生命周期还有以下几种形态,如图 7.6 所示。

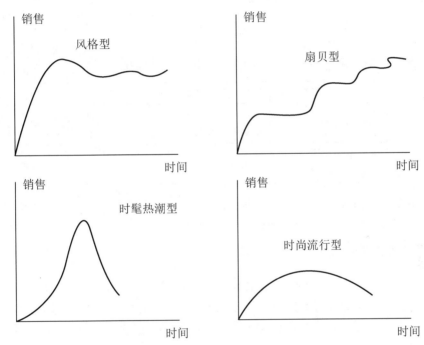

图 7.6　产品生命周期的其他形态

(1)风格型。也称再循环形态,是指产品销售进入衰退期后,由于种种因素的作用而进入多个成长阶段。这种风格型生命周期是市场需求变化或厂商投入更多促销费用的结果。

(2)扇贝型。也称多循环形态运动曲线或波浪形循环形态,是指在产品进入成熟期以后,厂商通过制定和实施正确的营销策略,使产品销售量不断达到新的高潮。

(3)非连续循环形态。大多数时尚流行型商品、时髦热潮型商品都属于非连续循环,这些产品一上市即热销,而后很快在市场上销声匿迹。厂商既无必要也不愿意做延长其成熟期的任何努力,而是等待下一周期的来临。

三、产品生命周期各阶段的营销策略

典型的产品生命周期的四个阶段呈现出不同的市场特征,企业相应的营销策略也就以各阶段的特征为基点来制定和实施。产品生命周期各阶段的营销策略见表 7-2。

表 7-2　产品生命周期各阶段的营销策略

阶　　段		引进期	成长期	成熟期	衰退期
特征	销售额	低	快速增长	缓慢增长	衰退
	利润	易变动	顶峰	下降	低或无
	现金流量	负数	适度	高	低
	顾客	创新使用者	大多数人	大多数人	落后者
	竞争者	稀少	渐多	最多	渐少
策略	策略重心	扩张市场	渗透市场	保持市场占有率	提高生产率
	营销支出	高	高（但百分比下降）	下降	低
	营销重点	产品知晓	品牌偏好	品牌忠诚度	选择性
	营销目的	提高产品知名度及产品试用	追求最大市场占有率	追求最大利润及保持市场占有率	减少支出及增加利润回收
	分销方式	选择性的分销	密集式	更加密集式	排除不合适、效率差的渠道
	价格	成本加成法策略	渗透性价格策略	竞争性价格策略	削价策略
	产品	基本型为主	改进品，增加产品种类及服务保证	差异化，多样化的产品及品牌	剔除弱势产品项目
	广告	争取早期使用者，建立产品知名度	大量营销	建立品牌差异及利益	维持品牌忠诚度
	销售追踪	大量促销及产品试用	利用消费者需求增加	鼓励改变采用公司品牌	将支出降至最低

（一）引进期市场营销策略

引进期的特征是产品销量少，促销费用高，制造成本高，销售利润很低甚至为负值。根据这一阶段的特点，企业应努力做到：投入市场的产品要有针对性；进入市场的时机要合适；设法把销售力量直接投向最有可能的购买者，使市场尽快接受该产品，以缩短引进期，更快地进入成长期。

在产品的引进期，一般可以由产品、分销、价格、促销四个基本要素组合成各种不同的市场营销策略。仅将价格高低与促销费用高低结合起来考虑，就有下面四种策略：

（1）快速撇脂策略。以高价格、高促销费用推出新产品。实行高价策略可在每单位销售额中获取最大利润，尽快收回投资；高促销费用能够快速建立知名度，占领市场。实施这一策略须具备以下条件：产品有较大的需求潜力；目标顾客求新心理强，急于购买新产品；企业面临潜在竞争者的威胁，需要及早树立品牌形象。一般来说，在产品引进期，只要新产品比替代的产品有明显的优势，市场对其价格就不会那么计较。

（2）缓慢撇脂策略。以高价格、低促销费用推出新产品，目的是以尽可能低的费用开支求得更多的利润。实施这一策略的条件是：市场规模较小；产品已有一定的知名度；目标顾客愿意支付高价；潜在竞争的威胁不大。

（3）快速渗透策略。目的在于先发制人，以最快的速度打入市场，取得尽可能大的市场占有率。然后，随着销量和产量的扩大，使单位成本降低，取得规模效益。实施这一策略的条件是：该产品市场容量相当大；潜在消费者对产品不了解，且对价格十分敏感；潜在竞争较为激烈；产品的单位制造成本可随生产规模和销售量的扩大迅速降低。

（4）缓慢渗透策略。以低价格、低促销费用推出新产品。低价可扩大销售，低促销费用可降低营销成本，增加利润。这种策略的适用条件是：市场容量很大；市场上该产品的知名度较高；市场对价格十分敏感；存在某些潜在的竞争者，但威胁不大。

（二）成长期市场营销策略

新产品经过市场引进期以后，消费者对该产品已经熟悉，消费习惯业已形成，销售量迅速增长，这种新产品就进入了成长期。进入成长期以后，老顾客重复购买，并且带来了新的顾客，销售量激增，企业利润迅速增长，在这一阶段利润达到高峰。随着销售量的增大，企业生产规模也逐步扩大，产品成本逐步降低，新的竞争者会投入竞争。随着竞争的加剧，新的产品特性开始出现，产品市场开始细分，分销渠道增加。企业为维持市场的继续成长，需要保持或稍微增加促销费用，但由于销量增加，平均促销费用有所下降。针对成长期的特点，企业为维持其市场增长率，延长获取最大利润的时间，可以采取下面四种策略：

（1）改善产品品质。可采用增加新的功能、改变产品款式、发展新的型号、开发新的用途等方法。对产品进行改进，可以提高产品的竞争能力，满足顾客更广泛的需求，吸引更多的顾客。

（2）寻找新的细分市场。通过市场细分，找到新的尚未满足的细分市场，根据其需要组织生产，迅速进入这一新的市场。

（3）改变广告宣传的重点。把广告宣传的重心从介绍产品转到建立产品形象上来，树立产品名牌，维系老顾客，吸引新顾客。

（4）适时降价。在适当的时机，可以采取降价策略，以激发那些对价格比较敏感的消费者产生购买动机并且采取购买行动。

（三）成熟期市场营销策略

进入成熟期以后，产品的销售量增长缓慢，逐步达到最高峰，然后缓慢下降；产品的销售利润也从成长期的最高点开始下降；市场竞争非常激烈，各种品牌、各种款式的同类产品不断出现。

对成熟期的产品，宜采取主动出击的策略，使成熟期延长，或使产品生命周期出现再循环。为此，企业可以采取以下三种策略：

（1）市场调整。这种策略不是要调整产品本身，而是发现产品的新用途、寻求新的用户或改变推销方式等，以使产品销售量得以扩大。

（2）产品调整。这种策略是通过产品自身的调整来满足顾客的不同需要，吸引有不同需求的顾客。整体产品概念的任何一次的调整都可视为产品再推出。

（3）市场营销组合调整。通过对产品、定价、渠道、促销四个市场营销组合因素加以综合调整，刺激销售量回升，常用的方法有降价、提高促销水平、扩展分销渠道和提高服务质量等。

（四）衰退期市场营销策略

衰退期的主要特点是：产品销售量急剧下降；企业从这种产品中获得的利润很低甚至为

零;大量的竞争者退出市场;消费者的消费习惯已发生改变;等等。面对处于衰退期的产品,企业需要进行认真的研究分析,决定采取什么策略、在什么时间退出市场,通常有以下四种策略可供选择:

(1)继续策略。继续沿用过去的策略,仍按照原来的细分市场,使用相同的分销渠道、定价及促销方式,直到这种产品完全退出市场为止。

(2)集中策略。将企业能力和资源集中在最有利的细分市场和分销渠道上,从中获取利润。这样有利于缩短产品退出市场的时间,同时又能为企业创造更多的利润。

(3)收缩策略。抛弃无希望的顾客群体,大幅度降低促销水平,尽量减少促销费用,以增加目前的利润。这样可能导致产品在市场上的衰退加速,但也能从忠实于这种产品的顾客身上得到利润。

(4)放弃策略。对于衰退比较迅速的产品,应该当机立断,放弃经营。可以采取完全放弃的形式,如把产品完全转移出去或立即停止生产;也可采取逐步放弃的方式,使其所占用的资源逐步转向其他的产品。

四、产品生命周期理论的意义

(1)产品生命周期理论揭示了任何产品都和生物有机体一样,有一个从"诞生→成长→成熟→衰亡"的过程,需要不断创新,开发新产品。

(2)借助产品生命周期理论,可以分析判断产品处于生命周期的哪一阶段,推测产品今后发展的趋势,正确把握产品的市场寿命。同时,根据不同阶段的特点,采取相应的市场营销组合策略,增强企业竞争力,提高企业的经济效益。

(3)产品生命周期是可以延长的。

7.3 产品组合策略

新产品的开发,不仅仅是有新的物品出来,将各种相关产品进行组合,同样能达到创新的目的,从而实现营销目标,有效地满足目标市场的需求。

一、产品组合及相关概念

(一)产品组合、产品线和产品项目

产品组合是指企业提供给市场的全部产品线和产品项目的组合或结构,即企业的业务经营范围。产品线是指产品组合中的某一产品大类,是一组密切相关的产品,如以类似的方式发挥功能、售给相同的顾客群、通过同样的销售渠道出售、属于同样的价格范畴等。产品项目是指产品线中不同品牌和细类的特定产品。例如,商场自选采购中心经营家电、百货、鞋帽、文教用品等,这就是产品组合;而其中"家电"或"鞋帽"等大类就是产品线;每一大类里包括的具体品种、品牌就是产品项目。

(二)产品组合的宽度、长度、深度和关联度

产品组合包括四个衡量变量,即宽度、长度、深度和关联度。产品项目是衡量产品组合

各种变量的一个基本单位,即产品线内的不同品种和同一品种的不同品牌,如同一品种有三个品牌即为三个产品项目。产品组合相关概念的示意图如图 7.7 所示。

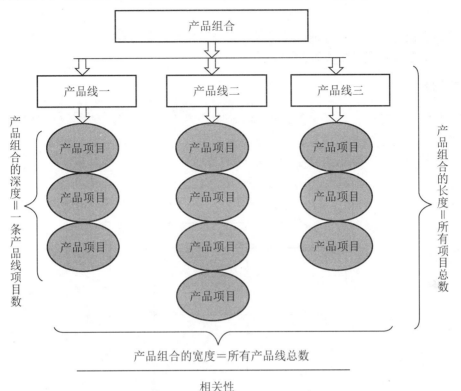

图 7.7　产品组合相关概念示意图

（1）产品组合的宽度是指产品组合中所拥有的产品线数目。

（2）产品组合的长度是指产品组合中产品项目的总数,以产品项目总数除以产品线数目即可得到产品线的平均长度。

（3）产品组合的深度是指产品项目中每一品牌所含不同花色、规格、质量产品数目的多少。例如,在宝洁公司的众多产品线中,有一条牙膏产品线,生产格利、克雷丝、登奎尔 3 种品牌的牙膏,所以该产品线有 3 个产品项目。其中克雷丝牙膏有 3 种规格和 2 种配方,则克雷丝牙膏的深度就是 6。实际上,一般公司的产品组合总长度要长得多,深度也要深得多。又如,童帽作为一个品种,可以有几个、几十个品牌,其中一个品牌不同花色、规格、质量的产品可以有几十个甚至几百个,因此有的公司经营的产品如按花色、规格、质量统计可达几万种甚至几十万种。

（4）产品组合的关联度是指各条产品线在最终用途、生产条件、分销渠道或其他方面相互关联的程度。例如,某家用电器公司拥有电视机、摄像机等多条产品线,但每条产品线都与电有关,这一产品组合具有较强的相关性；相反,实行多元化特别是非相关多元化经营的企业,其产品组合的相关性则可能较小或无相关性。

根据产品组合的四种尺度,企业可以采取以下四种方法发展业务：

（1）增加产品组合的宽度,扩展企业的经营领域,实行多样化经营,分散企业投资风险。

（2）增加产品组合的长度,使企业产品线丰富全面。

（3）增加产品组合的深度，占领同类产品的更多细分市场，满足更广泛的市场需求，增强企业竞争力。

（4）增加产品组合的一致性，使企业在某特定市场领域内加强竞争和赢得良好的声誉。

产品组合决策是指企业根据市场需求、竞争形势和企业自身能力对产品组合的宽度、长度、深度和关联度方面做出决策。

二、产品组合的评价

有一种分析产品组合是否健全、平衡的方法就是三维分析图。在三维空间坐标上，以 x、y、z 三个坐标轴分别表示销售成长率、市场占有率和利润率，每一个坐标轴又分为高、低两段，这样就能得到 8 种可能的位置，如图 7.8 所示。

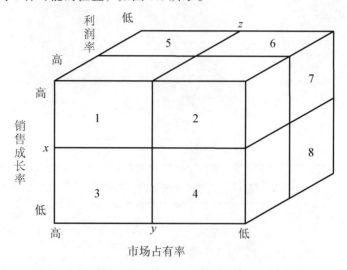

图 7.8　三维分析图

如果企业的大多数产品项目或产品线处于 1、2、3、4 号位置上，就可以认为产品组合已达到最佳状态。因为任何一个产品项目或产品线的销售成长率、市场占有率和利润率都有一个由低到高又转为低的变化过程，不能要求所有的产品项目同时达到最好的状态，即使同时达到也是不能持久的。因此，企业所能要求的最佳产品组合，必然包括：

（1）目前虽不能获利但有良好发展前途、预期成为未来主要产品的新产品。

（2）目前已达到高利润率、高成长率和高占有率的主要产品。

（3）目前虽仍有较高利润率但销售成长率已趋降低的维持性产品，以及已决定淘汰、逐步收缩其投资以减少企业损失的衰退产品。

三、产品组合的调整

企业在调整产品组合时，可以针对具体情况选用以下产品组合策略。

（一）扩大产品组合策略

扩大产品组合策略是指开拓产品组合的广度和加强产品组合的深度。开拓产品组合的广度是指增添一条或几条产品线，扩展产品经营范围；加强产品组合的深度是指在原有的产品线内增加新的产品项目。

1．扩大产品组合的方式

（1）在维持原产品品质和价格的前提下，增加同一产品的规格、型号和款式。
（2）增加不同品质和不同价格的同一种产品。
（3）增加与原产品相类似的产品。
（4）增加与原产品毫不相关的产品。

2．扩大产品组合的优点

（1）满足不同的偏好的消费者多方面需求，提高产品的市场占有率。
（2）充分利用企业信誉和商标知名度，完善产品系列，扩大经营规模。
（3）充分利用企业资源和剩余生产能力，提高经济效益。
（4）减小市场需求变动性的影响，分散市场风险，降低损失程度。

（二）缩减产品组合策略

缩减产品组合策略是指削减产品线或产品项目，特别是要取消那些获利小的产品，以便集中力量经营获利大的产品线和产品项目。

1．缩减产品组合的方式

（1）减少产品线数量，实现专业化生产经营。
（2）保留原产品线削减产品项目，停止生产某类产品，外购同类产品继续销售。

2．缩减产品组合的优点

（1）集中资源和技术力量改进保留产品的品质，提高产品商标的知名度。
（2）生产经营专业化，提高生产效率，降低生产成本。
（3）有利于企业向市场的纵深发展，寻求合适的目标市场。
（4）减少资金占用，加速资金周转。

（三）高档产品策略

高档产品策略是指在原有的产品线内增加高档次、高价格的产品项目。实行高档产品策略主要有以下几种好处：

（1）高档产品的生产经营容易为企业带来丰厚的利润。
（2）可以提高企业现有产品声望，提高企业产品的市场地位。
（3）有利于企业生产技术水平和管理水平的提高。

采用这一策略的企业也要承担一定风险，因为企业一贯以生产廉价产品的形象在消费者心目中不可能立即转变，使得高档产品不容易很快打开销路，从而影响新产品项目研制费用的迅速回收。

（四）低档产品策略

低档产品策略是指在原有的产品线中增加低档次、低价格的产品项目。实行低档产品策略主要有以下几种好处：

（1）借高档产品的声誉吸引消费水平较低的顾客慕名购买该产品线中的低档产品。
（2）充分利用企业现有生产能力，补充产品项目空白，形成产品系列。

（3）增加销售总额，扩大市场占有率。

与高档产品策略一样，低档产品策略的实行能够迅速为企业寻求新的市场机会，同时也会带来一定的风险。如果处理不当，可能会影响企业原有产品的市场声誉和名牌产品的市场形象。此外，这一策略的实施需要有一套相应的营销系统和促销手段与之配合，这些必然会加大企业营销费用的支出。

（五）产品线特色化和削减决策

在产品线中可以选择一个或少数几个产品项目进行特色化。例如，一家名叫思特森的公司推销一种男式帽子，售价150美元，几乎无人问津，但是这种帽子却起到了"王冠上的宝石"的作用，改善了整条产品线的形象。

企业还要定期检查产品项目，研究削减问题。产品线中可能含有不利于增加利润的项目，或者缺乏足够生产能力的项目，这就要考虑缩短产品线。

四、产品组合的动态平衡

由于市场需求和竞争形势的变化，产品组合中的每个项目必然会在变化的市场环境下发生分化，一部分产品获得较快的成长，一部分产品继续取得较高的利润，另外一部分产品则趋于衰落。企业如果不重视新产品的开发和衰退产品的剔除，则必将逐渐出现不健全的、不平衡的产品组合。

企业需要经常分析产品组合中各个产品项目或产品线的销售成长率、市场占有率和利润率，判断各产品项目或产品线销售成长上的潜力或发展趋势，以确定企业资金的运用方向，做出开发新产品和剔除衰退产品的决策，以调整其产品组合。

产品组合的动态平衡是指企业根据市场环境和资源条件变动的前景，适时增加应开发的新产品和淘汰应退出的衰退产品，从而随着时间的推移，仍能维持住最大利润的产品组合。可见，及时调整产品组合是保持产品组合动态平衡的条件。动态平衡的产品组合也称最佳产品组合。

产品组合的动态平衡实际上是产品组合动态优化的问题，只能通过不断开发新产品和淘汰衰退产品来实现。产品组合动态平衡的形成需要综合性地研究企业资源和市场环境可能发生的变化，各产品项目或产品线的销售成长率、市场占有率和利润率将会发生的变化，以及这些变化对企业总利润率所起的影响。对一个产品项目或产品线众多的企业来说，这是一个非常复杂的问题，目前系统分析方法和电子计算机的应用，已为解决产品组合最佳化问题提供了良好的前景。

案例阅读

在美国市场上曾出现过一种注册为"芭比"的洋娃娃，每个售价仅10美元95美分。就是这个看似寻常的洋娃娃，竟弄得许多父母哭笑不得，因为这是一种"会吃美金"的布娃娃。要知其中端倪，且看以下的故事。

一天，当父亲将价廉物美的芭比娃娃买下并作为生日礼物赠送给女儿后，很快就忘记了此事，直到有一天晚上，女儿对父亲说："芭比需要新衣服。"原来，女儿发现了附在包装盒里的商品供应单，上面提醒小主人说芭比娃娃应当有自己的一些衣服。那位做父亲的想，让女儿在给芭比娃娃穿衣服的过程中得到某种锻炼，再花点钱也是值得的，于是又去那家商店，花了 45 美元买回了"芭比系列装"。过了一个星期，女儿又说得到商店的提示，应当让芭比当"空中小姐"，还说一个女孩在她的同伴中的地位取决于她所拥有的芭比娃娃有多少种身份，还噙着眼泪说她的芭比娃娃在同伴中是最没有"身份"的。于是，父亲为了满足女儿不太过分的虚荣心，又掏钱买了空姐衣服，接着又是护士、舞蹈演员的行头。这一下，父亲的钱包里又少了 35 美元。

然而，事情还没有完。有一天，女儿得到"信息"说她的芭比喜欢上了英俊的"小伙子"凯恩。不想让芭比"失恋"的女儿央求父亲买回凯恩娃娃。望着女儿腮边的泪珠，父亲还能说什么呢？于是，父亲又花费了 11 美元让芭比与凯恩成双结对。

凯恩娃娃一进门，同样附有一张商品供应单，提醒小主人别忘了给可爱的凯恩娃娃添置衣服、浴袍、电动剃须刀等物品。没有办法，父亲又一次解开了钱包。

事情总该结束了吧？没有！当女儿眉飞色舞地在家中宣布芭比与凯恩准备"结婚"时，父亲显得无可奈何。当初买回凯恩娃娃就是让他与芭比娃娃成双结对，现在更没有理由拒绝女儿的愿望。为了不给女儿留下"棒打鸳鸯"的印象，父亲忍痛破费让女儿为婚礼"大操大办"。

父亲想，谢天谢地，这下女儿总该心满意足了。谁知有一天，女儿又收到了商品供应单，说她的芭比娃娃和凯恩娃娃有了爱情的结晶——米琪娃娃……

7.4 新产品开发评价和价值工程

新产品的开发评价不是新产品开发过程的一个步骤，而是贯穿于整个新产品的开发过程，从新产品设想的评价、产品使用测试到试销都是对新产品的评价。

一、新产品开发评价的目的

（1）剔除亏损大和肯定亏损的产品。新产品评价的一个关键目的是指出那些将给企业带来财务危机的新产品，使企业在新产品开发中避开造成巨额亏损的风险。

（2）寻求潜在的盈利大的产品。新产品评价除了筛选出亏损产品之外，还必须寻求有潜力的产品。如果企业丧失了产品盈利的机会，那么它的代价是竞争对手会占领这一市场。

（3）提高整个产品创新工作的效率。新产品评价不仅是为了剔除亏损产品和寻找盈利产品，而且还为一系列的新产品决策提供信息。如审批一项制造产品的决策时，应首先评价项目的价值；做产品广告决策时，必须以市场敏感性评价为基础等。

（4）为后续工作提供指导。一些概念评价技术，如偏好研究、市场细分、感觉性差异，不仅能进行评价，而且能对未来活动方向、市场目标及市场定位提供良好的建议。

（5）维持新产品活动的平衡。企业的新产品活动不是唯一的，往往有多个新产品构思的评价同时进行。这样，各个产品的接受、否决、先后顺序应放在一起统筹安排，而且新产品的开发是共同使用企业资源的，需要综合平衡。

二、新产品开发评价的方式

企业在对新产品进行评价时，需要借助各种评价手段。一个评价系统通常由两三种评价方式组成。

（1）产品战略。产品战略是指企业对自身及所处的环境，包括企业的实力和潜力、管理目标和要求，以及社会、经济和技术前沿状况进行的分析。在新产品战略的决策过程中，可得出新产品的初步设想和类型。产品战略作为新产品评价系统的首要手段，可以使企业避免对不期望的设想做多余的评价和选择，以免浪费时间和资源。

（2）市场评价。市场评价是指对新产品预期要投放的市场进行全面的描绘。在具体的产品开发过程中，有关人员可以比照市场描绘，指导新产品开发活动。

（3）进入评价。进入评价是指有关人员根据工作经验、产品战略，以及定性和定量的方法等，进行理性的主观评价。

（4）预选。一种设想通过并进入评价后，就开始对它进行预选。预选的目的是为决策做准备。

（5）全面筛选。筛选的目的，一是剔除没有价值的产品设想；二是把有价值的设想排列在一起，把有限的资源分配给那些最有价值的产品；三是制订新产品议定书，概括产品的特性。全面筛选只是让新产品开发的有关技术和销售人员等对所要开发的产品有一个初步的认识和了解。

（6）原型测试。原型是研究开发部门的第一个有形产物，具有高度的模拟性，包含最终产品的主要部分。例如，开发一种香水的新产品，它的关键部分是香水的气味，气味就是产品的原型。原型测试有两种形式：一种是把原型与新产品议定书进行比较；另一种是原型概念测试，即将产品原型与实际的技术、生产、销售等条件进行协调。原型测试的目的是确定原型是否与产品议定书相符，是否是消费者需要的，以便为产品开发和制造创造条件。

（7）产品使用测试。产品使用测试是针对批量产品或最终产品进行的，它的目的主要是：

① 考察技术人员是否生产出新产品议定书所要求的产品及特性。

② 在产品投放前，获得对产品性能及成本改进的设想。

③ 了解产品的使用方式。

④ 发现产品的弱点。

（8）试销。产品在进行了使用测试以后，就开始产品试销。试销是指对产品及其战略的综合效果进行分析和衡量，它的目的主要是：

① 得到需求的可靠预测，以便为市场定位、促销及市场扩张等营销战略的确定打下基础，而且需求预测可以使企业对新产品进行一个客观的经济评价。

② 得到修改和完善市场营销计划的信息。

试销测试的方式有销售波动测试、实验室试销、控制销售测试和试销市场测试等。

（9）经济分析。经济分析是指在概念测试、产品使用测试和市场测试结果的基础上，以货币价值的形式对新产品开发活动进行总体评价。它的具体内容有以下几个方面：

① 对整个项目在其寿命周期的现金流量，包括现金流入量、现金流出量、现金净流量进行估算，求出产品的期望报酬率。

② 评估项目的风险，进行敏感性分析。

③ 进行经济与战略的综合分析。

三、对新产品进行价值分析

（一）价值工程的含义和基本原理

价值工程（Value Engineering, VE）也称价值分析，是一种以提高对象价值为目标的技术经济分析方法。它起源于20世纪40年代的美国,当时为解决战争时期军工生产材料短缺的困难,从研究材料替代入手,创造了功能分析的方法。此后,该方法在推广应用中不断地发展和完善,成为一种有组织的创造活动,并形成一套先进、科学、有效的管理方法,一般通称为价值工程。

1. 价值工程的含义

我国国家标准《价值工程基本术语和一般工作程序》(GB/T 8223—1987)中对价值工程的定义是:"价值工程是通过各相关领域的协作,对所研究对象的功能结构与费用进行系统的研究,以提高对象价值的思想和方法。"

2. 价值工程的基本原理

价值工程的主要思想是通过对选定研究对象的功能及费用分析,实现产品功能和成本的最优化,提高对象的价值。

(1)价值。价值工程的"价值"与政治经济学的"价值"含义不同,它是指作为某种产品(或作业)的功能与成本的比值,反映的是产品或事物的有效程度。这种对比关系可以表示为

$$V = F/C$$

式中,V——价值;

F——研究对象的功能;

C——研究对象的成本,即寿命周期总成本。

(2)功能。产品的功能主要是指产品的使用效能,即产品的技术性能质量等技术指标。任何一种产品都有其特定的功能,用户购买产品就是为了使用产品的功能,如顾客购买灯具是为了照明。产品设计中往往会出现两种偏差:一是存在对消费者不必要的功能,即存在与消费者需求无关的功能;二是缺少产品的必要功能,即产品现有功能不能满足消费者的需要。价值工程要彻底分析功能要求,排除不必要功能,可靠地实现必要功能。

(3)寿命周期成本。在产品的整个寿命周期内所发生的全部费用,称为产品的寿命周期成本。它包括产品研究和生产阶段的成本 C_1,以及在使用过程中的能源消耗、维修和管理费用等所构成的产品使用成本 C_2,则总成本就是 $C = C_1 + C_2$。

在技术经济条件已定的情况下,随着产品功能水平的提高,制造成本 C_1 提高,使用成本 C_2 下降,寿命周期成本则呈马鞍形变化,如图7.9所示。最低的寿命周期成本 C 点所对应的功能水平 Q 是从成本方面考虑的最为适宜的功能水平。

3. 价值工程的特点

(1)价值工程以提高对象价值为目的,通过最低的寿命周期成本,实现产品的必要功能。企业正在生产或正在研制的产品,其功能成本因科技的进步、消费者需求的不断变化而与理想状态有一定现实差距。单方面解决成本问题或单方面解决质量问题,都不能全面满足企业或顾客的需要。

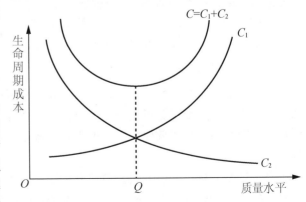

图7.9 寿命周期成本与质量水平(功能)的关系

（2）价值工程以功能分析为核心。价值工程以功能为中心考虑问题，以消费者的功能要求出发，定性与定量方法相结合，分析产品（或作业）的功能，确定必要功能，剔除不必要功能，寻求功能与成本的最佳结合点。它可以对产品做出根本性的变革，促进新技术、新工艺和新产品的出现与应用。

（3）价值工程是一项有组织的集体智慧活动。价值工程涉及产品开发、设计、制造、供应、使用、维修及企业经营的各个方面，需要综合运用技术与经济等多种学科知识，需要各方面的配合，依靠集体的智慧，才能获得最佳方案和良好的运行实施。

（4）价值工程应用侧重于产品的研制设计阶段。因为产品大部分的功能和成本主要取决于这个阶段，一旦设计图纸付诸实践，在生产阶段改变工艺和设备、调整生产组织等所需的成本会成倍增长，技术经济效果必然受到严重影响，而设计上的浪费就是最大的浪费。

（二）提高产品价值的途径

（1）消费者总是希望在付出一定的费用后能够获得较多的功能。因此，可以在产品成本不变的条件下，通过提高产品的功能，达到提高产品价值的目的，即 $F\uparrow V\uparrow$。

（2）消费者总是希望产品在具有相同功能时价格越低越好。因此，可以在保持产品功能不变的前提下，通过降低成本达到提高价值的目的，即 $C\downarrow V\uparrow$。

（3）提高产品价值的第三条途径是使产品功能有较大幅度提高，产品成本有较少提高。这种产品即使售价有所提高，消费者也愿意购买，产品竞争力也有所增强，即 $F\uparrow\uparrow C\uparrow$。

（4）在产品功能略有下降、产品成本大幅度降低的情况下，也可以达到提高产品价值的目的。在某些情况下，为了适应购买力较低的对象，或一些注重价格竞争而且不需要高档的产品的对象，适当生产价廉的低档品，也能取得较好的经济效益，即 $F\downarrow C\downarrow\downarrow$。

（5）物美价廉是消费者与生产者共同利益的最佳结合点，既能获得高功能，又能使寿命周期成本降低，是提高价值最为理想的途径，即 $F\uparrow C\downarrow$。

（三）价值工程的实施过程

价值工程已发展成为一门比较完善的管理技术，在实践中已形成一套科学的实施程序。这套实施程序实际上是发现矛盾、分析矛盾和解决矛盾的过程，通常是围绕七个合乎逻辑程序的问题展开的：这是什么？它是做什么用的？成本是多少？价值是多少？有没有实现同样功能的新方案？新方案的成本是多少？新方案能满足要求吗？依次回答和解决这七个问题的过程，就是价值工程的工作程序和步骤，即"选择分析对象→收集资料→进行功能分析→提出改进方案→分析和评价方案→实施方案→评价活动成果"。

1. 选择分析对象

选择分析对象是指在产品总体中确定功能分析的对象。它是根据企业、市场的需要，从提高经济效益的角度来分析确定的。分析对象选择的基本原则是：在生产经营上有迫切的必要性，在改进功能、降低成本上有取得较大成果的潜力。选择分析对象常用的方法有以下几种：

（1）经验分析法。该方法是邀请有一定专业水平和经验的工作人员或专家，根据经营情况对选择的对象进行定性分析，主要从五个方面进行定性分析。

① 从社会利益方面进行分析，主要考虑国家计划内的重点产品，重点工程建设项目中的

短缺产品、社会需求量大的产品、公害、污染严重的产品等。

② 从企业发展方面进行分析，主要考虑市场潜力大的产品、有发展前途的产品、正在研制中的产品、对企业有重大影响的更新改造项目等。

③ 从市场竞争方面进行分析，主要考虑用户意见大的产品、竞争激烈的产品、市场占有率需要扩大的产品、需要开拓新市场的产品等。

④ 从扩大利润方面进行分析，主要考虑企业主导产品、利润低的产品、原材料耗用高且利用率低的产品、能耗高且生产周期长的产品等。

⑤ 从有利于提高价值方面进行分析，主要考虑设计方面，结构复杂、重量大、尺寸大、材料贵、性能差、技术水平低的产品；制造方面，产量大、工艺复杂、成品率低、占用关键设备工作量大的产品；成本方面，成本比率大、成本高的产品等。

（2）ABC 分析法。该方法又称重点分析法，是将产品各零件按照其成本的高低进行排序，绘制出零件成本的积累分配图（见图 7.10），从中选择占成本比重大而占零件总数比重小的零件作为价值工程的分析对象。

（3）价值系数法。该方法是综合考虑对象的功能和成本两方面因素的定量分析方法，通过确定对象的功能重要性系数、成本系数，进而求出对象的价值系数，然后根据价值系数的大小来确定价值。

（4）功能重要性分析法。该方法通过对构成产品的各零件的功能重要性一一对比，用强制打分的方式，来计算各零件的功能重要性系数。该方法选择功能重要性系数大的零件作为价值工程的重点对象，并从功能的角度突出了重点对象，但那些功能并不重要而成本分配较高的现象往往得不到重视。

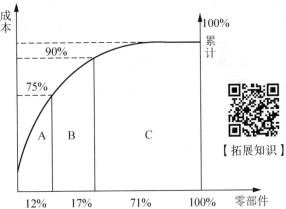

图 7.10　ABC 分析法

2．收集资料

通过收集资料，可以从资料中得到进行价值工程活动的依据、标准、对比现象，同时可以受到启发、打开思路，深入地发现问题，科学地确定问题的所在和问题的性质，进而设想改进方向、方针和方法。

进行价值分析主要收集用户信息、技术信息、市场信息、经济信息、企业内部信息、环境保护信息、外协信息、政府和社会有关部门的法规、条例等方面的信息。

3．进行功能分析

功能分析也称功能研究，对新产品来讲，也叫功能设计，是价值工程的核心。价值工程的活动就是围绕这个中心环节进行的。对产品价值工程的分析，首先不是分析产品的结构，而是分析产品的功能，即从传统的对产品结构的分析转移到对产品功能的分析。

功能分析包括功能定义、功能分类和功能整理与评价。功能定义是指用来确定分析对象的功能；功能分类是指确定功能的类型和重要程度；功能整理与评价是指制作功能系统图，用来表示功能间的"目的"和"手段"关系，确定和去除不必要功能。

（1）功能定义。功能定义所回答的是"它是做什么用的？"的提问。对功能要给予科学的定义，按类进行整理，理顺功能之间的逻辑关系，为功能分析提供系统的资料。功能定义一般用动词和名词组成的动宾词组来描述，以便把功能简明地表达出来。进行功能定义时应注意以下事项：第一，动词应尽量抽象。例如，把工艺定义为"钻孔"就不如定义为"做孔"，因为后者在表达上较为抽象，能扩大人们的思路，启发人们从钻孔、冲孔、铸孔等多方面寻找实现这一功能的方式。第二，名词要尽量定量化。例如，电显功能定义为"传送电流"，就比定义为"传电"好，因为电流是一个可以计量的名词。

（2）功能分类。一般主要把产品功能分为几大类：第一，基本功能与辅助功能。例如，手表的基本功能是显示时间，而指示日历、防水、防震、防磁和夜视等功能就是手表的辅助功能。改善辅助功能和消除不必要功能可大大降低成本。第二，实用功能与外观功能。例如，电冰箱"冷藏食品的功能"就是产品的实用功能。外观功能是与精神感觉有关的功能，即使人感觉美的功能，指产品的外观、形状、色彩、气味、手感和音响等。第三，必要功能与不必要功能，即满足消费者对产品需要的功能和与消费者需要无关的功能。

（3）功能整理与评价。功能整理目的是确切地定义功能，正确地划分功能类别，科学地确定功能系统，发现和提出不必要功能和不正确的或可以简化的功能。功能评价所回答的是"成本是多少？"和"价值是多少？"的提问，是用量化手段来描述功能的重要程度和价值，以找出低价值区域。明确实施价值工程的目标、重点和大致的经济效果。功能评价的主要尺度是价值系数，可由功能和费用来求得。此时，要将功能用成本来表示，以此将功能量化，并可确定与功能的重要程度相对应的功能成本。

进行功能评价的步骤一般是：第一步，确定零件或功能的现实成本；第二步，采用一定的方式使功能量化；第三步，计算零件或功能的价值；第四步，确定改善幅度；第五步，按价值从小到大顺序排队，确定价值工程活动的首选对象。

4. 提出改进方案

这一步是要创造新方案，它所回答的是"有没有实现同样功能的新方案？"的提问。为了改进设计，就必须提出改进方案，提出实现某一功能的各种各样的设想，逐步使其完善和具体化，形成若干个在技术上和经济上比较完善的方案。要得到价值高的设计，必须设计多个可选方案。

提出改进方案是一个创造的过程，在设计中应注意几点：一是要敢于打破陈规，不受原设计的束缚，完全根据功能定义来设计实现功能的手段，要从各种不同的角度来设想；二是要发动众人参加这项工作，组织不同学科、不同经验的人在一起提出改进方案，互相启发；三是把不同想法集中，发展成方案，逐步使其完善。

5. 分析和评价方案

分析与评价方案回答"新方案的成本是多少？"的提问。在提出设想阶段形成的若干种改进新方案，不可能十分完善，也必然有好有坏。因此，一方面要使方案具体化；另一方面要分析其优、缺点，然后进行评价，最后选出最佳方案。

方案评价要从两个方面进行：一方面要从满足需要、满足要求、保证功能等方面进行评价；另一方面要从降低费用、降低成本等方面进行评价。总之，要看是否提高了价值，增加了经济效益。

6．实施方案

通过方案评优选出来的方案，经审批后即可实施。在方案实施过程中，一方面要检查实施的效果，发现问题，及时解决；另一方面要对价值工程的成果进行评价，总结经验教训，提高价值工程活动的水平。

7．评价活动结果

价值工程成果的评价主要从以下几个方面开展：

（1）技术性能评价。它包括对产品性能、功能的改善及各项性能达到指标的程度等方面的评价。

（2）经济效果评价。它包括对企业在材料消耗、能源消耗、劳动生产率、利润等方面所取得效益的综合评价。

（3）社会效果评价。它包括对能源、稀缺物质的节约及降低使用费用和环保等方面的效果。

（四）价值工程实施的原则

价值工程实践者在长期的实践过程中，总结了一套开展价值工作的原则，用于指导开展价值工程活动。

（1）分析问题要避免一般化，概念化，要做具体分析。

（2）收集一切可用的成本资料。

（3）使用最好、最可靠的资料。

（4）打破现有框架，进行创新和提高。

（5）发挥真正的独创性。

（6）找出障碍，克服障碍。

（7）充分利用有关专家，扩大专业知识面。

（8）对于重要的公差，要换算成加工费用来认真考虑。

（9）尽量采用专业化工厂的现成产品。

（10）利用和购买专业化工厂的生产技术。

（11）采用专门的生产工艺。

（12）尽量采用标准。

（13）以"我能否这样花自己的钱"作为判断标准。

这13条原则中，第（1）条至第（5）条是属于思想方法和精神状态的要求，提出要实事求是、富有创新精神；第（6）条至第（12）条是组织方法和技术方法的要求，提出要重专家、重专业化、重标准化；第（13）条提出了价值分析的判断标准。

综合练习与实践

一、判断题

（1）市场营销学上新产品是指在市场上第一次出现的产品。　　　　　　　　　　（　　）

（2）新产品只有经过试销获得成功后，企业才可以把产品正式投入大批量生产。　（　　）

（3）产品生命周期是指产品从进入市场开始，直到最终退出市场为止所经历的市场生命循环过程。
（　　）

（4）处在导入期的产品要进行大批量生产，以最快的速度占领市场。（　　）

（5）快速渗透策略是以高价格、低促销费用推出新产品。（　　）

二、单项选择题

（1）产品组合的长度是指企业所拥有的（　　）的数量。
　　A. 产品品种　　　B. 产品项目　　　C. 产品品牌　　　D. 产品线

（2）企业经营产品线的条数称为产品组合的（　　）。
　　A. 长度　　　　　B. 宽度　　　　　C. 深度　　　　　D. 相关度

（3）企业推出新产品时采用高价格、高促销的策略为（　　）。
　　A. 缓慢渗透　　　B. 快速渗透　　　C. 缓慢撇脂　　　D. 快速撇脂

（4）在产品生命周期的（　　），老顾客重复购买，并且带来了新的顾客，销售量激增，企业利润迅速增长，并在这一阶段利润达到高峰。
　　A. 引进期　　　　B. 成熟期　　　　C. 衰退期　　　　D. 成长期

（5）产品改良、市场改良和营销组合改良等决策适用于产品生命周期的（　　）。
　　A. 引进期　　　　B. 成长期　　　　C. 成熟期　　　　D. 衰退期

三、多项选择题

（1）市场营销学上的新产品是指（　　）。
　　A. 应用新技术、新材料而研制成的新产品
　　B. 满足新的需要而生产的全新产品
　　C. 对现有产品品质、款式、包装等进行改造的产品
　　D. 采用新技术、新材料对原有产品进行革新的产品

（2）如果某产品的生产和销售正处于市场成长期，其营销重点应该是（　　）。
　　A. 改善产品品质　　　　　　　　B. 寻找新的细分市场
　　C. 改变广告宣传的重点　　　　　D. 适时降价

（3）企业在调整产品组合时，可以针对具体情况选用的产品组合策略有（　　）。
　　A. 扩大产品组合策略　　　　　　B. 缩减产品组合策略
　　C. 高档产品策略　　　　　　　　D. 低档产品策略
　　E. 产品线特色化和削减决策

（4）新产品开发评价的目的包括（　　）。
　　A. 剔除亏损大和肯定亏损的产品　　B. 寻求潜在的利润高的产品
　　C. 提高整个产品创新工作的效率　　D. 为后续工作提供指导
　　E. 维持新产品活动的平衡

（5）衰退期的市场营销策略有（　　）。
　　A. 继续策略　　　B. 集中策略　　　C. 收缩策略　　　D. 放弃策略

四、简答题

（1）新产品的概念和分类是怎样的？试列举市场上的一种新产品。

（2）什么是产品生命周期？产品生命周期各阶段有哪些市场特征？

（3）什么是产品组合？简述产品组合的宽度、长度、深度和关联度对营销活动的意义。

（4）新产品开发经过哪些主要管理阶段？每个阶段需要解决的主要问题是什么？
（5）什么是价值工程？如何实施价值工程？

五、技能实训

如果你是某企业的产品开发主管，将主持开发一个新产品（具体产品类型不限，选自己熟悉的一个产品），需要做一个产品开发计划，并将计划书在同学之间进行交流。

提示：

1．新产品开发计划

（1）新产品名称及说明。它主要说明新产品属于哪种产品类型。
（2）销售计划。它包括产品的销售价格、销售方式、当前的市场状况、销售预测及生产计划。
（3）试制与制造过程。
（4）使用设备。它包括设备的名称、数量、价格等。
（5）人力资源计划。它包括所需要人员的类别、数量、应付工资等信息。
（6）成本分析。它包括原材料成本、人工成本、制造费用等。

2．制订新产品开发计划应考虑的因素

（1）国家计划和上级下达的任务。
（2）企业今后的发展方向。
（3）用户和市场需求。
（4）企业现有经济技术条件。
（5）国家有关政策和法规。

【在线答题】

第 8 章

生产运作管理

【学习目标】

通过本章的学习,学生应了解生产运作管理的基本知识,学会制订生产计划,清楚生产控制的内容,了解生产现场管理的方法。

【学习要求】

知识要点	能力要求	相关知识
生产运作管理	掌握生产运作的分类及概念	企业生产运作管理与企业管理的关系
生产过程组织与控制	(1)了解生产过程组织的基本要求 (2)掌握工厂厂址的选择与平面布局原则 (3)学会进行生产空间和时间的生产组织 (4)了解常见的生产过程组织的形式 (5)学会进行生产作业控制	福特公司的生产流水线
生产计划	(1)了解生产计划的内容、指标和编制步骤 (2)学会制订生产作业计划 (3)了解制造资源计划中的几项常见计划	丰田汽车公司的"看板管理"
生产现场管理	(1)了解生产现场管理的概念、内容和要求 (2)了解"5S"现场管理法 (3)了解目视管理法	"5S"管理案例

【案例导入】

一家企业的生产线有很多步骤，A 步骤需要 5 个小时，B 需要 3 个小时，C 步骤需要 2 个小时。如果三个步骤同时开工，毫无疑问会造成大量浪费。这就好比去某地会合，从 A 单位出发要花 5 小时，从 B 单位出发要花 3 小时，从 C 单位出发要花 2 小时，如果这三个单位同时出发，B 和 C 早早到了，就要浪费许多时间等 A 到来。在这家企业中，A 步骤的 5 小时是核心流程，只要抓住这个核心步骤，让 A 步骤立刻开工，过 2 个小时 B 步骤开工，再过 1 个小时 C 步骤开工，就能够同时完成。可见，平衡比盲目追求劳动效率更重要。

由此可见，在生产中，不太可能每个步骤都是一次性完成的，因此，不能仅凭开工早晚来实现产线平衡。精益生产通过计算各步骤的生产节拍，合理安排各步骤人数来实现生产线平衡。

8.1 生产运作管理概述

【拓展视频】

企业想要在当今激烈竞争和高速发展的世界舞台上站稳，不仅要广泛采用先进的生产技术，而且要积极探索高效的生产运作管理方法，来优化生产系统。生产与运作管理（Production & Operations Management，POM）的目的就是建立高效率的生产制造系统，为企业制造有竞争力的产品。

一、生产运作管理的概念

（一）制造型生产和服务型运作

一提到"生产"这个词，很多人就能想起工厂、机器和装配线等，如图 8.1 所示。但近年来，生产的概念及方法被运用到制造业以外的许多活动和场景中去，诸如饮食、娱乐、零售、教育、医疗及运输等服务方面，其范围大大拓宽了。

从"财富"角度来讲，生产既包括有形产品，又包括服务等无形产品。西方学者习惯于将与工厂联系在一起的有形产品制造称为生产，而将提供劳务的活动称为运作，把两者结合起来并称为生产运作。因此，现代生产运作包括两种，即制造型生产和服务型运作。制造型生产主要是生产产品，服务型运作主要是提供服务。不过，两者也有许多共同点：都涉及工作进

图 8.1 生产车间

度安排、订购及管理存货、选择及维修设备和让顾客满意，而其中最重要的都是让顾客满意。

在了解生产管理的概念前，先要明白制造型生产和服务型运作的区别，两者的主要区别在于前者是产品导向型的，而后者是活动导向型的。具体来说，其区别包括以下几个方面：

（1）从本质上来说，服务型运作顾客的参与程度要高于制造型生产。服务型运作顾客参

与度高，对质量要求更高；制造型生产出现的问题可以在顾客收到产品之前消除，对质量要求相对较低。

（2）服务型运作的投入比制造型生产的投入具有更大的不确定性。服务型运作投入不确定，生产过程难以把握，产出多变造成工作要求多变，其绩效考核相当困难；而制造型生产依据有形产品进行绩效考核，简单易行。

（3）服务型运作劳动密集程度高，而制造型生产资本密集（及机械化）程度较高。服务型运作的产出多变且效率低；而制造型生产一般进行机械化生产，品种变动不大，生产流程顺利且效率高。

（二）生产运作管理

生产运作管理是在企业特定环境下，有效地利用生产资源，对企业生产运作过程进行有效的计划、组织和控制，实现企业经营目标的管理活动的总称。它是一切组织"投入-转换-产出"的活动，是创造财富的过程。传统的生产管理注重生产系统内部的计划和控制，一般称为狭义的生产管理；广义的生产运作管理是针对生产系统所进行的全部活动的管理，包括狭义的生产运作管理的内容，还包括质量管理、物流管理、成本控制等内容。本章所介绍的主要是狭义的生产运作管理。

二、生产运作管理的内容

企业必须针对客户需求优化资源配置，把握价值创造中的质量、时间和成本等关系，满足市场需求。狭义的生产运作管理的主要任务可以用一句话来概括：高效、灵活、准时、清洁地生产合格产品和提供满意服务。

生产运作管理的基本内容如图8.2所示。

图 8.2　生产运作管理的基本内容

（1）生产运作系统的设计包括产品或服务的选择和设计、生产运作地点的选择、生产运作设施的布置、生产组织设计和生产运作系统设计、改造与升级等。

（2）生产运作系统的运行主要是指在现行的生产运作系统中，如何适应市场的变化，按用户的需求，生产合格产品和提供满意服务。其主要工作就是生产运作系统运行与维护过程的管理，主要涉及生产运作活动的计划、组织与控制三方面，这是本章重点介绍的内容。

三、生产运作管理的过程

对大多数企业组织来说，生产运作是其核心。企业组织的产品和服务的创造正是通过生产运作来完成的。生产运作这个创造财富的过程，是将生产要素投入一个或多个转化过程（如运输、切割等）后，最终输出产品（包括有形产品和无形产品）的过程。为了确保获得满意的产出，需要在转化过程的各个阶段进行检查（控制），并与要求的标准进行比较，以决定是否需要采取纠正措施（反馈）。生产运作过程如图8.3所示。

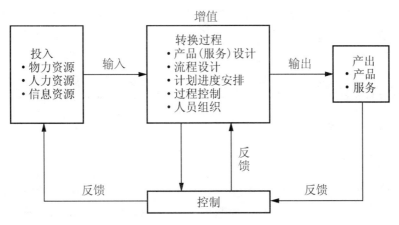

图 8.3 生产运作过程

生产运作过程中最重要的环节是转换过程，其中发生了价值增值。这里的增值是用来反映投入生产要素的成本与产出产品的价值或价格之间的差异。从营利性组织的角度来看，产出的价值由顾客愿意为组织的产品或服务支付的价格来衡量；而从非营利性组织的角度来看，产出（如消防、道路建设）的价值即是它们对社会的价值。不同企业的转换过程举例见表 8-1。

表 8-1　不同企业的转换过程

	投　　入	转　　换	产　　出
食品加工者	建筑物	清洗	罐装食品
	蔬菜和肉	分割	
	设备	烹饪	
	金属板	制罐	
	水	包装	
	能源	贴标签	
	劳动		
学校	建筑物	教学	人力资源
	设备	管理	
	资金	研究	
	信息		
	劳动		
	能源		

产出增值的一个有效办法就是对转换过程中的工作进行严格检查。组织将未增值的工作视为浪费，消除、减少或改进这些工作可以降低投入或加工的成本，从而提高增值。

8.2　生产过程组织与控制

生产过程组织是指为提高生产效率，缩短生产周期，以最佳的方式将各种生产要素结合起来，对生产的各个阶段、环节、工序进行合理的安排，使其形成一个能够相互衔接、密切配合的设计与组织工作的协调系统。具体来说，就是对生产过程中的劳动者、劳动工具、劳动对象及生产过程的各个环节、阶段、工序的合理安排，使之在空间上衔接、在时间上紧密配合，形成一个协调的产品生产系统。它的基本任务是保证产品制造的流程最短、用时最少、耗费最小，并按照计划规定的产品品种、质量、数量、期限等生产出市场需要的产品。

一、生产过程组织的要求

（一）基本要求

（1）经济性。生产过程的经济性是指企业要以最少的投入获得最大的产出，进而实现利润最大化。在生产过程的组织、计划、控制过程中，需根据具体情况综合考虑时间、资金占用、有关费用等多项因素，统筹安排，提高经济效益。

（2）连续性。生产过程的连续性是指要求产品生产过程的各个工艺阶段、工序之间在空间和时间上紧密衔接，连续进行。保证和提高生产过程的连续性，可以缩短产品生产周期，减少在制品数量，加速流动资金周转，同时能充分利用物资、设备和生产面积，有利于改善产品质量。

（3）单向性。生产过程的单向性是指产品生产过程中的要素转移要向一个方向流动，没有迂回往返的现象，使加工对象所经历的生产流程最短。

（4）比例性。生产过程的比例性是指生产过程各阶段、各工序之间在生产能力上要保持一定的比例关系，以适应产品生产的要求。其表现在各个生产环节的工人人数、设备数量、生产速率、开动班次等方面，它们都必须互相协调。比例性是保证生产过程连续性的前提，有利于充分利用企业的物资、设备、生产面积、人力等生产要素。

（5）均衡性。生产过程的均衡性又称节奏性，是指生产过程的各个基本环节和各工序之间的负荷应保持匹配，保持有节奏的均衡生产。均衡性特点是由连续性和比例性特点所决定的。生产不均衡会造成忙闲不均，既浪费资源，又不能保证质量，还容易引发设备及人员事故。均衡性的另一个意思是要求管理人员关注瓶颈工序，防止瓶颈工序无法完成任务而对整个生产影响。

（6）并行性。生产过程的并行性是指物料在生产过程中实行并行或交叉作业。并行作业是指相同的零件同时在数台相同的机器上加工；交叉作业是指同一批零件在上道工序还未加工完成时，将已完成的部分零件转到下道工序加工。并行、交叉作业可以大大缩短产品的生产周期，在同一时间内生产更多的产品。并行性是生产过程连续性的必然要求。

（二）新要求

（1）精确性。生产过程的精确性是指通过合理的生产组织方式，适时、适量地生产，保证零部件在生产过程中以最准确的时间、最准确的数量到达最准确的位置，实现指定的加工。

（2）自动化。生产过程的自动化是提高生产效率和集约化程度的重要途径。它可增加单位时间的产出量，有助于生产状态稳定、工作质量提高、减少物料消耗。

（3）柔性。生产过程的柔性是指市场需求的多变性要求生产系统必须实现在极短时间内，以最小的代价从一种产品的生产转换到另一种产品的生产的能力。所谓柔性，是指加工制造的灵活性、可变性、可调节性及便捷性，从广义上说还包括服务、运输、库存等方面的灵活性。

(4)电子化。生产过程的电子化是指在生产环节上实现电子计算机管理控制,以提高管理的效率,加强对过程的控制,减少事故发生,节约人力资源,缩减管理成本。

二、工厂布置的要求

(一)厂址选择

厂址选择是指确定工厂或服务设施坐落的空间位置。选址不仅仅是为价值创造活动寻找一个落脚点,更是为了寻找最重要资源的直接供给点。正因如此,选址的好坏"先天性"地决定着企业的命运——落地生根,要想改变选址的错误,成本会远远超出想象。

1. 选址的一般程序

(1)决定评估地点好坏的标准。
(2)鉴别重要因素。
(3)找出可供选择的地区,具体来说需要做到以下几点:
① 确定选址的一般地区。
② 确定较少数量的可供选择的地区。
③ 从可供选择的社区中找出几个可供选择的地点。
(4)评估这几个地点并最终确定厂址。

2. 影响选址的因素

(1)资源条件,包括土地资源条件、气候条件、水资源、物料资源和劳动力资源等。
(2)社会环境条件,包括基础设施条件、工业协作条件、生活基础条件、地方政策法规和产品市场位置等。

不同行业的企业选址应考虑的因素见表8-2。

表8-2 企业选址应考虑的因素

考虑因素	有利性	适用生产对象
接近市场	需求响应快,产品运费低	大多数服务业、新鲜食品、家具
接近原料地	原料运输成本低	金属、化工、建材、非鲜食品
劳动力丰富	劳动力成本低,替代性好	纺织、服装、玩具、传统制品
科教中心	人才易取,科技资讯丰富	设计、咨询、教育、文化、传媒
运输条件好	需求响应快,市场辐射广	下游产品(如家用产品)制造
协作条件好	配套容易,生产柔性大	机械、电子、汽(摩托)车
基础设施好	辅助条件好,生活质量高	除军工、上游产品外的其他产品
自然条件好	对自然条件开发利用容易	能源产品、农副产品、特殊制品

(二)厂区布置原则

企业是一个由许多生产运作单位构成的复杂系统,该系统的基本功能是生产产品和提供服务,其目的在于以最低的消耗获得最大的经济效果。厂区设备布置优化目标主要有三点:一是总物流运输工作量最小化;二是反向物流运输工作最小化;三是相邻位置设备间的物流运输工作量最大化。根据以上目标,厂区布置应满足以下基本原则:

（1）符合生产运作过程的要求，合理划分区域。合理划分厂区（厂前区、生产区、生活区）和设置道路，尽可能使物料运输距离最短。

（2）布置应尽可能紧凑合理，有效利用面积。厂区布置要讲求经济实用、协调、紧凑、合理，充分利用厂区面积，节省占用面积。

（3）符合安全、防火、卫生和环保，有利于工作生活质量的改善。厂区布置应充分考虑到防火、防盗、防爆、防毒等安全文明生产的要求，工作地要有足够的照明和通风，减少粉尘、噪声和振动，认真处理好"三废"排放问题。

（4）美化厂区环境。要注意厂区布置的美观性和艺术性，搞好绿化工作。

（5）充分利用外部环境提供的便利条件。厂区布置时应充分考虑并利用外部环境提供的各种便利条件，如铁路、公路、港口、供水、供电、供气和公共设施。

（6）留有合理的扩展余地。厂区布置要有足够的灵活性，以适应企业经营活动的变化，还要为企业将来的发展留有余地。

（7）布置应注意与周边环境协调。任何一个企业都存在于一定的社区环境之中，是社会成员的一部分，与周围环境有密不可分的关系。因此，厂区布置既要考虑与周围社区环境的协调性，还要注意建筑外形及出入口衔接等细节。

三、生产过程组织的内容

生产过程组织包括生产过程的空间组织和生产过程的时间组织，如图8.4所示。

图 8.4 生产过程的组织

（一）生产过程的空间组织

生产过程的空间组织是指在一定的空间内，合理地设置企业内部各基本生产单位（车间、工段、班组），使生产活动能高效地顺利进行。这里主要从生产车间的设备布置角度加以说明。厂区布置的类型在很大程度上取决于企业的生产运作组织方式，常见类型有工艺专业化、对象专业化、混合式布置（上述两类布置的混合）和固定布置等。下面详细介绍其中最典型的两种形式，即工艺专业化和对象专业化。

1. 工艺专业化形式

工艺专业化又称为工艺原则，是指按照生产过程中的各个工艺阶段的工艺特点来设置生产单位。在工艺专业化的生产单位内，集中同类型的设施如设备、工具、仪器、人员等，进行类似的生产加工或服务活动。虽然加工对象是多样的，但工艺方法是同样的，是一种能够满足加工不同的产品或提供服务的布置。每一生产单位只完成产品生产过程的部分工艺阶段和部分工序的加工任务，产品的制造完成需要各单位的协同努力。例如，机械制造业中的铸造车间、机加工车间及车间中的车工段、铣工段等，都是工艺专业化生产单位。工艺专业化生产单位组织形式如图8.5所示。

工艺专业化组织形式的优点是：可以适应不同产品的加工要求，适应性强，易于转产；便于任务平均分配，充分利用设备和生产面积，提高生产效率；便于工人技术交流和小组管理，加强专业管理和专业技术指导；个别设备出现故障或进行维修，对整个产品的生产制造影响小。其缺点是：产品加工过程中物流路线长，搬运工作量大，生产周期长；增加了在制品数量和资金占用；生产单位间的协作交接多，关系复杂，生产作业计划管理、在制品管理、成套性进度管理等诸项管理工作量大且复杂，增加了管理成本。

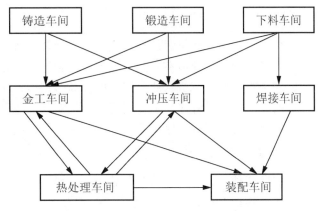

图 8.5 工艺专业化生产单位组织形式

工艺专业化形式适用于企业产品品种多、变化大、产品制造工艺不确定的单件小批生产类型的企业。它一般表现为按订货要求组织生产，特别适用于新产品的开发试制。

2. 对象专业化形式

对象专业化又称为对象原则或产品专业化，是指按照产品（或零件、部件）的不同来设置生产单位，即根据生产的产品来确定车间的专业分工，每个车间完成其所负担的加工对象的全部工艺过程，工艺过程是封闭的。产品对象专业化布置是在一个生产单位中集中加工同一产品的各种设备和工人，完成该产品的各种工艺加工，而不用跨越其他的生产单位，如汽车装配线、电视机生产线、电冰箱生产线等。对象专业化生产单位组织形式如图 8.6 所示。

对象专业化形式的优点是：生产比较集中，物流路线短，搬运量小；计划管理、库存管理相对简单；有利于强化质量责任和成本责任，便于采取流水生产等先进生产组织形式，提高生产效率；生产周期短，在制品占用量少、资金周转快。

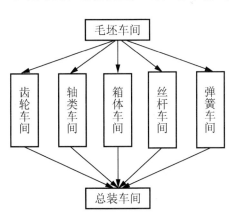

图 8.6 对象专业化生产单位组织形式

对象专业化形式的缺点是：对市场需求变化适应性差，转产困难；同类设备的分散使用，设备投资大；相同工种分布在不同单位，不便于任务均衡分配和开展专业化技术管理。

对象专业化形式适用于企业的专业方向已定，产品品种稳定、工艺稳定的大量大批生产，如家电、汽车、石油化工品生产等。

注意：在实际生产中，上述两种专业化形式往往是结合起来应用的，即采取混合式布置的方式。这种布置实际上是最常见的，它汲取了工艺专业化和对象专业化布置的长处，既对产品品种变化有一定适应能力，又能缩短物流路程，达到提高效率、降低成本、缩短生产周期的目的。此外，还有固定布置等形式。固定布置是指将加工的对象如产品、零部件的位置固定不变，而人员、设备、工具向其移动，与产品对象专业化布置正好相反，主要适用于体积大、重量大、难以移动的产品，如重型机床、船舶、飞机、水坝、钻井等。

（二）生产过程的时间组织

生产过程的时间组织是指研究产品生产过程各环节在时间上的衔接和结合的方式。对产品生产过程的各个环节在时间上应当进行合理地安排和组织，保证各个环节在时间上协调一致，实现连续性和有节奏的生产，以提高劳动生产率，缩短生产周期，减少资金占用。生产过程时间上的衔接程序，主要表现为劳动对象在生产过程中的移动方式。一批零件在工序间常见移动方式主要有顺序移动、平行移动和平行顺序移动三种。

1. 顺序移动方式

顺序移动方式是指一批在制品在前一道工序全部加工完毕后，整批转移到下一道工序进行加工的移动方式，如图 8.7 所示。

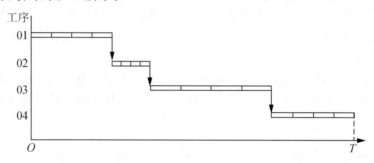

图 8.7 顺序移动方式

其特点是：一道工序在工作，其他工序都在等待。若将各工序间的运输、等待加工等停歇时间忽略不计，则该批零件的加工周期 $T_顺$ 的计算公式为

$$T_顺 = n\sum_{i=1}^{m} t_i$$

式中，n——该批零件数量；

m——工序数；

t_i——第 i 道工序的单件加工时间。

其优点是：一批零部件连续加工，运输次数少，有利于减少设备调整时间，便于组织和控制。

其缺点是：制品在工序间等待加工和运输时间长，生产周期长，流动资金周转慢。

2. 平行移动方式

平行移动方式是指一批在制品中每件在上道工序完工后，立即运往下道工序接着加工的移动方式，如图 8.8 所示。

其特点是：一批零件同时在不同工序上进行平行加工，其加工周期 $T_平$ 的计算公式为

$$T_平 = (n-1)t_长 + n\sum_{i=1}^{m} t_i$$

式中，$t_长$——各加工工序中最长的单件工序时间。

其优点是：生产周期短，在制品移动快，流动资金占用量少。

其缺点是：运输次数多，当前后工序时间不相等时，存在设备中断或在制品等待等情况。

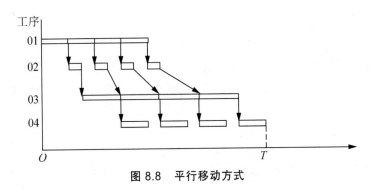

图 8.8 平行移动方式

3. 平行顺序移动方式

平行顺序移动方式是指平行移动方式和顺序移动方式混合组织生产的移动方式,如图 8.9 所示。

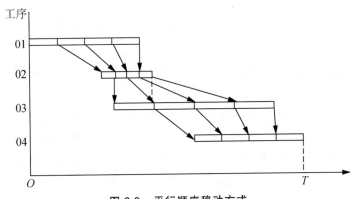

图 8.9 平行顺序移动方式

其特点是:当一批在制品在前道工序上尚未全部加工完毕,就将已加工的部分在制品转到下道工序进行加工,并使下道工序能够连续、全部地加工。

为了达到这一要求,要按下面的规则运送零件:当前一道工序时间少于后道工序的时间时,前道工序完成后的零件立即转送下道工序;当前道工序时间多于后道工序时间时,则要等前一道工序完成的零件数足以保证后道工序连续加工时,才将完工的零件转送后道工序。这样就可将人力及设备的零散时间集中使用。

平行顺序移动方式的加工周期 $T_{平顺}$ 在以上两种方式的周期之间,其计算公式为

$$T_{平顺} = n\sum_{i=1}^{m} t_i - (n-1)\sum_{i=1}^{m-1} t_{i\text{较短}}$$

式中,$t_{i\text{较短}}$——每相邻两道工序中较短的单件工序时间。

平行顺序移动方式吸收了上述两种移动方式的优点,避开了它们的短处,但组织和计划工作比较复杂。

注意: 在选择移动方式时,应结合具体情况来考虑,灵活运用。一般批量不大或重量轻、工序时间较短、距离较远的成批在制品生产宜采用顺序移动方式,反之宜采用另外两种移动方式;按对象专业化形式设置的生产单位,宜采用平行顺序移动方式或平行移动方式;按工艺专业化形式设置的生产单位,宜采用顺序移动方式;对于生产中的缺件、急件,则可采用平行移动方式或平行顺序移动方式。

四、生产过程组织的形式

分析研究生产过程的基本目的在于寻求高效、低耗的生产组织形式。企业必须根据其生产目的和条件,采用适合自己生产特点的生产组织形式。下面介绍几种常见的高效生产组织形式。

(一)流水线生产

流水线生产又称流水线作业,是指把生产过程划分为在时间上相等或成倍比的若干工序,使劳动对象按一定的节拍或速度,顺次流过各工作地进行加工的生产过程组织形式。它起源于美国的福特汽车装配线,将对象专业化的空间组织方式和平行移动的时间组织方式高度结合,是一种先进的生产组织形式。

1. 流水线的特点

流水线具有专业性、连续性、节奏性、比例性和封闭性的特点。

2. 流水线的形式

为了充分发挥流水线的优越性,人们创造了多种形式的流水线,这里介绍几种比较常见的流水线形式。

(1)按流水线的连续程度,可分为连续流水线和间断流水线。
(2)按流水线上生产对象的数目,可分为单一品种流水线和多品种流水线。
(3)按生产对象的移动方式,可分为对象固定流水线和对象移动流水线。
(4)按流水线节拍的方式,可分为强制节拍流水线和自由节拍流水线。
(5)按流水线的机械化程度,可分为手工流水线、机械化流水线和自动化流水线。
(6)按产品的运输方式,可分为普通运输设备的流水线和有专用运输设备的流水线。

3. 流水线生产必须具备的条件

企业要建流水生产线,应进行充分的可行性分析与论证,一般应具备以下条件:

(1)市场需求大,产品品种稳定且量大,以保证流水线的正常负荷。
(2)产品的结构、加工工艺、性能等应比较先进。
(3)产品的加工过程能够细分,能分解成单个的工序,以便组织生产。
(4)企业自身条件,如资金、生产面积、技术力量能达到要求。
(5)产品的检验工作能够在流水线上进行或通过工艺设备保证。

 案例阅读

20世纪初,汽车在美国开始走俏。福特公司的T型车大获成功,供不应求。为提高运作效率,福特采纳了由泰勒提出的科学管理原理,采用移动装配线,也就是现在的流水线。下面这段摘录对此进行了描述:

Charles Sorensen,福特公司的一个高级生产管理者,正指挥小绞车拉着T型车底盘缓慢穿过250英寸长的加工车间,并一直对这一过程计时。在他身后,有6个工人在走动,他们从地面上精心摆放好的零件堆中拿起零件并安装到底盘上。这就是装配线的产生,是美国工业革命的真正精髓。在此之前,制造一辆汽车平均大约需要13个小时;现在他们把装配时间减少了一半,制造一辆汽车只需要5小时50分。他们没有就此止步,而是更加努力创新:加长了生产线,使用了专门化的工人用于最后装配。短短几周内,他们仅用 2 小时 38 分就能装完一辆汽车。接着，他们又有了新的突破：1914 年 1 月，福特安装了第一条自动传送带。福特说，这是工厂采用的第一条移动生产线，是在芝加哥肉品包装商使用吊链运输机搬运牛肉之后建成的。在有了这一创举的两个月里，福特公司装配一辆汽车仅需要 1 小时 30 分。就在几年前，当时固定底盘装配，装完一辆汽车的最高纪录是一个工人工作 728 个小时。采用这一新的移动生产线后，装完一辆汽车只需要 1 小时 33 分。

（二）成组技术和成组加工单元

成组技术（Group Technology）是指利用产品间的相似性，按照一定的准则分类成组，同组产品能够采用同一方法进行处理，以利于提高效益的技术。它由苏联时期的学者米特洛万诺夫创造，后来介绍到欧美，受到普遍重视。它是合理组织中小批量生产的系统方法。在应用成组技术实践中，人们发明了一具多用的成组夹具，一组成组夹具一般可用于几种甚至几十种零件的加工。

成组加工单元是指使用成组技术，以"组"为对象，按照对象专业化布局的方式，在一个生产单元内配备不同类型的加工设备，完成一组或几组零件的全部工艺的生产组织。采用成组加工单元，加工顺序可在组内灵活安排，多品种小批量生产可获得接近于大量流水生产的效率和效益。

目前，成组技术主要应用于机械制造、电子、兵器等领域，但它还可以应用于具有相似性的众多领域，如产品设计和制造、生产管理等。

（三）柔性制造单元

柔性制造单元是指以数控机床或数控加工中心为主体，依靠有效的成组作业计划，利用机器人和自动运输小车实现工件和刀具的传递、装卸及加工过程的全部自动化和一体化的生产组织。它是成组加工系统实现合理化的最高级形式。柔性制造单元适合加工形状复杂、加工工序简单、加工工时较长、批量小的零件。它具有较大的设备柔性，机床利用率高、加工制造与研制周期短、在制品及零件库存量低的优点，但人员和加工柔性低。柔性制造单元与自动化立体仓库、自动装卸站、自动牵引车等结合，由中央计算机控制进行加工，形成柔性制造系统。柔性制造单元与计算机辅助设计功能的结合，可成为计算机一体化制造系统。

注意：上述技术的出现改变了单件小批量生产的生产过程组织形式和物流方式，使其获得了接近于大量流水生产的技术经济效益，符合市场需求的多样化、小批量和定制方向的趋势，代表了现代制造技术的发展方向。

五、生产作业控制

生产作业控制是指按照生产计划的要求，组织生产作业计划的实施，在产品投产前的准备到产品入库的整个过程中，从时间和数量上对作业进度进行控制。进行生产作业控制，可在实施中及时了解计划与实际之间的偏差并分析原因，认真调整生产进度，调配劳动力，合理利用生产能力，控制物料供应及运送，保质保量地完成任务。

生产作业控制是生产控制的基本方面，狭义的生产控制就是指生产进度控制。因此，生产作业控制又称生产进度控制。生产作业控制是实现生产作业计划的重要保证，是整个生产过程的一个重要组成部分。

（一）生产作业控制的实施

生产作业控制与整个生产过程有关，生产过程任意一个环节出现延误，都将影响生产作业计划进度。其主要是从生产进度与计划进度的对比中发现偏差，观察生产运行状态，分析研究其原因，采取相应措施纠正偏差。生产作业控制的关键点有三个，如图 8.10 所示。

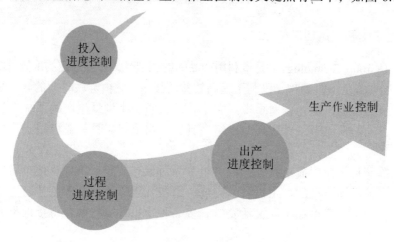

图 8.10　生产作业控制的关键点

1. 投入进度控制

投入进度控制包括原材料投入、各车间的半成品投入和装配车间的零件投入。要保证产品按计划出产，就必须做好投产前的各项准备工作（包括技术、物资、设备、动力、劳动力等）控制，根据在各环节的投入提前期，保证其在各环节按计划准时投产。

2. 过程进度控制

过程进度控制是指在投料运行后，对各环节的加工进度进行控制，它包括关键工序的进度控制。各环节能否按时完工，决定了产品最后能否准时完工交货。这种控制主要用于单件小批类型生产及多品种中小批量类型的生产。

3. 出产进度控制

出产进度控制是生产进度控制的最终目的。它包括产品（包括零件、部件）出产时间和数量的控制，零部件出产进度控制，其目的是保证能按时、连续、均衡地生产产品，完成生产作业计划规定的任务。

（二）生产作业控制的手段

1. 生产调度工作

生产调度工作是指组织执行生产作业计划的工作。它包括检查、督促、协助有关部门做好生产作业计划准备工作，检查、了解、控制过生产环节的生产进度（投入进度、出产进度、工序进度），对计划完成情况进行统计分析。

2. 生产作业核算

生产作业核算是指在实施生产作业计划过程中，对生产各阶段、各环节中的原材料投入、在制品流转和产品出产,以及设备运转、维修时间消耗、分析检验等进行的核算,是为保证作业计划实现而进行的日常统计、汇总、对比分析工作。

3．在制品管理

在制品管理是生产作业控制的辅助性手段,是指对在制品的计划、协调和控制工作的总称。它起着调节各车间、工作地、工序之间连续、协调、平衡生产的重要作用。在制品管理工作体现在对在制品的投入、产出、领用、发放、保管、周转等方面,必须做到"有数、有据、有手续、有制度、有秩序"。

(三) 生产作业控制的程序

1．确定标准

做好控制工作的首要任务就是确定标准。生产作业控制标准要根据生产目标,参照拟订生产计划和生产作业计划来制定。除了计划规定的各种目标外,还包括工人的额定工时标准,机器生产率等。

2．监督检查

监督检查就是依据已经确立的标准对实际生产活动进行监督和检查。这个阶段的主要工作是评价和比较,一是将实际生产进程与计划进度进行比较;二是实际达到的成绩与订单要求目标进行比较。对生产实际信息的把控是这个阶段的核心问题。

3．纠正偏差

生产作业控制的意义就在于采取合理的措施来解决或纠正偏差。找出偏差出现的环节和发生的原因,采取调整生产组织或劳动组织结构、重新分配资源等方法纠正偏差,以便完成预定生产任务。

8.3 生产计划

生产计划是关于企业生产运作系统总体方面的计划,是企业在计划期内应达到的产品品种、质量、产量和产值等生产任务的计划和对产品生产进度的安排。生产计划的任务是:一方面,对满足客户要求的三要素"交期、品质、成本"进行计划;另一方面,为了企业获得适当利益,对生产的三要素"材料、人员、机器设备"的准备、分配及使用进行计划。

一、生产计划概述

(一) 生产计划的主要指标

为了有效和全面地指导企业生产计划期内的生产活动,生产计划应建立包括产品品种、产品质量、产品产量和产品产值的四类指标为主要内容的生产指标体系。它们各有不同的经济内容,从不同的侧面反映企业计划期内生产活动的要求。

1. 品种指标

产品品种指标是企业在计划期内规定生产的产品名称、型号、规格、种类和数量等。它不仅反映企业对社会需求的满足能力,而且反映企业的专业化水平和管理水平。

2. 质量指标

产品质量指标包括两大类:一类是反映产品本身内在质量的指标,主要是产品平均技术性能、产品质量等;另一类是反映产品生产过程中工作质量的指标,如质量损失率、废品率、成品返修率等。对产品质量的统一规定形成了质量技术标准,包括国际标准、国家标准、部颁标准、企业标准、企业内部标准等。

3. 产量指标

产品产量指标是指企业在一定时期内生产的、符合产品质量要求的实物数量和工业性劳务的数量。以实物量计算的产品产量,反映企业生产的发展水平,是制定和检查产量完成情况,分析各种产品质检比例关系和进行产品平衡分配,计算实物产量指数的依据。

4. 产值指标

产品产值指标是用货币表示的产量指标,能综合反映企业生产经营活动成果,以便进行不同行业间比较。根据具体内容与作用不同,其可分为商品产值、总产值和净产值三种形式。

注意:上述各项生产计划指标的关系十分密切。既定的产品品种、质量和产量指标,是计算各种产值指标的基础,而各项产值指标又是企业生产成果的综合反映。企业在编制生产计划时,应先落实产品的品种、质量与产量指标,然后据以计算产值指标。

(二)生产计划的三个层次

企业的生产计划一般分为综合计划、主生产计划和物料需求计划三种。生产运作计划的制订过程如图 8.11 所示。

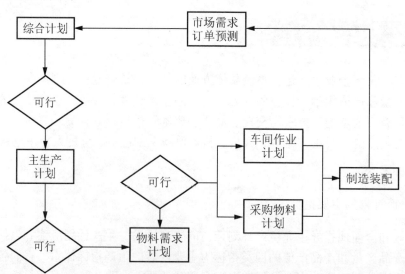

图 8.11 生产运作计划的制订过程

1. 综合计划

综合计划（Aggregate Production Planning，APP）又称生产大纲，它是对企业未来较长一段时间内资源和需求之间平衡所做的概略性的设想，是根据企业所拥有的生产能力和市场需求预测对企业未来较长时间内产出内容、产出量、劳动率水平、库存投资等问题所做出的决策性描述。综合计划并不具体制定每一品种的生产数量、生产时间和每一车间及人员的具体工作任务，而是按照不同方式对产品、时间和人员进行安排。

2. 主生产计划

主生产计划（Master Production Schedule，MPS）要确定每一具体的最终产品在每一具体时间段内的生产数量。最终产品是指对企业而言，必须最终完成、可以马上出厂的完成品，它可以是直接用于消费的消费产品，也可以作为其他企业产品的部件或配件。这里所指的具体时间段，通常以周为单位，有时也可能是日、旬或月。

3. 物料需求计划

物料需求计划（Material Requirement Planning，MRP）是指要制订原材料、零件、部件等的生产采购计划，包括外购什么、生产什么、什么物料必须在什么时候订货或开始生产，每次订多少、生产多少等。主生产计划确定后，生产管理部门下一步要做的事情是，保证完成主生产计划所规定的最终产品所需的全部物料（原材料、零件、部件等）及其他资源的供应。也就是说，物料需求计划所要解决的，是与主生产计划规定的最终产品相关物料的需求问题，而不是对这些物料的独立的、随机的需求问题。

（三）生产计划的编制步骤

（1）收集资料，分项研究。编制生产计划所需的资源信息和生产信息。

（2）拟订优化计划方案进行统筹安排。初步确定各项生产计划指标，包括产量指标的优选和确定、质量指标的确定、产品品种的合理搭配、产品出产进度的合理安排。

（3）编制计划草案做好生产计划的平衡工作。这主要是生产指标与生产能力之间的平衡；测算企业主要生产设备和生产面积对生产任务的保证程度；生产任务与劳动力、物资供应、能源、生产技术准备能力之间的平衡；生产指标与资金、成本、利润等指标之间的平衡。

（4）讨论修正与定稿报批通过综合平衡，对计划做适当调整，正确制定各项生产指标。报请总经理或上级主管部门批准。

同时，生产计划的编制要注意全局性、效益性、平衡性、群众性和应变性。

二、生产作业计划

生产作业计划是指把生产年度计划中规定的月度生产任务具体分配到各车间、工段、班组乃至每个工作地和个人，规定他们在月、旬、周、日以至轮班和小时内的具体生产任务，并按日历顺序安排生产进度，从而保证按品种、质量、数量、期限和成本完成企业的生产任务。生产作业计划的制订如图8.12所示。

生产作业计划是生产计划的具体执行计划。与生产计划相比，生产作业计划具有计划期短、计划内容具体、计划单位小三个特点。它的主要任务包括：生产作业准备的检查、制定期量标准、生产能力的细致核算与平衡。生产作业计划是建立企业正常生产秩序和管理秩序的主要手段，是企业计划管理的重要环节。

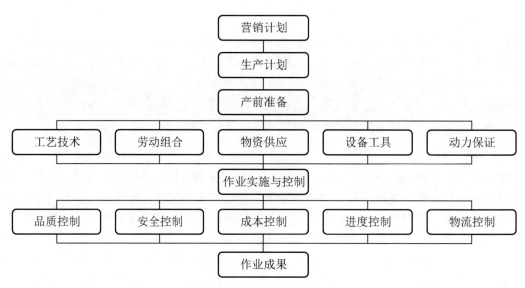

图 8.12　生产作业计划的制订

（一）生产作业计划的标准

生产作业计划标准又称期量标准，是指为制造对象（产品、部件、零件等）在生产期限和生产数量方面所规定的标准数据。它是编制生产作业计划的重要依据和组织均衡生产的有力工具。企业的生产类型不同，生产过程组织也不同，也就形成了不同的期量标准。

1．批量和生产间隔期

批量是指一次投入（出产）相同制品的数量。生产间隔期是指相邻两批同种制品投入（出产）的时间间隔。其相互间关系可以用公式表示为

$$批量 = 生产间隔期 \times 平均日产量$$

2．生产周期

生产周期是指产品或零件从原材料投入生产起一直到成品出产为止所经历的全部日历时间（或工作日数）。它是确定产品在各个工艺阶段的投入期和出产期的主要依据。产品的生产周期由各个工艺阶段的生产周期组成。

3．生产提前期

生产提前期是指产品（或零件）在各个工艺阶段出产（或投入）的日期与成品出产日期相比所提前的时间。生产提前期有投入提前期和出产提前期两种。生产提前期是编制生产作业计划，保证按期交货，履行订货合同的重要衡量标准。

投入提前期是按反工艺顺序连续计算出来的；生产提前期是根据车间和生产间隔期计算出来的，同时要考虑一个保险期。它们的计算公式为

$$车间投入提前期 = 本车间生产提前期 + 本车间生产周期$$
$$本车间生产提前期 = 后车间投入提前期 + 保险期$$

4．在制品定额

在制品定额是指在一定技术组织条件下，为了保证生产连续而均衡地进行所必需的最低

限度的在制品数量。一定数量的在制品是保证生产正常进行的客观需要，如果在制品过多，就会增加生产面积和资金占用，影响经济效益；如果在制品过少，往往导致生产脱节、设备停歇。因此，必须把在制品定额控制在适当的水平上。在制品、半成品定额的计算公式为

$$车间在制品定额 = 平均每日出产量 \times 车间生产周期 + 保险储备量$$

$$库存半成品定额 = 后车间平均每日需要量 \times 库存定额天数 + 保险储备量$$

（二）生产作业计划的编制

不同生产类型的企业会选择不同的编制方法，主要有在制品定额法、提前期法、生产周期法和订货点法。随着科学技术的迅速发展，各种企业生产的品种日益增多，系统分析、运筹学等原理和计算机技术越来越多地应用于企业管理，又出现了网络法、准时制生产、混流生产法、盈亏平衡分析法等新的生产作业计划编制方法。

1. 在制品定额法

在制品定额法适用于大批量生产的企业。这类企业生产品种比较单一，产量比较大，工艺和各车间的分工协作关系密切且稳定，只要把在制品控制在定额水平上，就可以保证生产过程协调、正常地进行。采用在制品定额法，就是运用预先制定的在制品定额，按照产品的反工艺顺序，从出产成品的最后车间开始，连续计算各车间的出产量和投入量。其计算公式为

$$车间出产量 = 后车间投入量 + 本车间半成品外销量 + (库存半成品定额 + 期初库存半成品预计结存量)$$

$$车间投入量 = 本车间出产量 + 本车间废品量 + (车间在制品定额 + 期初车间在制品预计结存量)$$

2. 提前期法

提前期法适用于多品种成批生产的企业。这类企业轮番生产各种产品，各个生产环节结存的在制品的品种和数量经常不一致。但是各种主要产品的生产间隔期、批量、生产周期和提前期都比较固定，因此，可以采用提前期法来规定车间的生产任务。采用提前期法可对生产的产品实行累计编号，所以又称累计编号法。所谓提前期法，就是将预先制定的提前期标准转化为提前量，来规定车间的生产任务，使车间之间由"期"的衔接变为"量"的衔接。其计算公式为

$$提前量 = 提前期 \times 平均日产量$$

3. 生产周期法

生产周期法适用于单件小批生产企业。这类企业的生产任务多数是根据订货合同来确定的，生产的品种、数量和时间都很不稳定，产品是一次性生产或不定期重复生产出来的。因此，各车间的生产在数量上衔接比较简单，关键是合理搭配订货，调整处理类似品种多变与保持车间均衡负荷之间的矛盾。

4. 订货点法

订货点法适用于安排生产产量大、品种稳定、价值低、结构简单的小型零件的生产。采用订货点法，就是确定各种零件合理的生产批量，每次生产一个批量交到仓库，车间需要时

到仓库去领用；当库存量下降到规定限度时，仓库立即向有关车间和部门发出生产通知，生产车间立即组织生产，生产完后交到仓库。

5. 网络法

网络法主要用于复杂的一次性产品（或工程）的生产。它是一种逻辑性的计划手段，其典型的方法是计划评审法。

6. 准时制生产

准时制生产适用于在必要的时候，按必要的数量，把生产所必要的物料送到必要的地方。其目的是把在制品储备压缩到最低限度，尽可能地节约流动资金。

7. 混流生产法

混流生产法主要用于工艺相似的系列化产品的流水生产企业。在生产条件和生产能力的情况下，它经过科学逻辑的运算，制定出在同一生产线上最优品种搭配的生产方案，达到品种、产量、工时的均衡，最大限度地节约资源。

8. 盈亏平衡分析法

盈亏平衡分析法（Break-even Analysis）是进行总产量计划时常使用的一种定量分析方法。企业要做到不亏损，作为经营者必须要知道，自己企业在最低限度上生产多少产品才不会亏损，这就是盈亏平衡分析法的根本目的。

盈亏平衡分析法又称保本点分析或本量利分析法，是根据产品的业务量（产量或销量）、成本、利润之间的相互制约关系的综合分析，用来预测利润，控制成本，判断经营状况的一种数学分析方法。利用盈亏平衡分析法可以计算出企业的盈亏平衡点，盈亏平衡点又称保本点、盈亏临界点、损益分歧点、收益转折点等。盈亏平衡分析法示意如图 8.13 所示。

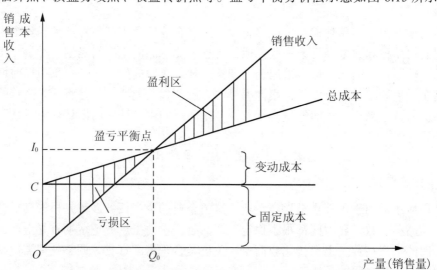

图 8.13　盈亏平衡分析法示意

盈亏平衡分析法的基本原理是：当产量增加时，销售收入成正比增加。但固定成本不增加，只是变动成本随产量的增加而增加，所以企业的总成本的增长速度低于销售收入的增长速度,当销售收入和总成本相等时(销售收入线与总成本线的交点),企业不盈也不亏,这时的产量称为盈亏平衡点产量。

一般来说,"企业收入=成本+利润",如果利润为零,则"收入=成本=固定成本+变动成本",而"收入=销售量×价格""变动成本=单位变动成本×销售量",这样由"销售量×价格=固定成本+单位变动成本×销售量"可以推导出盈亏平衡点(Q_0)的计算公式为

$$Q_0 = F/(P - C_v)$$

式中,P——产品销售价格;

F——固定成本总额;

C_v——单件变动成本。

三、其他生产计划

(一)物料需求计划

1. 物料需求计划的概念

物料需求计划(MRP)是指在产品生产中对构成产品的各种物料需求量与需求时间所做的计划。MRP 是根据市场需求预测和顾客订单制订的产品生产计划,基于产品生成进度计划,组成产品的材料结构表和库存状况,并计算所需物资的需求量和需求时间,从而确定材料的加工进度和订货日程。在企业的生产计划管理体系中,它属于作业层的计划决策。

MRP 主要内容包括客户需求管理、产品生产计划、原材料计划及库存纪录。其中,客户需求管理包括客户订单管理及销售预测,将实际的客户订单数与科学的客户需求预测相结合就能得出客户需要什么、需求多少。

2. 物料需求计划的基本思想

物料需求计划的基本思想是,只在需要的时候,向需要的部门,按需要的数量提供需要的物料。也就是说,它既要防止物料供应滞后于生产对它们的需求,又要防止物料过早地出产和进货,以免增加库存,造成物资和资金的积压。

(二)制造资源计划

1. 制造资源计划的概念

1977 年 9 月,美国生产管理专家奥利弗·怀特首次提出了将货币信息纳入 MRP 的方式,冠以"制造资源计划"的名称,为了既与 MRP 区别又体现出是 MRP 的继续和发展,他称之为"MRPⅡ"。制造资源计划是以物料需求计划为核心,覆盖企业生产活动所有领域、有效利用资源的生产管理思想和方法的应用系统。MRPⅡ是对制造业企业资源进行有效计划的一整套方法。

MRPⅡ中的制造资源主要包括人工、物料、设备、能源、资金、空间和时间。这些资源以信息的形式表现,通过信息的有效集成,对企业内的各种资源进行合理调配、充分利用,以形成最有效的生产能力。

2. 制造资源计划的基本思想

MRPⅡ的基本思想就是把企业作为一个有机整体,从整体最优的角度出发,通过运用科学方法对企业各种制造资源和产、供、销、财各个环节进行有效计划、组织和控制,使它们

得以协调发展,并充分地发挥作用。其主要体现在六个方面:计划的一贯性与可行性,管理的系统性,数据共享性,动态应变性,模拟预见性,物流、资金流的统一。

上述每个特点都含有管理模式的变革和人员素质或行为的变革两方面,这些特点相辅相成。MRPⅡ是一个比较完整的生产经营管理计划体系,是实现制造业企业整体效益的有效管理模式。

(三)企业资源计划

1. 企业资源计划的概念

企业资源计划(Enterprise Resource Planning,ERP)在 MRPⅡ的基础上,通过反馈的物流和反馈的信息流、资金流,把客户需要和企业内部的生产经营活动及供应商的资源整合在一起,体现完全按用户需要进行经营管理的一种全新的管理方法。

随着市场竞争的进一步加剧,企业竞争空间与范围进一步扩大,MRPⅡ主要面向企业内部资源全面计划管理的思想逐步发展为怎样有效利用和管理整体资源的管理思想,ERP 随之产生。ERP 是实施企业流程再造的重要工具之一,是大型制造企业所使用的公司资源管理系统。例如,世界 500 强企业中有大多数企业都在用 ERP 软件作为其决策的工具并用来管理日常工作流程,其功效可见一斑。ERP 系统与外部系统集成示意如图 8.14 所示。

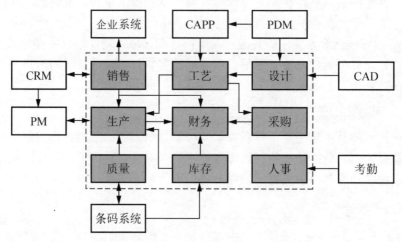

图 8.14　ERP 系统与外部系统集成示意

2. 企业资源计划的基本思想

ERP 的基本思想是将制造企业的制造流程看作一个紧密连接的供应链,其中包括供应商、制造工厂、分销网络和客户;将企业内部划分成几个相互协同作业的支持集团,如财务、市场、销售、质量、工程等,还包括对竞争对手的监视管理。其主要体现在三个方面:体现对整个供应链资源进行管理的思想,体现精益生产、同步工程和敏捷制造的思想,体现事先计划与事中控制的思想。

此外,计划、事务处理、控制与决策功能都在整个供应链的业务处理流程中实现,要求在每个流程的业务处理过程中最大限度地发挥每个人的工作潜能与责任心,实现企业组织结构从"高耸式"向"扁平式"的转变,提高企业对市场需求变化的响应速度。

8.4 生产现场管理

现场管理是生产第一线的综合管理,是生产管理的重要内容,也是生产系统合理布置的补充和深入。它是一项经常性、基础醒的综合管理,对于充分利用企业各种资源,建立文明的生产经营秩序,树立良好的企业形象,有着十分重要的意义。

一、生产现场管理概述

（一）生产现场与生产现场管理

1. 生产现场

【拓展视频】

现场的定义有广义和狭义两种。从广义上看,凡是企业用来从事生产经营的场所,都称为现场,如厂区、车间、仓库、运输线路、办公室及营销场所等;从狭义上看,企业内部直接从事基本或辅助生产过程组织的结果都是生产系统布置的具体体现,是企业实现生产经营目标的基本要素之一。狭义上的现场也就是一般所指的生产现场,下面介绍的生产现场管理,主要指的就是指狭义上的现场管理。

2. 生产现场管理

生产现场管理是指用科学的管理制度、标准和方法对生产现场各生产要素,包括人（工人和管理人员）、机（设备、工具、工位器具）、料（原材料）、法（加工、检测方法）、环（环境）、信（信息）等进行合理有效的计划、组织、协调、控制和检测,使其处于良好的结合状态,达到优质、高效、低耗、均衡、安全、文明生产的目的。

（二）生产现场管理的基本内容和要求

1. 生产现场管理的基本内容

生产现场管理是生产第一线的综合性管理,是企业管理水平的直观反映。其基本内容主要包括以下几个方面：

（1）现场实行"定置管理",使人流、物流、信息流畅通有序,现场环境整洁,文明生产。

（2）加强工艺管理,优化工艺路线和工艺布局,提高工艺水平,严格按工艺要求组织生产,使生产处于受控状态,保证产品质量。

（3）以生产现场组织体系的合理化、高效化为目的,不断优化生产劳动组织,提高劳动效率。

（4）健全各项规章制度、技术标准、管理标准、工作标准、劳动及消耗定额、统计台账等。

（5）建立和完善管理保障体系,有效控制投入产出,提高现场管理的运行效能。

（6）搞好班组建设和民主管理,充分调动职工的积极性和创造性。

2. 生产现场管理的基本要求

生产现场具有基层性、动态性、协调性和群众性的特点,因而生产现场管理是一个复杂的系统工程。其基本要求是环境整洁、纪律严明、设备完好、物流畅通有序、信息准确及时、生产均衡有效。

开展现场管理工作,常见的做法可分为三个阶段:

(1)治理整顿。着重解决生产现场的脏、乱、差,逐步建立起良好的生产环境和生产秩序。

(2)专业到位。做到管理重心下移,促进各专业管理的现场到位。

(3)优化提高。优化现场管理的实质是改善,改善的内容就是目标与现状的差距,通过 PDCA 循环(详见第 9 章相关内容介绍)使其合理有效地运行。

二、"5S"现场管理

(一)"5S"现场管理的定义

"5S"是整理(Seiri)、整顿(Seiton)、清扫(Seiso)、清洁(Seiketsu)和素养(Shitsuke)这 5 个词的缩写,所以简称为"5S"。开展以整理、整顿、清扫、清洁和素养为内容的活动,称为"5S"活动。"5S"活动的对象是现场的"环境",它对生产现场环境全局进行综合考虑,并制订切实可行的计划,从而达到规范化管理。"5S"现场管理如图 8.15 所示。

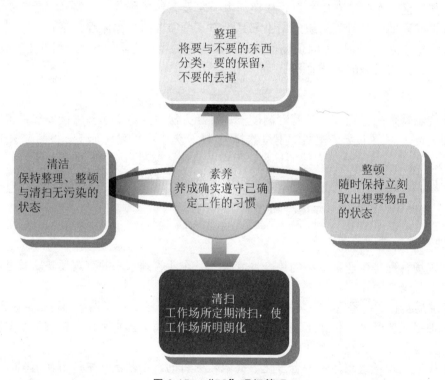

图 8.15 "5S"现场管理

"5S"活动起源于日本,并在日本企业中广泛推行,它相当于我国企业开展的文明生产活动。"5S"活动的核心和精髓是素养,如果没有职工队伍素养的相应提高,"5S"活动就难以开展和坚持下去。

(二)"5S"现场管理的内容和具体要求

1. 整理

把要与不要的人、事、物分开,再将不需要的人、事、物加以处理,这就是开始改善生产现场的第一步,即整理。其要点是对生产现场的现实摆放和停滞的各种物品进行分类,区分什么是现场需要的,什么是现场不需要的。对于现场不需要的物品,诸如用剩的材料、多余的半成品、切下的料头、切屑、垃圾、废品、多余的工具、报废的设备、工人的个人生活用品等,要坚决清理出生产现场。这项工作的重点在于坚决把现场不需要的东西清理掉。对于车间里各个工位或设备的前后、通道左右、厂房上下、工具箱内外及车间的各个死角,都要彻底进行清理,使现场无不用之物。

整理活动的要点:一是改善和增加作业面积;二是现场无杂物,行道通畅,提高工作效率;三是减少磕碰的机会,保障安全,提高质量;四是消除管理上的混放、混料等差错事故;五是有利于减少库存量,节约资金;六是改变作风,提高工作情绪。

2. 整顿

把需要的人、事、物加以定量、定位,这就是整顿。它是"5S"现场管理的重点,是生产现场改善的关键。通过前一步整理后,对生产现场需要留下的物品进行科学合理的布置和摆放,以便用最快的速度取得所需之物,在最有效的规章、制度和最简洁的流程下完成作业。生产现场物品的合理摆放有利于提高工作效率和产品质量,保障生产安全。

整顿活动的要点:一是物品摆放要有固定的地点和区域,以便于寻找,消除因混放而造成的差错;二是物品摆放地点要科学合理。例如,根据物品使用的频率,经常使用的东西应放得近些(如放在作业区内),偶尔使用或不常使用的东西则应放得远些(如集中放在车间某处);三是物品摆放目视化,使定量装载的物品做到过目知数,摆放不同物品的区域采用不同的色彩和标记加以区别。

3. 清扫

把工作场所打扫干净,设备异常时马上修理,使之恢复正常,这就是清扫。生产现场在生产过程中会产生灰尘、油污、铁屑、垃圾等。脏的现场会使设备精度降低,故障多发,影响产品质量,使安全事故防不胜防;脏的现场更会影响员工的工作情绪,使其不愿久留。因此,必须通过清扫活动来清除脏物,创建一个明快、舒畅的工作环境。

清扫活动的要点:一是自己使用的物品,如设备、工具等,要自己清扫,而不要依赖他人,不增加专门的清扫工;二是对设备的清扫,着眼于对设备的维护保养(清扫设备要同设备的点检结合起来,清扫即点检;清扫设备要同时做设备的润滑工作,清扫也是保养);三是清扫也是为了改善,当清扫地面发现有飞屑和油水泄漏时,要查明原因,并采取措施加以改进。

4. 清洁

整理、整顿、清扫之后要认真维护,使现场保持完美和最佳状态,这就是清洁。清洁是对前三项活动的坚持与深入,从而消除引发安全事故的根源。创造一个良好的工作环境,可使员工愉快地工作。

清洁活动的要点:一是车间环境不仅要整齐,而且要做到清洁卫生,保证员工身体健康,提高员工劳动热情;二是不仅物品要清洁,而且员工本身也要做到清洁,如工作服要清洁,仪表要整洁,及时理发、刮胡须、修指甲、洗澡等;三是员工不仅要做到形体上的清洁,而且要做到精神上的"清洁",对人要讲礼貌,要尊重别人;四是要使环境不受污染,进一步消除混浊的空气、粉尘、噪声和污染源,消灭职业病。

5. 素养

素养即努力提高人员的修身，养成严格遵守规章制度的习惯和作风，这是"5S"现场管理的核心，也是最终目标。没有员工素质的提高，各项活动就不能顺利开展，即使开展了也坚持不了。因此，抓"5S"活动，要始终着眼于提高人的素质。

三、目视管理

（一）目视管理的概念

目视管理是指利用形象直观而又色彩适宜的各种视觉感知信息来组织现场生产活动，达到提高劳动生产率的一种管理手段，是一种利用视觉来进行管理的科学方法。目视管理是一种以公开化和视觉显示为特征的管理方式，可称为看得见的管理或一目了然的管理。这种管理的方式可以贯穿于各种管理的领域中，它综合运用了管理学、生理学、心理学、社会学等多学科的研究成果。

（二）目视管理的内容

1. 规章制度与工作标准的公开化

为了维护统一的组织和严格的纪律，保持生产所要求的连续性、比例性和节奏性，提高劳动生产率，需要实行安全生产和文明生产。

2. 生产任务与完成情况的图表化

现场是协作劳动的场所，凡是需要大家共同完成的任务都应公布于众。计划指标要定期层层分解，落实到车间、班组和个人，并列表张贴在墙上；实际完成情况也要相应地按期公布，并用作图法。

3. 视觉显示资讯的标准化

目视管理按定置管理的要求，采用清晰的、标准化的资讯显示符号，对各种区域、通道，各种辅助工具（如料架、工具箱、工位器具、生活柜等）均应运用标准颜色，不得任意涂抹。

4. 方式形象直观与使用方便化

为了有效地进行生产作业控制，要采用与现场工作状况相适应的、简单实用的资讯传导信号，以便在后道工序发生故障或由于其他原因停止生产，前道工序供应在制品能及时停止投入。生产作业控制除了期量控制外，还有质量和成本控制，也要实行目视管理。

5. 物品码放和运送数量的标准化

物品码放和运送实行标准化，可以充分发挥目视管理的长处。例如，各种物品实行"五五码放"，各类工位器具，包括箱、盒、盘、小车等，均应按规定的标准数量盛装，使得操作、搬运和检验人员点数时既方便又准确。

6. 企业和个人实行挂牌制度化

挂牌制度包括单位挂牌和个人佩戴标志。按照企业内部各种检查评比制度，以形象、直观的方式给单位挂牌，能够激励先进单位更上一层楼，鞭策后进单位奋起直追。个人佩戴标志，如胸章、胸标、臂章等，其作用同着装类似，可同考评相结合，给人以压力和动力，达到催人进取、推动工作的目的。

7. 色彩管理的标准化

色彩是现场管理中常用的一种视觉信号。目视管理要求科学、合理、巧妙地运用色彩，并实现统一的标准化管理，不允许随意涂抹。这是因为色彩的运用受多种因素制约，如技术因素、生理和心理因素、社会因素等，现场凡是需要用到色彩的，都应有标准化的要求。

（三）目视管理的类型

目视管理可以使各种管理状态、管理方法"一目了然"，从而使员工容易明白、易于遵守。它的具体形式多种多样，常见的类型有以下六种。

1. 看板

在看板生产中，一眼就可以看出具体要做什么，数量是多少，谁来负责，谁来管理等，让人一看就明白。看板强调的是透明化、公开化，因为目视管理有一个先决的条件，就是消除黑箱作业。

2. 信号灯

在生产现场，第一线的管理人员必须随时知道，作业员或机器是否在正常地开动，是否在正常作业。信号灯是工序内发生异常时，用于通知管理人员的工具。常见信号灯有发音信号灯、异常信号灯、运转指示灯和进度灯等。

3. 操作流程图

操作流程图本身是描述工序重点和作业顺序的说明书，也称为步骤图，用于指导生产作业。在车间内，特别是工序比较复杂的车间，需要有操作流程图。原材料进来后，第一个工序可能是签收，第二个工序可能是点料，第三个工序可能是转换或者转制……这就需要根据操作流程图来执行。

4. 反面教材

反面教材一般结合实物展示，让现场作业人员明白不良的现象及后果。反面教材一般放在人多的显著位置，让人一看就明白是不能正常使用还是不能违规操作。

5. 提醒板

提醒板用于防止遗漏。因为遗忘不可能杜绝，只有通过一些管理的方法最大限度地减少它。提醒板一个月统计一次，在每个月的例会中总结，与上个月进行比较，看是否有进步，并确定下个月的目标，这是提醒板的关键作用。

6. 区域线

区域线就是将半成品放置的场所或通道等区域用线条画出来，主要用于整理与整顿。

> **案例阅读**
>
> 一个车间是长方形的，饮水机放在南北两侧。对于靠近饮水机的员工来说，当他们需要添加饮水时，路程方便多了。但是，对于处在中间三分之一区域的员工来说，往南或往北，距离都是一样的。员工们有个很好的习惯，就是除非饮水机上的绿灯亮了（表示水已经烧开），他们才会去添水，否则就会等待，直到

红灯熄灭。对于南北两侧的员工来说，当他们走到饮水机前，发现红灯还亮着的时候，往往就是返回。但对于中间区域的员工来说，再走回头路，实在是一段遥远的路程。

有一天，负责中间区域生产线的主管跟生产经理说："我的组员只要一离开岗位去倒茶水，没有10分钟是回不来的。""为什么？"生产经理问。"因为他们要么在那里等绿灯亮，要么就趁机会上个洗手间，反正水烧开没那么快。"这位主管有几天被这种糟糕的生产效率逼急了，就找生产经理。于是，生产经理找来大家讨论这个问题。"没有办法！"电工先这样说："一定要走到饮水机前才能知道水到底开了没有。""那就在车间中央再装一台饮水机。"那位主管这样提议。"不行！"责安全生产的人首先反对："那是违反安全规定的。""水开没开怎么确认？"生产经理问。他们瞪大眼睛看着生产经理，好像对生产经理这种"幼稚"的话感到丧气。"看饮水机上的指示灯是亮红灯还是亮绿灯啊！"电工这样说。"什么时候看哪？"生产经理又问。"走近饮水机的时候啊！"电工一脸无奈的表情。"一定要走近饮水机才看得到吗？"生产经理又问。"啊……"他们张大嘴巴，表情难以形容，好像是被生产经理搞得快发神经了，也好像是有所顿悟的样子。后来，他们把饮水机那个显示红绿灯的线路延长出来，装上一个大红灯泡，挂在饮水机的上头。自此，从很远的地方就可以看到那个红灯泡，只要它还亮着的，那就表示水还没开。因此，就有很多人连头也不抬地问他们主管："水开了没？"然后继续工作。

这是一次很简单的改造，就是目视化管理的生动体现。在讨论之初，大家也是没有头绪的，但在生产经理的启迪之下，大家终于抓住了问题的关键点：将水烧开的信号更方便地传递给需要喝水的员工。于是，解决问题的办法立刻就出来了。

综合练习与实践

一、判断题

（1）现代生产运作包括两种：制造型生产和服务型运作。（　　）
（2）服务型运作的资本密集程度高，而制造型生产劳动的密集程度高。（　　）
（3）工厂布置优化目标主要有三点：一是总物流运输工作量最小化；二是反向物流运输工作量最小化；三是相邻位置设备间的物流运输工作量最大化。（　　）
（4）"5S"现场管理起源于美国，并在美国企业中广泛推行。（　　）
（5）目视管理是一种以公开化和视觉显示为特征的管理方式，也可称为看得见的管理或一目了然的管理。（　　）

二、单项选择题

（1）从本质上来说，服务型运作（　　）要低于制造型生产。
　　A. 劳动密集程度　　　　　　　　B. 顾客的参与程度
　　C. 资本密集程度　　　　　　　　D. 投入不确定性
（2）生产过程的（　　）是指企业要以最少的投入获得最大的产出，进而实现利润最大化。
　　A. 经济性　　　　　　　　　　　B. 单向性
　　C. 比例性　　　　　　　　　　　D. 均衡性
（3）（　　）就是按照产品（或零件、部件）的不同来设置生产单位，即根据生产的产品来确定车间的专业分工，每个车间完成其所负担的加工对象的全部工艺过程，其工艺过程是封闭的。
　　A. 计划专业化　　　　　　　　　B. 工艺专业化
　　C. 对象专业化　　　　　　　　　D. 作业专业化

（4）（　　）是指利用产品间的相似性，按照一定的准则分类成组，同组产品能够采用同一方法进行处理，以便提高效益的技术。

　　A. 流水线生产　　　　　　　　B. 标准生产
　　C. 柔性制造单元　　　　　　　D. 成组技术

（5）生产控制的关键点有三个，即（　　）、过程进度和出产进度。

　　A. 生产调度工作　　　　　　　B. 生产作业核算
　　C. 投入进度　　　　　　　　　D. 在制品管理

三、多项选择题

（1）现代生产过程组织的新要求是（　　）。

　　A. 精确性　　　　　　　　　　B. 自动化
　　C. 柔性　　　　　　　　　　　D. 电子化

（2）生产运作管理的主要任务可以用一句话来概括，即（　　）地生产合格产品和提供满意服务。

　　A. 高效　　　　　　　　　　　B. 灵活
　　C. 准时　　　　　　　　　　　D. 清洁

（3）影响选址的因素资源条件，包括（　　）。

　　A. 土地资源条件　　　　　　　B. 地方政策和法规
　　C. 气候条件　　　　　　　　　D. 物料资源

（4）一批零件在工序间常见移动方式主要有（　　）。

　　A. 顺序移动　　　　　　　　　B. 平行移动
　　C. 平行顺序移动　　　　　　　D. 变位移动

（5）生产作业计划编制的方法有（　　）。

　　A. 在制品定额法　　　　　　　B. 提前期法
　　C. 生产周期法　　　　　　　　D. 订货点法

四、简答题

（1）生产过程组织应符合哪些基本要求？
（2）影响厂址选择的因素有哪些？
（3）应该如何去运用平行顺序移动方式？
（4）生产计划的主要指标有哪些？
（5）简述"5S"现场管理的内容和具体要求。
（6）已知一批零件，批量为5，经过4道工序加工，按照工艺顺序，各工序加工时间为5分钟、15分钟、10分钟、5分钟。试求在平行移动方式、平行顺序移动方式下的加工周期。

五、技能实训

请设计一个生产计划表，工科专业的同学根据自己所学专业的产品进行设计，其他专业的同学自行选定产品。

提示：

生产计划表的主要内容如下介绍。

（1）生产什么东西——即产品名称或零件名称。

（2）生产多少——即产品或零件的数量或重量。一般来说，实际生产应考虑到报废的产生，计划生产量应多于交货量。

（3）在哪里生产——即生产产品或零件的部门、单位。根据生产制造行业的特性，生产主要是在生产部门完成指标，细化是在生产的各个工序班组间加工（如机械加工行业包括铸造、锻压、车床、铣床、高频淬火、磨床、清洗等）。

（4）什么时候完成——即产品或零件的生产期间、交期。必须在客户订单的交期之前完成生产，以确保客户能在时限内收货。

【在线答题】

第 9 章

质量管理

  【学习目标】

通过本章的学习,学生应了解质量管理的理论与现状,学会质量网络的规划设计,清楚配送流程和管理,了解有哪些质量信息技术。

  【学习要求】

知识要点	能力要求	相关知识
质量管理	(1)掌握质量的概念 (2)了解质量管理的发展过程 (3)懂得质量与成本的关系	三鹿奶粉事件
质量管理的方法	(1)掌握 QC 七种工具 (2)掌握 PDCA 循环的实际应用	质量报表统计
全面质量管理	(1)掌握全面质量管理的含义 (2)了解全面质量管理的特点 (3)懂得全面质量管理的基础工作	质量不仅仅是质检部的事
ISO 9000 族标准	(1)了解 ISO (2)懂得 ISO 9000 族标准的内容 (3)了解 ISO 9000 族标准的质量管理原则	
质量认证	(1)了解质量认证的含义 (2)知道质量认证的类型 (3)知道质量认证的流程	(1)手把手教你看懂电器的体检报告——认证标识 (2)权威认证敲开国际市场大门

【案例导入】

锦湖轮胎年总销售额达 100 亿元人民币以上，在世界轮胎生产企业中排名前列。其产品设计、开发、制造和服务方面均获得了 ISO 国际质量认证和 14001 环境质量认证。而在某年一次"3·15"行动中，锦湖轮胎却被媒体曝出轮胎原料掺假。

这次媒体曝光了锦湖轮胎在制造中存在的严重问题，偷工减料，以次充好——以返炼胶代替原片胶，严重影响了轮胎的质量，给采用其品牌轮胎的汽车带来了安全隐患问题。按照作业标准，返炼胶掺入胎面与胎侧比例是 3∶1，气密层则是 6∶1。然而，在对锦湖轮胎的生产车间进行暗访时却发现，锦湖轮胎置标准于不顾，为了减少成本不按照比例掺胶，而使用大量返炼胶，降低了整个轮胎的性能，可能造成轮胎鼓包甚至爆胎等危险后果。

据悉，锦湖轮胎为包括上汽通用、北京现代、一汽大众等汽车厂家提供配套轮胎，在中国国内配套市场占有率较高。而锦湖轮胎存在如此偷工减料的生产过程，不知有多少存在安全隐患的轮胎流向市场。

该事件曝光以后，锦湖轮胎（中国）公司决定从同年 4 月 15 日起，召回 3 年生产的部分轮胎产品，共计 30 余万条，且公司承认这些产品在生产过程中过量使用反炼胶。

9.1 质量管理概述

顾客会将接受的产品或服务与对它的期望相比较，当感到超出期望时，顾客会表示满意；当没有达到期望时，顾客会抱怨、投诉，甚至诉诸公堂。一般要求企业尽量能达到或超过顾客的期望。

一、质量的概念

质量就是产品的适用性，即产品在使用时能成功地满足用户需要的程度。"质量"一词并不具有绝对意义上的"最好"的一般含义。它是指"最适合于一定顾客的要求"，这些要求是：产品的实际用途和产品的售价。

质量管理是指确定质量方针、目标和职责，并通过质量体系中的质量策划、质量控制、质量保证和质量改进来使其实现的所有管理职能的全部活动。

产品存在有形产品和无形产品，相应的质量分类如图 9.1 所示。

（一）有形产品质量

根据管理实践总结，一般有形产品的质量特征主要有以下五个方面：

（1）性能。性能是指产品满足使用目的所具备的技术特性，如钟表的走时准确、电视机的图像清晰度等。

（2）寿命。寿命是指产品在规定的使用条件下完成规定功能的工作总时间，如轮胎行驶磨损的里程数、电冰箱的使用年数等。

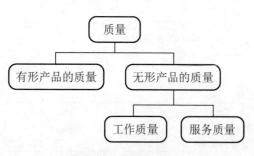

图 9.1　质量的分类

（3）可靠性。可靠性是指产品在规定的时间内和规定的条件下，完成规定功能的能力，如电视机平均无故障工作时间、机床的精度稳定期限等。

（4）安全性。安全性是指产品在制造、储存和使用过程中保证人身与环境免遭危害的程度，如各种家用电器在故障状态下不自燃起火。

（5）经济性。经济性是指产品从设计、制造到整个产品使用寿命周期的成本大小，具体表现为用户购买产品的售价和使用成本，如电冰箱的耗电量、维护保养费用等。

（二）无形产品质量

1. 工作质量

工作质量是指能够稳定地生产合格产品的能力，通常以工作能力表示。工作质量一般是由操作者（Man）、机器设备（Machine）、原材料（Material）、工艺方法（Method）、测量（Measurement）、环境（Environment）六大因素（5M1E）决定。如果这六大因素配合适当，便能保证产品质量的稳定；反之，则出现不合格产品。

（1）操作者。操作工人的文化程度、技术水平、劳动态度、质量意识和身体状况等。

（2）机器设备。设备及工艺装备的技术性能、工作精度、使用效率和维修状况等。

（3）原材料。原材料及辅助材料的性能、规格、成分和形状等。

（4）工艺方法。工艺规程、操作规程和工作方法等。

（5）测量。测量器具和测量方法等。

（6）环境。工作地的温度、湿度、照明、噪声和清洁卫生等。

围绕"5M1E"，企业形成了多项管理职能。例如，关于"人"的管理或工作，构成包括招聘、培训、激励等在内的人力资源管理；关于"料"的管理或工作，构成包括采购、仓储、检验等在内的多项职能。

2. 服务质量

顾客的需求可分为精神需求和物质需求两部分。评价服务质量时，从被服务者的物质需求和精神需求来看，可以归纳出以下六个方面的质量特性：

（1）功能性。功能性是指企业提供的服务所具备的作用和效能的特性，是服务质量特性中最基本的一个。

（2）经济性。经济性是指被服务者为得到一定的服务所需要的费用是否合理。这里所说的费用是指在接受服务的全过程中所需的费用，即服务周期费用。经济性是相对于所得到的服务质量而言的，即经济性是与功能性、安全性、及时性、舒适性等密切相关的。

（3）安全性。安全性是指企业保证服务过程中顾客、用户的生命不受危害，健康和精神不受到伤害，货物不受到损失。安全性也包括物质和精神两方面，改善安全性重点在于物质方面。

（4）时间性。时间性是为了说明服务工作在时间上能否满足被服务者的需求，包含及时、准时和省时三个方面。

（5）舒适性。舒适性是指在满足了功能性、经济性、安全性和时间性等方面的需求的情况下，被服务者期望服务过程舒适。

（6）文明性。文明性是指服务过程中为满足精神需求的质量特性。被服务者期望得到一个自由、亲切、受尊重、友好、自然和谅解的气氛，有一个和谐的人际关系。在这样的条件下来满足被服务者的物质需求，就是文明性。

二、质量管理的发展

质量管理的发展大致经历了质量检验、统计质量控制、全面质量管理三个阶段，如图 9.2 所示。

图 9.2　质量管理发展的三个阶段

（一）质量检验阶段

20 世纪前，产品质量主要依靠操作者本人的技艺水平和经验来保证，属于"操作者的质量管理"。20 世纪初，以泰勒为代表的科学管理理论的产生，促使产品的质量检验从加工制造中分离出来，质量管理的职能由操作者转移给工长，是"工长的质量管理"。随着企业生产规模的扩大和产品复杂程度的提高，产品有了技术标准（技术条件），公差制度也日趋完善，各种检验工具和检验技术也随之发展，大多数企业开始设置检验部门，有的直属于厂长领导，这时是"检验员的质量管理"。

（二）统计质量控制阶段

1924 年，美国数理统计学家休哈特提出控制和预防缺陷的概念。他运用数理统计的原理提出在生产过程中控制产品质量的"6σ"法，绘制出第一张控制图并建立了一套统计卡片。与此同时，美国贝尔研究所提出关于抽样检验的概念及其实施方案，成为运用数理统计理论解决质量问题的先驱，但当时并未被普遍接受。以数理统计理论为基础的统计质量控制的推广应用始自第二次世界大战。由于事后检验无法控制武器弹药的质量，美国国防部决定把数理统计法用于质量管理，并由标准协会制定有关数理统计方法应用于质量管理方面的规划，还成立了专门委员会，并于 1941—1942 年先后公布一批美国战时的质量管理标准。

（三）全面质量管理阶段

20 世纪 50 年代以来，随着生产力的迅速发展和科学技术的日新月异，人们对产品的质量从注重产品的一般性能发展为注重产品的耐用性、可靠性、安全性、维修性和经济性等。在这一阶段，在生产技术和企业管理中要求运用系统的观点来研究质量问题；在管理理论上也有新的发展，突出重视人的因素，强调依靠企业全体人员的努力来保证质量。在这种情况下，美国科学家费根鲍姆于 20 世纪 60 年代初提出全面质量管理的概念，提出全面质量管理是"为了能够在最经济的水平上、考虑到充分满足顾客要求的条件下进行生产和提供服务，并把企业各部门在研制质量、维持质量和提高质量方面的活动构成为一体的一种有效体系。"

三、质量成本的类型

质量成本是指企业为了保证和提高产品或服务质量而支出的一切费用，以及因未达到产品质量标准，不能满足用户和消费者需要而产生的一切损失。质量成本一般包括一致成本和不一致成本：为确保于要求一致而作的所有工作叫一致成本；因不符合要求而引起的全部工作叫不一致成本。这些工作引起的成本主要包括预防成本、鉴定成本、内部损失成本和外部损失成本。其中，预防成本和鉴定成本属于一致成本，而内部缺陷成本和外部缺陷成本又统称为故障成本，属于不一致成本。质量成本的类别如图9.3所示。

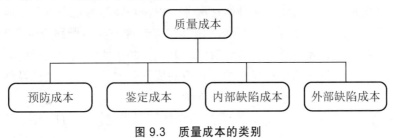

图 9.3　质量成本的类别

（一）预防成本

预防成本是指为减少质量损失和检验费用而发生的各种费用，是在结果产生之前为了达到质量要求而进行的一些活动的成本。它包括质量管理活动费和行政费、质量改进措施费、质量教育培训费、新产品评审费、质量情报费及工序控制费。

（二）鉴定成本

鉴定成本是指按照质量标准对产品质量进行测试、评定和检验所发生的各项费用，是在结果产生之后，为了评估结果是否满足要求进行测试活动而产生的成本。它包括部门行政费、材料工序成品检验费、检测设备维修费和折旧等。

（三）内部缺陷成本

内部缺陷成本是指产品出厂前的废次品损失、返修费用、停工损失和复检费等，它包括生产损失与再加工成本。

（1）生产损失。生产损失是指企业在生产过程中由于原材料质量不符合要求、生产工人违规操作、机器设备故障等原因而发生的各种损失。

（2）再加工成本。产品质量出现问题时，重新加工会产生成本、延期交货的赔偿、不合格产品报废的成本等。退回的产品价值中只有材料部分可以再用，其他如包装、人工、制造费用成本则为损失。

（四）外部缺陷成本

外部缺陷成本是指在产品出售后由于质量问题而造成的各种损失，企业生产的产品或提供的服务在到达用户手中后才发现有质量问题，就会导致外部缺陷成本增加的费用。将它与内部缺陷成本区分开，是因为当企业为那些逃脱了检验员或监督员眼睛的不合格产品或服务采取弥补措施时，会导致外部缺陷成本。一位用户如果碰到一件不合格产品或一次不合格的服务可能会给企业带来诸多影响，最明显的影响是企业可能会由此而丢失一部分市场份额，因为不利于企业的信息可能会从这个用户口中传播出去。这位不满的用户会将企业的产品或服务有质量问题的信息告诉给他的朋友，而他的朋友又可能会告诉给其他更多的人。最后，如果情况严重的话，也许媒体上会有不利于企业的报道出现。这对企业今后的影响是无法估计的，但有一点是可以肯定的，那就是企业的市场份额、企业形象、企业利润等均会受到或多或少的冲击。外部缺陷成本包括保证成本和诉讼成本。

（1）保证成本。所谓保证，往往是企业以书面形式（保修单等）来保证所提供产品或服务的质量。当产品或服务的质量出现问题时，顾客有权依据保证书上的条款要求企业退换或者维修有质量问题的产品，或者要求补偿性服务，以保护顾客的正当权益。通常情况下，保修单均有时间期限，如有的汽车厂家的保修期限是3年或是汽车行驶路程少于50 000千米等。当产品到达用户手中后，才发现产品质量有问题并试图解决所发现的质量问题时，往往要付出更大的成本代价。质量问题发现得越早，相应的成本就越低。当产品已经到达用户手中才发现有质量问题，则此时的维修成本可能会持续上升。

（2）诉讼成本。更为严重的是，有质量问题的产品可能会使用户人身安全受到伤害。这些质量问题往往是由产品设计不合理或产品加工质量太差造成的。只要是因为产品质量问题而使用户人身受到伤害，往往企业就要对受害人做出赔偿，而且赔偿金额一般都很高，还要对此付出高额的诉讼费用。例如，福特公司自1968—1980年制造的汽车的部分传动部件有质量问题，导致停止行驶却未熄火的汽车自动向后倒，福特公司为这一问题所引起的1 000多起伤亡事故付出了5亿多美元的法庭诉讼费用和赔偿金。

上述概念也可用公式表示为

$$质量成本＝预防成本＋鉴定成本＋内部缺陷成本＋外部缺陷成本$$

案例阅读

这是一个发生在第二次世界大战中期，美国空军和降落伞制造商之间的故事。在当时，降落伞的安全度不够完美，经过厂商的努力改善，降落伞制造商生产的降落伞的良品率已经达到99%。应该说，这个良品率即使在现在许多企业也很难达到。但是美国空军却对该公司说"No!"，他们要求所交货的降落伞的良品率必须达到100%。于是，降落伞制造商的总经理便专程去飞行大队商讨此事，看是否能够降低这个水准。

因为厂商认为，能够达到这个程度已接近完美了，没有必要再改。当然，美国空军一口回绝，因为品质没有折扣。

后来，美国军方要求改变检查品质的方法，他们从厂商前一周交货的降落伞中随机挑出一个，让厂商负责人穿上后亲自从飞机上跳下。这个方法实施后，降落伞的不良率立刻变成零。

 9.2 质量管理的方法

质量管理（Quality Control）的方法是对质量过程进行跟踪的手段，要以数据为客观依据，以顾客需求为核心的管理思想。

一、QC七种工具

常用的质量管理统计方法包括统计分析表、帕累托图、鱼骨图、直方图、散点图、控制图、数据分层法。

（一）统计分析表

统计分析表方法也叫质量调查表方法，利用统计图表来收集、统计数据，进行数据整理并对影响产品质量的原因做粗略的分析。调查表中所利用的统计表格是一种为了便于收集和整理数据而自行设计的空白表，在调查产品质量时，只需在相应的栏目内填入数据和记号。统计分析表是最为基本的质量原因分析方法，也是最为常用的方法。在实际工作中，经常把统计分析表和分层法结合起来使用，这样可以把可能影响质量的原因调查得更为清楚。需要注意的是，统计分析表必须针对具体的产品设计出专用的调查表进行调查和分析，示例见表9-1。

表9-1 统计分析表示例

产生质量问题的原因	统　　计	频　　数	排　　序
A	////	4	3
B	//////////	10	1
C	//////	6	2
D	//	2	4
合　　计		22	

（二）帕累托图

帕累托图又称为主次图或排列图，是按照发生频率大小顺序绘制的直方图，表示有多少结果是由已确认类型或范畴的原因所造成。它是将出现的质量问题和质量改进项目按照重要程度依次排列而采用的一种图表。帕累托图是进行优化和改进的有效工具，尤其是用来分析质量问题，确定产生质量问题的主要因素。

帕累托图用双直角坐标系表示，左边纵坐标表示频数，右边纵坐标表示频率，分析线表示累积频率，横坐标表示影响质量的各项因素，按影响程度的大小（即出现频数多少）从左到右排列，通过对排列图的观察分析可以抓住影响质量的主要因素。

帕累托法则又称为二八原理，即80%的问题是20%的原因所造成的。帕累托图（见图9.4）在项目管理中主要用来找出产生大多数问题的关键原因，可用来解决大多数问题。

（三）鱼骨图

问题的特性总是受到一些因素的影响，如果通过头脑风暴法找出这些因素，将它们与特性值一起按相互关联性整理而成的层次分明、条理清楚并标出重要因素，这种图形就叫特性要因图。因其形状如鱼骨，所以又叫鱼骨图（见图9.5），它是一种透过现象看本质的分析方法。同时，鱼骨图也用在生产中，用来形象地表示生产车间的流程。

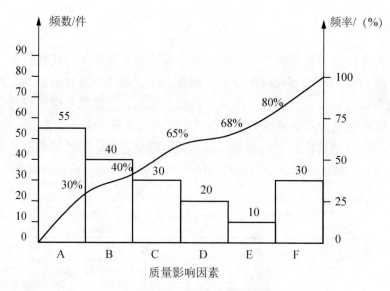

图 9.4　帕累托图示例

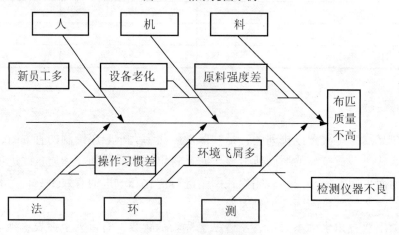

图 9.5　鱼骨图示例

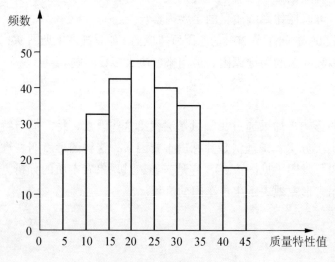

图 9.6　直方图示例

（四）直方图

直方图（见图 9.6）又称质量分布图、柱状图。用直方图可以显示出质量变化的规律性，对于质量分布状况一目了然，便于判断其总体质量分布情况。它根据从生产过程中收集来的质量数据分布情况，绘制成以组距为底边、以频数为高度的一系列连接起来的直方型矩形图，通过观察图的形状，判断生产过程是否稳定，预测生产过程的质量。直方图的绘制步骤如下：

（1）集中和记录数据，求出其最大值和最小值。把分成组的个数称为组数，每一组的两个端点的差称为组距。

（2）将数据分成若干组，并做好记号。

（3）计算组距的宽度。用组数去除最大值和最小值之差，求出组距的宽度。

（4）统计各组数据出现频数，制作频数分布表。

（5）作直方图。以组距为底长，以频数为高，作各组的矩形图。

（五）散点图

散点图（见图9.7）显示两个变量间的关系和规律。通过散点图，可以研究两个变量间可能存在的潜在关系。将独立变量和非独立变量以圆点的方式绘制为图形，如果两个点越接近对角线，那么两者的关系就越紧密。散点图是相关性分析的重要工具，只有进行了相关性分析，才能够进一步考虑有无回归逆合的可能，或者回归拟合的时候应该选择的相关变量信息。

散点图表示因变量随自变量而变化的大致趋势，据此可以选择合适的函数对数据点进行拟合。散点图的制作步骤如下：

（1）收集数据整理成数据表。

（2）建立坐标系。

（3）根据统计表描点。

（4）将各边缘点用圆滑的曲线连接。

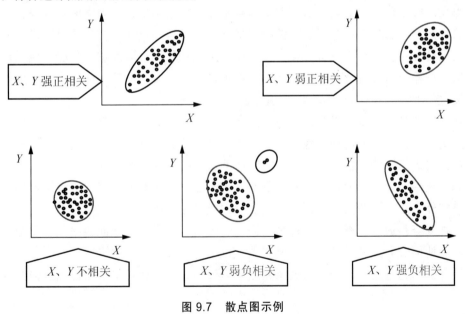

图 9.7　散点图示例

（六）控制图

控制图（见图9.8）又称为管制图。控制图是科学管理的一个不可或缺的管理工具。它是一种有控制界限的图，用来区分引起的原因是偶然的还是系统的，可以提供系统原因存在的资讯，从而判断生产过程受控状态。在生产过程中，产品质量由于受随机因素和系统因素的影响而产生变差，前者由大量微小的偶然因素叠加而成，后者则是由可辨识的、作用明显的原因所引起，经采取适当措施可以发现和排除。

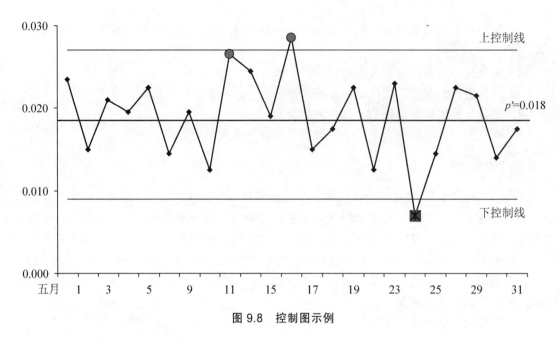

图 9.8 控制图示例

（七）数据分层法

数据分层法就是将性质相同的、在同一条件下收集的数据归纳在一起，以便进行比较分析。因为在实际生产中，影响质量变动的因素很多，如果不把这些因素区别开来，将难以找出变化的规律。数据分层可根据实际情况按多种方式进行。例如，按不同时间进行分层，按不同班次进行分层，按使用设备种类进行分层，按原材料进料时间进行分层，按原材料成分进行分层，按检查手段进行分层，按使用条件进行分层，按不同缺陷项目进行分层等。数据分层法经常与上述的统计分析表结合使用。

数据分层法是一个系统概念，即想要把相当复杂的资料进行处理，就得懂得如何把这些资料有系统、有目的、分门别类地进行归纳和统计，如何建立原始的数据并将这些数据依据所需要的目的进行统计。它也是诸多品类管理手法的最基础工作。

例如，我国航空市场近几年随着竞争的日趋激烈，许多航空公司为了争取市场，除了加强各种措施外，还在服务品质方面下功夫。我们经常在飞机上碰到航空公司进行客户满意度调查，这种调查是通过调查表来进行的。调查表的内容通常分为地面的服务品质和飞机上的服务品质；地面服务又分为订票、候机服务；机上服务又分为空服态度、餐饮、卫生服务；等等。航空公司通过这些调查，将这些数据予以整理分析，就可得到从何处加强服务品质的数据信息。

二、PDCA 循环

PDCA 循环又叫质量环，是管理学中的一个通用模型，最早由休哈特于 1930 年构想，后来被美国质量管理专家戴明在 1950 年再度挖掘出来，并加以广泛宣传和运用于持续改善产品质量的过程中。它是质量管理所应遵循的科学程序。质量管理活动的全部过程，就是质量计划的制订和组织实现的过程，这个过程就是按照 PDCA 循环，不停顿地周而复始地运转的，因此，有人称 PDCA 循环是质量管理的基本方法。

（一）PDCA 循环的概念

PDCA 循环（见图 9.9）是能使任何一项活动有效进行的一种合乎逻辑的工作程序，特别是在质量管理中得到了广泛的应用。P、D、C、A 四个英文字母所代表的意义如下：

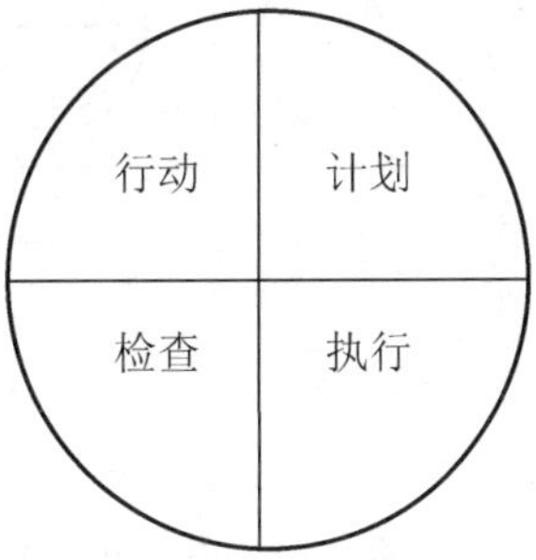

（1）P（Plan）——计划。其包括方针和目标的确定及活动计划的制订。

（2）D（Do）——执行。执行就是具体运作，实现计划中的内容。

（3）C（Check）——检查。就是要总结执行计划的结果，分清哪些对了，哪些错了，明确效果，找出问题。

（4）A（Action）——行动（或处理）。对总结检查的结果进行处理，对成功的经验加以肯定并予以标准化，或制定作业指导书，便于以后工作时遵循；对于失败的教训也要总结，以免重现；对于没有解决的问题，应提到下一个 PDCA 循环中去解决。

图 9.9 PDCA 循环的四个阶段

PDCA 循环就是按照"计划→执行→检查→行动"的顺序进行质量管理，并且循环不止地进行下去的科学程序。质量管理活动的运转，离不开管理循环的转动，这就是说，改进与解决质量问题，赶超先进水平的各项工作，都要运用 PDCA 循环的科学程序。不论提高产品质量，还是减少不合格品，都要先提出目标，即质量提高到什么程度，不合格品率降低多少？其次，就要有个计划，这个计划不仅包括目标，而且包括实现这个目标需要采取的措施；计划制订之后，就要按照计划进行检查，看是否达实现了预期效果，有没有达到预期的目标；然后，通过检查找出问题和原因；最后，要进行处理，将经验和教训制定成标准并形成制度。PDCA 循环的步骤如图 9.10 所示。

PDCA 循环作为质量管理体系运转的基本方法，其实施需要收集大量数据资料，并综合运用各种管理技术和方法。

PDCA 循环的四个阶段，即"策划→实施→检查→改进"的管理模式，体现了科学认识论的一种管理手段和一套科学的工作程序。一个循环完了，解决了一部分的问题，可能还有其他问题尚未解决，或者又出现了新的问题，再进行下一次循环。PDCA 管理模式的应用对人们提高日常工作的效率有很大的益处，它不仅在质量管理工作中可以运用，而且也适合于其他各项管理工作。

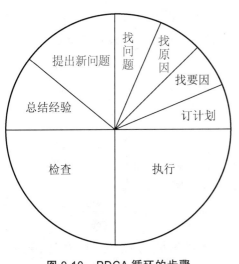

图 9.10 PDCA 循环的步骤

（二）PDCA 循环的特点

1. 大环套小环

大环套小环，一环扣一环，小环保大环，推动大循环，如图 9.11 所示。在 PDCA 循环的四个阶段中，每个阶段都有自己小的 PDCA 循环。例如，ISO 9001:2000 标准的管理职责和资源管理是 PDCA 循环的 P 阶段，产品实现是 D 阶段，测量、分析是 C 阶段，改进是 A 阶段。而"改进"中的"纠正措施"则是该标准大的 PDCA 循环中 A 阶段的小 PDCA 循环。

应当指出，PDCA 循环中的 A 是关键环节。若没有此环节，已取得的成果无法巩固（防止问题再发生），人们的质量意识可能没有明显提高，也提不出上一个 PDCA 循环的遗留问题或新的质量问题。因此，应特别关注 A 阶段。

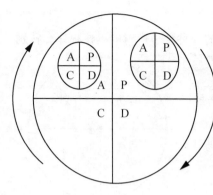

图 9.11　大环套小环

2．循环前进，阶梯上升，持续改进

若按照 PDCA 循环前进，就能达到一个新的水平，在新的水平上再进行 PDCA 循环，便能达到一个更高的水平，如图 9.12 所示。

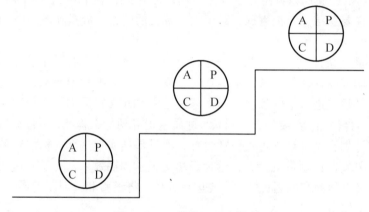

图 9.12　一环比一环有提高

在质量管理体系中，PDCA 循环是一个动态的循环，它可以在组织的每一个过程中展开，也可以在整个过程的系统中展开。它与产品实现过程及质量管理体系其他过程的策划、实施、控制和持续改进有密切的关系。

9.3　全面质量管理

在质量管理过程中，要形成一种这样的意识：好的质量是整个企业全员配合出来的，不是检验出来的；检验是对质量问题的反馈，对下一次质量提升循环的开始。

一、全面质量管理的概念

全面质量管理（Total Quality Management，TQM）是指在各方面的推动下，企业中所有部门、所有组织、所有人员都以产品质量为核心，把专业技术、管理技术、数理统计技术集合在一起，建立起一套科学严密高效的质量保证体系，控制生产过程中影响质量的因素，以优质的工作、最经济的办法提供满足用户需要的产品的全部活动。

全面质量管理是企业管理现代化、科学化的一项重要内容。它于 20 世纪 60 年代产生于美国，后来在西欧与日本逐渐得到推广与发展。它应用数理统计方法进行质量控制，使质量管理实现定量化，变产品质量的事后检验为生产过程中的质量控制。全面质量管理类似于日本式的全面质量控制。首先，质量的含义是全面的，不仅包括产品服务质量，而且包括工作质量，用工作质量保证产品或服务质量；其次，TQM 是全过程的质量管理，不仅要管理生产制造过程，而且要管理采购、设计直至储存、销售、售后服务的全过程。

具体来说，TQM 具有以下含义：

（1）强烈地关注顾客。从现在和未来的角度来看，顾客已成为企业的衣食父母。"以顾客为中心"的管理模式逐渐受到企业的高度重视。TQM 注重顾客价值，其主导思想就是"顾客的满意和认同是长期赢得市场，创造价值的关键"。为此，TQM 要求必须把以顾客为中心的思想贯穿到企业业务流程的管理中，即从市场调查、产品设计、试制、生产、检验、仓储、销售到售后服务的各个环节都应该牢固树立"顾客第一"的思想，不仅要生产物美价廉的产品，而且要为顾客做好服务工作，最终让顾客放心满意。

（2）坚持不断地改进。TQM 是一种永远不能满足的承诺，"非常好"还是不够，质量总能得到改进，"没有最好，只有更好"。在这种观念的指导下，企业应持续不断地改进产品或服务的质量和可靠性，确保企业获取对手难以模仿的竞争优势。

（3）改进组织中每项工作的质量。TQM 采用广义的质量定义。它不仅与最终产品有关，而且与组织如何交货、如何迅速地响应顾客的投诉、如何为客户提供更好的售后服务等都有关系。

（4）精确地度量。TQM 采用统计度量组织作业中的每一个关键变量，然后与标准和基准进行比较以发现问题，追踪问题的根源，从而达到消除问题、提高品质的目的。

（5）向员工授权。TQM 吸收生产线上的工人加入改进过程，广泛地采用团队形式作为授权的载体，依靠团队发现和解决问题。

二、全面质量管理的特点

（一）全面性

全面性是指控制产品质量的各个环节、各个阶段。TQM 是用全面的方法管理全面的质量。全面的方法包括科学的管理方法、数理统计的方法、现代电子技术、通信技术等。全面的质量包括产品质量、工作质量、工程质量和服务质量。

（二）全过程的质量管理

全过程的质量管理必须在市场调研、产品的选型、研究试验、设计、原料采购、制造、检验、储运、销售、安装、使用和维修等各个环节中都把好质量关。其中，产品的设计过程是 TQM 的起点，原料采购、生产、检验过程是实现产品质量的重要过程；而产品的质量最终是在市场销售、售后服务的过程中得到评判与认可。

（三）全员参与的质量管理

全员参加的质量管理即要求全部员工，无论高层管理者还是普通办公职员或一线工人，都要参与质量改进活动。参与"改进工作质量管理的核心机制"，是 TQM 的主要原则之一。

（四）全社会参与的质量管理

TQM 还强调"用户第一"的观点，并将用户的概念扩充到企业内部，即下道工序就是上道工序的用户，不将问题留给用户。

三、全面质量管理的基础工作

TQM 的基础工作是工业企业建立质量体系、开展质量管理活动的立足点和依据，也是质量管理活动取得成效、质量体系有效运转的前提和保证。根据国内外的经验，开展 TQM，应着重做好以下五个方面的工作。

（一）质量教育工作

TQM 是"以质量为中心，以人为本"的管理。因此，开展 TQM 活动，必须从提高职工的素质抓起，把质量教育作为"第一道工序"。只有通过质量教育工作，不断提高企业全体职工的质量意识，掌握和运用质量管理的理论、方法和技术，自觉提高业务水平、操作技术水平和管理能力，不断改进和提高工作质量，才能生产出顾客满意的产品。

质量管理的教育工作主要包括两个方面：一方面是 TQM 基本思想、基本原理的宣传和教育；另一方面是职工的技术业务的培训和教育。

（二）标准化工作

标准是衡量产品质量和各项工作质量的尺度，也是企业进行生产技术活动和经营管理工作的依据。

标准包括技术标准和管理标准两类。技术标准是对技术活动中需要统一协调的事物制定的技术准则；管理标准是为合理组织、利用和发展生产力，正确处理生产、交换、分配和消费中的相互关系，以及行政和经济管理机构为行使其计划、监督、指挥、协调、控制等管理职能而制定的准则。

标准化是在经济、技术、科学和管理等社会实践中，对重复事物和概念，通过制定、发布和实施标准达到统一，以获得最佳秩序和社会效益的活动。标准化工作是企业提高产品质量和发展品种的重要手段，也为企业实现各项管理职能提供了共同遵守的准则和依据。

企业开展标准化工作时，应当着重解决几个问题：其一，以"顾客第一"的思想为指导；其二，坚持系统化的原则；其三，企业标准化工作必须符合权威性、科学性、群众性、连贯性和明确性等具体要求。

（三）计量工作

计量工作包括精密测量、理化试验和技术鉴定等工作，它是保证产品质量特性的数据统一、技术标准的贯彻执行、零部件的互换和生产优质产品的重要手段。因此，计量工作是全面质量管理的一个重要环节。企业计量工作的重要任务是统一计量单位制度，进行量值正确传递，保证量值统一。

（四）质量信息工作

质量信息指的是反映产品质量和产供销各环节工作质量的原始记录、基本数据及产品使用过程中反映出来的各种信息资料。

搞好质量管理工作，掌握产品质量运动的发展规律，必须深入实践，认真调查研究，掌握大量的、齐全的、准确的信息资料。质量信息的准确性、完整性和及时性，将严重影响决策的质量。质量信息是质量管理不可缺少的重要依据，是改进产品质量、改善各环节工作质量最直接的原始资料，也是正确认识影响产品质量诸因素变化和产品质量波动的内在联系、掌握提高产品质量规律性的基本手段，还是使用电子计算机进行质量管理的基础，更是加强质量管理不可缺少的一项基础工作。

（五）质量责任制

建立质量责任制是企业开展 TQM 的一项基础性工作，也是企业建立质量体系中不可缺少的内容。企业中的每一个部门、每一个职工都应明确他们各自的具体任务、应承担的责任和权利范围，做到事事有人管，人人有专责，办事有标准，考核有依据。把同质量有关的各项工作与广大职工的积极性和责任心结合起来，可形成一个严密的质量管理工作系统，一旦发现产品质量问题，就可以迅速进行质量跟踪，查清质量责任并总结经验教训，更好地保证和提高产品质量，进行在企业内部形成一个严密有效的 TQM 工作体系。

9.4 ISO 9000 族标准

一、ISO 与 ISO 9000 族标准的产生

（一）ISO 简介

国际标准化组织（International Organization for Standardization，ISO）是一个全球性的非政府组织，是国际标准化领域中一个十分重要的组织。许多人会注意到，"ISO"与国际标准化组织全称的缩写并不相同，为什么不是"IOS"呢？其实，"ISO"并不是其全称首字母的缩写，而是一个词，它来源于希腊语，意为"相等"，现在有一系列用它作前缀的词，诸如"isometric"（意为"尺寸相等"）和"isonomy"（意为"法律平等"）。从"相等"到"标准"，内涵上的联系使"ISO"成为组织的名称。

ISO 的成员由来自世界上 100 多个国家的国家标准化团体组成，代表我国参加 ISO 的国家机构是国家质量监督检验检疫总局。ISO 担负制定全球协商一致的国际标准的任务，它制定的标准实质上是自愿性的，这就意味着这些标准必须是优秀的标准，会给工业和服务业带来收益，所以各会员国都自觉使用这些标准。ISO 不是联合国机构，但它与联合国的许多专门机构保持着技术联络关系。ISO 有约 1 000 个专业技术委员会和分委员会，各会员国以国家为单位参加这些技术委员会和分委员会的活动。ISO 还有约 3 000 个工作组，每年制定和修订约 1 000 个国际标准。

（二）ISO 9000 族标准的产生

ISO 9000 族质量管理体系国际标准是运用目前先进的管理理念，以简明标准的形式推出的实用管理模式，是当今世界质量管理领域的成功经验的总结。

世界上最早的质量保证标准是 20 世纪 50 年代末，在采购军用物资过程中，美国颁布的

《质量大纲要求》。20 世纪 70 年代,美国、英国、法国、加拿大等国先后颁发了一系列质量管理和保证方面的标准。为了统一各国质量管理活动,持续提高提供产品的组织的质量管理体系,ISO 于 1979 年成立了质量管理和质量保证技术委员会;1986—1987 年,ISO 发布了 ISO 9000 系列标准,它包括六项标准:ISO 8402《质量——术语》标准、ISO 9000《质量管理和质量保证标准——选择和使用指南》、ISO 9001《质量体系——设计开发、生产、安装和服务的质量保证模式》、ISO 9002《质量体系——生产和安装的质量保证模式》、ISO 9003《质量体系——最终检验和试验的质量保证模式》和 ISO 9004《质量管理和质量体系要素——指南》。目前,已经有 150 多个国家和地区采用 ISO 9000 标准并将其等同为国家标准。

ISO 质量管理和质量保证技术委员会于 1990 年提出《90 年代国际质量标准的实施策略》(编者按:指 20 世纪 90 年代,国际通称《2000 年展望》),第一阶段进行了局部的有限修改,完成 1994 版 ISO 9000 族标准,第二阶段在总体结构和技术内容方面进行全新修改,于 2000 年 12 月 15 日正式发布 2000 版 ISO 9000 族标准。我国已将此标准等同转化为国家标准 2000 年版 GB/T 19000 族标准。

二、ISO 9000 族标准的内容

一般来说,组织活动由三个方面组成,即经营、管理和开发;在管理上又主要表现为行政管理、财务管理、质量管理等。ISO 9000 族标准主要针对质量管理,同时涵盖了部分行政管理和财务管理的范畴。

ISO 9000 族标准并不是产品的技术标准,而是针对组织的管理结构、人员、技术能力、各项规章制度、技术文件和内部监督机制等一系列体现组织保证产品及服务质量的管理措施的标准。

(一)ISO 9000 族标准规范质量管理

(1)机构。标准明确规定了为保证产品质量而必须建立的管理机构及职责权限。

(2)程序。组织的产品生产必须制定规章制度、技术标准、质量手册、质量体系操作检查程序,并使之文件化。

(3)过程。质量控制是对生产的全部过程加以控制,是对面的控制,不是对点的控制。从根据市场调研确定产品、设计产品、采购原材料到生产、检验、包装和储运等,全过程按程序要求控制质量,并要求过程具有标识性、监督性、可追溯性。

(4)总结。不断地总结、评价质量管理体系,不断地改进质量管理体系,使质量管理呈螺旋式上升。

(二)ISO 9000 标准适用范围

ISO 9000 标准为企业申请认证的依据标准,在标准的适用范围中明确本标准适用于各行各业,且不限制企业的规模大小。目前,在国际上通过认证的企业涉及我国国民经济中的各行各业。

（三）2000 版 ISO 9000 族标准组成

1．核心标准

ISO 9000《质量管理体系——基础和术语》
ISO 9001《质量管理体系——要求》
ISO 9004《质量管理体系——业绩改进指南》
ISO 19011《质量和（或）环境管理体系审核指南》

2．支持性标准

ISO 10012《测量控制系统》
ISO/TR 10005《质量计划编制指南》
ISO/TR 10006《质量管理——项目管理质量指南》
ISO/TR 10007《质量管理——技术状态管理指南》
ISO/TR 10013《质量管理体系文件指南》
ISO/TR 10014《质量经济性管理指南》
ISO/TR 10015《质量管理——培训指南》
ISO/TR 10017《统计技术指南》

3．小册子

《质量管理原则》
《选择和使用指南》
《小型企业的应用》

三、ISO 9000 族标准质量管理原则

质量管理的原则是一种广泛而基本的规则或信念，用以支配及运作一个组织，旨在致力于满足所有组织的受益者需求的同时，以客户为中心长期持续改进绩效。这八项原则是 ISO 工作组 ISO/TC176/SC2/WG15 所拟订的。

（一）以客户为中心的组织

组织依存于其客户，故应理解客户当前和未来的需要，满足客户的要求并努力超过客户的预期。

（二）领导作用

领导为组织建立统一的目的及方向。他们应建立和维护内部环境，使所有员工充分投入到组织目标的达成中去。

（三）人的参与

人在任何层次上都是一个组织的根本，只有他们的充分参与，才能使他们的才干为组织创造效益。

（四）过程方法

将相关的资源和行动作为一个过程管理会更有效地达成期望的结果。

（五）系统管理方法

针对预定的目标去识别、理解和管理相互联系的过程构成的系统，将改善组织的效率和效果。

（六）持续改进

持续的改进本身应成为组织的永久目标。

（七）根据事实进行决策

有效的决策基于对数据和资料的分析。

（八）互助互益的供需关系

一个组织与其供方之间的关系是相互依存、互惠互利的关系，这种关系提高双方创造价值的能力。

9.5 质量认证

实行产品质量认证是保证产品质量、提高产品信誉、保护用户和消费者的利益、促进国际贸易和发展国际质量认证合作的有效手段。

一、质量认证的概念

质量认证也叫合格评定，是国际上通行的管理产品质量的有效方法。它是由可以充分信任的第三方依据产品标准和相应技术要求，确认并通过颁发认证证书和认证标志来证明某一产品符合相应标准和相应技术要求的活动。证实某一产品或服务符合特定标准或其他技术规范的活动，意义具体表现在以下几个方面：

（1）提高商品质量信誉和在国内外市场上的竞争力。商品在获得质量认证证书和认证标志并通过注册加以公布后，就可以在激烈的国内外市场竞争中提高自己产品质量的可信度，有利于占领市场，提高企业经济效益。

（2）提高商品质量水平，全面推动经济的发展。商品质量认证制度的实施，可以促进企业进行 TQM，并及时解决在认证检查中发现的质量问题；可以加强国家对商品质量进行有效的监督和管理，促进商品质量水平不断提高；已取得质量认证的产品，还可以减少重复检验和评定的费用。

（3）提供商品信息，指导消费，保护消费者利益，提高社会效益。消费者购买商品时，可以从认证注册公告或从商品及其包装上的认证标志中获得可靠的质量信息，经过比较和挑选，购买到满意的商品。

二、质量认证的类型

质量认证按认证的对象分为产品质量认证和质量体系认证两类,按认证的作用可分为安全认证和合格认证,如图9.13所示。

(一)产品质量认证

产品质量认证的对象是特定产品,包括服务。认证的依据或者说获准认证的条件是产品(服务)质量要符合指定的标准的要求,质量体系要满足指定质量保证标准要求,证明获准认证的方式是通过颁发产品认证证书

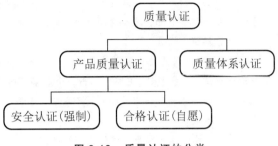

图9.13 质量认证的分类

和认证标志。其认证标志可用于获准认证的产品上。产品质量认证又有两种:一种是安全性产品认证,它通过法律、行政法规或规章规定强制执行认证;另一种是合格认证,属自愿性认证,是否申请认证,由企业自行决定。

1. 安全认证

安全认证是法律、行政法规或联合规章规定强制执行的认证。凡属强制性认证范围的产品,企业必须取得认证资格,并在出厂合格的产品上或其包装上使用认证机构发给特定的认证标志;否则,不准生产、销售或进口和使用。因为这类产品涉及广大人民群众和用户的生命和财产的安全。

关于安全认证的电工产品强制性监督管理已在执行中。例如,1992年9月,当时的国家技术监督局、商业部、物资部、机械电子工业部、轻工业部等10个单位,按照《中华人民共和国标准化法》和《中华人民共和国产品质量认证管理条例》的规定,联合发出《关于实施安全认证的电工产品进行强制性监督管理的通知》指出:电工产品开展安全认证是以等效转化国际电工委员会安全标准的强制性国家标准和行业标准为依据。按此类标准开展的认证必须进行强制性监督管理,未经安全认证的此类产品,不准出厂、销售、进口和使用。

相关知识

电器的体检报告——认证标识

每个消费者在逛电器卖场的时候都有这样的感受:大到冰箱,小到U盘,机体后面林林总总的标识五花八门,让人迷惑,促销员也说不清个子午卯酉来。这些标识到底表达了什么意思?一个电器机身后有六个认证标签,另外一个只有四个,是否认证做得少,质量就差?

总的来说,"认证"就是对产品安全性能等各个方面做出的一个"测试体检",这个体检结果对消费者挑选产品有一定的帮助。市面上的电器认证标识一般分为安全标识、性能标识和能耗标识。安全标识通常是证明产品通过了漏电、防火等测试,保障产品的安全;而类似于产品寿命、环保、工艺和特别功能等项目则属于性能标识;最后就是近期因为能源短缺而大行其道的能耗标识,它主要是根据各政府的要求,对产品所消耗的能耗进行数值标识的标签。对于电器常用的各类标识,消费者应该略有涉猎。

1. 没有3C不要买

英文缩写为"CCC"的认证标识是我国的电器安全强制认证标志,也就是通常所说的"3C认证",是

中国强制规定各类产品进出口、出厂、销售和使用必须取得的认证，只有通过认证的产品才被认为在安全、环保等方面符合强制要求。

在中国市场，如果你看完整台电器，居然没有找到一个CCC样式的标识，那么恭喜你，你顺利买到了不符合中国要求的产品，或者可以说，是个质量较差的产品。不过有时，这个CCC标识贴得比较隐蔽，比如手机通常要卸下电池，才能看到这个标识。

2. CE 标识有假冒

欧盟的CE标签也是电器最重要的标签之一。CE和CCC一样也是强制的，想进入欧洲市场销售的电器，必须通过测试，才能拿到CE标识。当一个厂家有能力销往欧洲，说明产品的质量和档次都有一定保证。由于欧洲大部分国家电压和中国相同，产品在两地都能使用，所以中国市场上部分电器上也有CE标识，而且放在显目的位置。

不过，一些低端厂家为了模仿这一标识，自行印制了一些模糊或质量差的CE标识贴在产品上，需要大家提防。这里教给大家一个简单快速识别假冒CE标识的小窍门：如果一个产品没有CCC标识只有CE标识，那这个CE标识基本是没有可信度的。

3. 英美标识可参考

BEAB标识是英国"家用审核局"对电器设备颁发的安全质量认证标志。由于英国的质量体系并没有沿用欧盟的体系，而采用自己的体系，所以英国也就使用自己的标识。

如果产品有了美国的ETL或者UL标识，就说明该产品能通过美国政府的测试要求，换句话说，产品质量也是过硬的。但由于美国是110V的电压，即使通过了美国测试也无法在中国销售，只能侧面反应质量而已。这也回答了上面的问题：电器后面的标识不是越多越好，有些标签在中国不适用。

4. EMC 标识"抗干扰"

EMC标识是"电磁兼容"的标志。"电磁兼容"这个名词太专业，不易懂，简单来说就是电器之间互相影响的程度。相信大家小时候都有这样的经历：家中一有人使用电吹风，电视机屏幕上就出现片片"雪花"，这其实就是电器间互相干扰、不兼容的例子。而EMC测试就会测试该电器干扰别的电器的情况和抗其他电器干扰的能力。如果电吹风通过了EMC测试，你就可以放心地在电视机旁使用。很多手机、计算机都有FCC标识，其实这是电磁兼容的美国测试标志。

实际当中，产品的认证标识还有非常多的类别，如对化学品成分的认证等。不过，消费者应该了解：认证仅仅是电器的"体检报告"，特别是其他国家的认证标识，只表明它有权在标识地区销售，并不完全说明其在中国的性能和质量。某件产品的性能究竟如何，消费者还需更多地咨询和了解相关信息。

2. 合格认证

合格认证包括质量体系认证和非安全性产品质量认证，属于自愿性认证。这种自愿性体现在：企业自愿决策是否申请质量认证；企业自愿选择由国家认可的认证机构，不受部门和地方的限制；企业自主选择认证的标准依据，即可在GB/T 19000～ISO 9000族标准的三种质量保证模式标准中进行选择，但是在具体选择时，企业和认证机构应就使用哪一个标准作为认证的基准达成一致意见；所选择的质量保证模式应是适宜的，并且不会误导顾客。此外，在产品质量认证中，认证现场审核一般以ISO 9002为依据，认证产品的产品标准应达到具有国际水平的国家标准和行业标准。

（二）质量体系认证

质量体系认证的对象是企业的质量体系，或者说是企业的质量保证能力。认证的根据或者说获准认证的条件，是企业的质量体系应符合申请的质量保证标准，即 GB/T 19001～ISO 9001 和必要的补充要求。获准认证的证明方式是通过颁发具有认证标记的质量体系认证证书，但证书和标记都不能在产品上使用。质量体系认证都是自愿性的，不论是产品质量认证还是质量体系认证，都是通过第三方进行的，以确保认证的公正性。

三、质量认证的程序

（1）选择认证机构。通过不同途径了解评审认证知识，选择认证机构。

（2）填写申请书。通过讨论和现场了解，了解认证程序并提出评审认证申请。

（3）了解认证费用。对申请的内容进行充分的了解和沟通后，依据国际惯例和国家有关规定，了解需要缴纳的费用。

（4）签订认证合同。申请人和认证机构签订认证合同。

（5）认证机构组成审核组。认证机构组成审核小组并依程序知会申请人。

（6）体系文件审核。当申请人的质量体系文件正式发布后，应提交审核，以确定文件的符合性。

（7）初访。必要时，认证机构工作人员前往申请人所在工作现场进行较为全面的实地了解，确定其是否具备接受审核的条件及所需的审核准备工作。

（8）现场审核。按照与申请人确认的审核计划，收集客观证据验证质量体系运行的有效性。

（9）跟踪审核。确认对发现不符合项提出纠正措施的实施情况。

（10）注册发证。整理审核材料上报中国质量认证中心（China Quality Certification Centre，CQC）审查通过后签发质量体系认证证书。

（11）监督审核。在证书有效期内监督体系保持情况。

（12）复审换证。应在证书有效期内及国际标准修订换版后进行。

质量认证程序如图 9.14 所示。

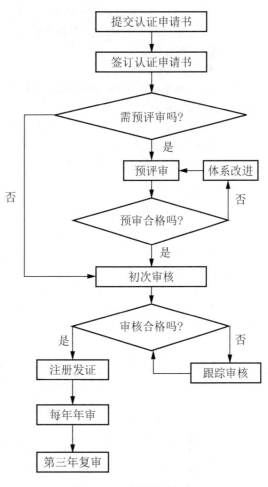

图 9.14　质量认证程序

一、判断题

（1）顾客会将接受的产品或服务与对他的期望相比较：当感到超出期望时，顾客会表示满意；当没有达到期望时，顾客会抱怨、投诉甚至诉诸公堂。　　　　　　　　　　　　　　　　　　　　　（　　）

(2)产品质量分为有形产品质量和无形产品质量。( )
(3)质量管理的方法是对质量过程进行跟踪的手段,并且要以数据为客观依据,以工厂生产为核心的管理思想。( )
(4)PDCA 循环的特点是各循环之间相互独立,没有任何关系。( )
(5)ISO 是一个全球性的非政府组织,是国际标准化领域中一个十分重要的组织。( )

二、单项选择题

(1)质量( )是为减少质量损失和检验费用而发生的各种费用,是在结果产生之前为了达到质量要求而进行的一些活动的成本。
    A. 控制成本   B. 预防成本   C. 顾客成本   D. 总成本
(2)质量管理活动的全部过程,就是质量计划的制订和组织实现的过程,这个过程就是按照( )循环,不停顿地周而复始地运转的。
    A. PDCA   B. PCDA   C. PADC   D. DCAP
(3)( )是指在各方面的推动下,企业中所有部门、所有组织、所有人员都以产品质量为核心,把专业技术、管理技术、数理统计技术集合在一起,建立起一套科学严密高效的质量保证体系,控制生产过程中影响质量的因素,以优质的工作最经济的办法提供满足用户需要的产品的全部活动。
    A. 顾客质量管理   B. 生产质量管理
    C. 营销质量管理   D. 全面质量管理
(4)ISO 9000 标准为企业申请认证的依据标准,在标准的适用范围中明确本标准适用于( ),且不限制企业的规模大小。
    A. 生产企业   B. 销售公司   C. 各行各业   D. 服务型企业
(5)安全认证在我国实行( )监督管理。
    A. 自愿性   B. 隐蔽性   C. 强制性   D. 公开性

三、多项选择题

(1)有形产品质量特征主要有( )。
    A. 性能   B. 寿命   C. 可靠性
    D. 安全性   E. 经济性
(2)无形产品质量一般包括( )。
    A. 性能   B. 工作质量   C. 寿命   D. 服务质量
(3)质量管理的发展大致经历了( )阶段。
    A. 萌芽阶段   B. 质量检验
    C. 统计质量控制   D. 全面质量管理
(4)内部缺陷成本是指产品出厂前的废次品损失、返修费用、停工损失和复检费等,它包括( )。
    A. 顾客流失   B. 生产损失   C. 再加工成本   D. 顾客投诉
(5)质量认证按认证的对象分为( )。
    A. 资格认证   B. 产量认证
    C. 产品质量认证   D. 质量体系认证

四、简答题

(1)简述质量的概念。
(2)QC 七种工具有哪些?
(3)全面质量管理的基础工作有哪些?
(4)简述 ISO 9000 族标准的内容。
(5)简述质量认证的类型。

五、技能实训

针对某工厂玻璃质量报表（表 9-2），写出解决问题的 PDCA 循环的顺序（第一次循环要解决的问题，第二次循环要解决的问题，第三次循环要解决的问题……）。

表 9-2　玻璃质量报表

产生质量问题的原因	统　　计	频　　数	排　　序
尺寸不良	////	4	3
气　泡	//////////	10	1
掉　角	//////	6	2
裂　纹	//	2	4
合　计		22	

提示：

从影响质量最大的因素开始解决，作为 PDCA 循环，每一次循环解决影响最大的问题，下一次循环解决上一次的问题，最后将问题全部消灭。

【在线答题】

第 10 章

企业文化

 【学习目标】

通过本章的学习,学生应明确企业文化的内涵,理解企业文化的层次和功能,掌握企业文化建设的方法和步骤,了解跨文化管理的内涵,理解跨文化管理的策略。

 【学习要求】

知识要点	能力要求	相关知识
企业文化	(1)了解企业文化的内涵 (2)理解企业文化的功能 (3)理解企业文化的影响因素	企业文化的层次图
企业文化建设	(1)了解企业文化建设的原则 (2)掌握企业文化建设的方法 (3)熟悉企业文化建设的步骤 (4)理解企业文化建设的保障	企业文化分析、企业文化设计、企业文化实施
跨文化管理	(1)了解跨文化管理的内涵理解跨文化管理的问题 (2)掌握跨文化管理的策略	

【案例导入】

当海尔还是一家小冰箱厂时，张瑞敏因为质量问题，砸了一批质量不合格的冰箱。当时，整个家电市场处于供不应求的短缺状态，砸冰箱而不是返厂维修，显得那么不近乎人情，似乎也没有道理。当员工们含泪看着张瑞敏亲自带头把有缺陷的 76 台电冰箱砸碎之后，内心受到的震撼是巨大的，他们对"有缺陷的产品就是废品"有了刻骨铭心的理解与记忆，对"品牌"与"饭碗"之间的关系有了更切身的感受。

张瑞敏并没有因此而止，也没有把管理停留在"对责任人进行经济惩罚"这一传统手段上，他充分利用这一事件，将管理理念渗透到每一位员工的心里，再将理念外化为制度，构造成机制。海尔砸冰箱体现了领导层的管理思想，也表现出了海尔的企业文化"真诚到永远"深入人心。领导人就应该不因小利而毁掉企业文化，要用更长远的眼光看问题。冰箱确实砸了，不仅砸了，而且砸出了满城风雨，砸得沸沸扬扬，砸上了媒体，砸进了每个海尔人的心里，砸出了海尔的文化观，也砸出了消费者对海尔的信赖。

 10.1 企业文化概述

【拓展视频】

大道无形，企业最高层次的竞争就是文化的竞争。企业文化集中体现了一个企业经营管理的核心思想。优秀的企业文化能够营造良好的企业环境，提高员工的文化素养和道德水准，对内能形成凝聚力、向心力和约束力，形成企业发展不可或缺的精神力量和道德规范，能对企业产生积极的作用，从而提高企业的竞争力。

一、企业文化的概念

（一）企业文化的含义

文化是伴随着人类的诞生而出现的，随着科学技术的不断发展进步，文化在企业管理中的作用越来越凸显。越来越多的学者对文化进行深入研究，因此，对文化内涵的理解也多种多样。首次将文化作为一个中心概念提出来的是英国人类学家爱德华·泰勒，其在 1871 年出版的著作《原始文化》中认为，文化是就其民族意义而言，指的是一个复杂的整体包括知识、信仰、艺术、道德法律、风俗及作为社会成员的个人而获得的任何能力与习惯。一般认为，文化是人类在特定环境中形成的共同价值观，其能导致不同群体行为、思维、价值判断方面的差异。

企业文化是在企业一定的社会经济文化大背景下形成的组织文化，是企业的灵魂。具体来说，企业文化是指企业在创业和发展过程中形成并共同遵守的最高目标、核心价值观和行为规范等，是企业理念层次文化、行为层次文化、制度层次文化和物质层次文化的有机结合体。企业文化的内容包括价值标准、企业哲学、管理制度、行为准则及组织形象等。

（二）企业文化的层次

企业文化是一个完整的系统，由多个层次构成，各层次之间是相互联系、相互作用的。一般来说，企业文化由物质文化、行为文化、制度文化和精神文化四个层次构成，如图 10.1 所示。

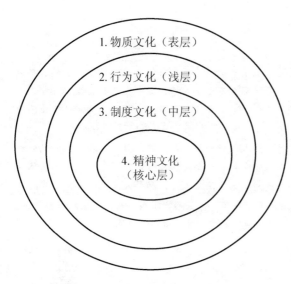

图 10.1　企业文化层次示意图

（1）企业物质文化是指由企业员工创造的产品和各种物质设施构成的文化，是一个以物质形态为主要研究对象的表层企业文化。企业物质文化的主要内容有企业的产品和服务、生产环境、企业建筑、企业广告、产品包装与设计等。

（2）企业行为文化是以人的行为为形态的企业文化形式，主要包括两个方面的内容：一是为规范员工行为而制定的"行为规范"；二是由于员工的行为所折射出来的"文化"。企业行为文化包括企业家行为、企业精英(模范人物)行为、企业普通员工行为。一般来说，企业员工的行为规范包括仪容仪表、岗位纪律、待人接物、素质修养、言行举止等。

（3）企业制度文化是指企业中的各项"正式制度"，是企业精神文化的具体化。精神文化必须转化为具有可操作性的正式制度与规范，才能被广大员工所接受。企业的行为规范大体上可以分为两大部分，即对内行为规范和对外行为规范。对内行为规范能够使企业的价值理念得到员工的认同，从而创造一个和谐的有凝聚力的内部经营环境。对外行为规范通过一系列对外的行为，使企业的形象得到社会公众的认同，以创造一个理想的外部经营环境。

（4）企业精神文化是企业文化的核心，是制度文化、行为文化和物质文化之根本。企业精神文化是指企业价值观和企业精神，是企业在经营管理过程中提升的管理观和方法论，是企业在处理人与人、人与物的关系上形成的意识形态和文化现象。处理这些关系中形成的经营管理理念，一方面与民族文化传统有关，另一方面与特定时期的社会生产、特定的经济形态及国家经济体制有关。

 案例阅读

青岛啤酒（以下简称"青啤"）走过了一百多年的风雨历程。如今这位"百岁老人"非但没有表现出衰老与疲惫，反而激情勃发、活力十足，销售量居中国啤酒行业前列。到底这家百年老店是如何保持基业长青的呢？除了出色的产品质量以外，百年时间沉淀下来的企业文华才是青啤制胜的关键。在一百多年的发展历程中，青啤企业文化经历了自发、自觉和提升三个阶段，逐渐形成了以表层形象文化、中层制度文化及深层价值理念为核心的完整企业文化系统，如图10.2所示。

青啤文化包括精神、制度、物质三个层面。精神层面包括愿景、使命、核心价值观、理念、宗旨、精神等，是文化的核心和灵魂，是企业的"心"。制度层由精神层转化而来，青啤有200余项制度，190余项流程，还包括公关活动、营销活动等，将文化进行科学的、规范化的培育，表现出其强大的不依赖任何人的制度执行力，是企业的"手"。物质层包括公司的视觉识别系统、物质环境、产品造型包装设计、企业文化传播网络等，是精神层的载体，也是文化最为外在直观的系统，是企业的"脸"。从精神层到物质层，由抽象到具体，由神到形，执行中也有会意、言传、行贯的偏重。

愿景"成为拥有全球影响力品牌的国际化大公司"位于文化框架的最上方，青啤文化是愿景领航的文化，基于市场提出，具有引导功能；使命"用我们的激情酿造出消费者喜好的啤酒，为生活创造快乐"紧随其后，阐明了企业存在的理由和价值，基于消费者提出。这两项是顺势而为，因为不管企业是否做

好了充分的准备，啤酒市场已经是一个国际化市场，成为国际化的大公司是市场的客观要求；同时，啤酒的好坏由专家鉴定的时代已经过去了，必须满足消费者的喜好才会使企业生存发展，所以使命强调了消费者导向。

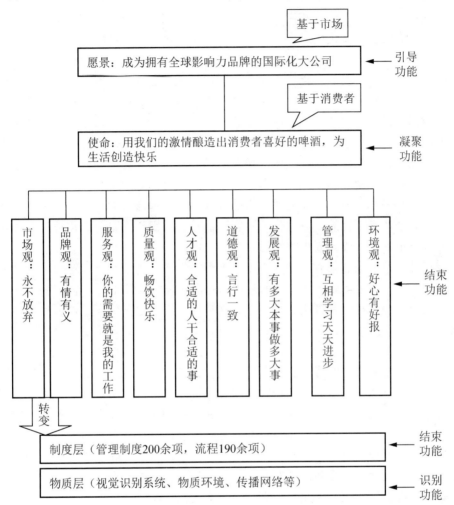

图10.2 青岛啤酒企业文化系统图

核心价值观是青啤所推崇的基本理念和信仰，体现公司的境界和原则。而核心价值观是基于青啤公司区别于其他组织的独特的文化细胞形成的，既有传承又有创新，在矛盾中寻求标准，使文化细胞更加健康和有适应性，对员工具有凝聚功能。理念由核心价值观派生而出，阐明了公司在不同方面的观念立场，有激励功能。这一部分是明道，即阐明青啤生存发展之道。

制度层和物质层部分对所有企业行为和员工行为实行系统化、标准化、规范化的统一管理，形成统一的企业形象，便于统一的经营管理，在文化中起约束作用和识别作用。与明道相对应，这一部分是良策，即寻求文化落地的具体途径。

企业宗旨"以人为本、团队合作、造福社会"和企业精神"尽职尽责、追求卓越"贯穿在文化的各个层面，理念层、制度层、物质层体现了青啤的企业作风——严谨、务实、高效。

如此一来，青啤文化体系中的各子系统相互协调相得益彰，使得企业文化在企业成长过程中发挥着强大的作用。

（三）企业文化的特征

企业文化是在企业长期发展过程中逐步形成和完善的。由于企业的历史传统和社会环境不同、行业特点不同、技术设备和生产经营状况不同、人员组成结构和员工素质不同等，所以不同企业所形成的企业文化模式也不尽相同。企业文化的特征可以归纳为以下几点：

（1）民族性。任何一个企业的文化都深深打上了本民族文化的烙印，都是以本民族传统文化为基础的。离开了本民族文化，企业文化就成了无源之水、无本之木。因此，民族性特征是企业文化的重要特征之一。在世界文化体系中，每个民族都有自己独特的进化途径和文化个性，在不同的经济环境和社会环境中形成特定的民族心理、风俗习惯、宗教信仰、道德风尚、伦理意识、价值观念等，它们反映在企业文化上的总和就是企业文化的民族特性。

（2）客观性。企业文化是一种文化的积淀，是在其所处的社会物质环境作用下，在具有一定生产工艺、运作机制及其传统、习俗、信念、意识等的企业生产经营实践中形成的。尽管不排除人的主观努力，但从总体上说，它是客观、独立地形成的。成功的企业有优秀的企业文化，失败的企业有不良的企业文化。不管人们是否意识到，企业文化总是客观存在的，并不断发挥着或正或负、或大或小的作用。

（3）独特性。每个企业都有自己的历史、类型、性质、规模、员工结构和素质等，在企业经营管理过程中，必然会形成具有本企业特色的价值观、经营准则、经营作风、道德规范，即每个企业的企业文化都具有鲜明的个体性和独特性。在一定条件下，这种独特性越明显，企业内聚力就越强。因此，在建立企业文化的过程中，一定要结合企业自身的特点，形成自己的个性特征。

（4）稳定性。企业文化的形成有一个历史过程，其一经形成就具有较强的相对稳定的持续力，对企业在一定历史期内的生产经营活动起到巩固维系的作用。企业文化不宜因企业个别人员的变更而在短期内发生彻底改变。每一种文化都是在承接前人的优秀文化成果和传统的基础上建立起来的，企业文化历经漫长的岁月磨炼会逐渐形成自身相对稳定的传统，使企业成员有所依据和遵循。当然，企业文化会随着社会生产力的不断发展，在生产关系调整变化过程中不断向前发展，形成动态开发的系统。这种变化发展，是在保持企业基本信念和价值观相对稳定基础上的变化。因此，企业文化的稳定性特征是具有相对性的。

（5）综合性。企业文化作为一种独特的文化，具有综合性的特征，它渗透到企业的各个方面，可以说企业的各项内容都有可能成为企业文化的组成部分。例如，一个职工的价值观不是企业文化的内容，而大部分职工共同的价值观就是企业文化的一部分；一种营销技术不是企业文化的内容，而企业共同的营销观念就是企业文化的一部分；等等。此外，企业文化综合了企业精神、价值观念、经营准则、道德规范和企业目标等因素形成一个有机整体，以文化的手段调整企业员工的思想和行为，激发企业产生强大的凝聚力与向心力，对企业经济活动产生整合的效果。

二、企业文化的功能

企业文化作为一种理性的和自觉的文化，具有其特定的功能。实践证明，企业文化和企业经营的成败有着密切的关系，成功的企业往往具有独特的企业文化，企业文化的功能也得到了充分的发挥。

（一）导向功能

企业文化反映了企业整体的共同追求、共同价值观和共同利益。这种强有力的文化，能够对企业整体和企业每个成员的价值取向和行为取向起到导向的作用。一个企业的企业文化一旦形成，它就建立起了自身系统的价值和规范标准，对企业成员个体思想和企业整体的价值、行为取向发挥导向作用。

企业文化的导向功能具体体现在三个方面：一是规定企业行为的价值取向；二是明确企业的行动目标；三是建立企业的规章制度。导向功能主要是通过企业文化的塑造来引导企业成员的行为心理，使员工在潜移默化中接受共同的价值观念，自觉自愿地把企业作为自己的追求目标来实现。

（二）凝聚功能

凝聚功能指的是企业文化通过沟通企业员工的思想，使之形成对企业目标、准则、观念的认同感，产生对本职工作的自豪感和对企业的归属感，大大加强了企业员工的"主人翁"意识，使企业形成强大的凝聚力和向心力。企业文化的凝聚功能，还反映在企业文化的排外上。外部的排斥和压力的存在，使企业中个体产生对企业群体的依赖，也促使个体凝聚在群体之中，形成"命运共同体"，大大增强了企业内部的统一和团结，使企业在竞争中形成一股强大的力量。

一般来说，良好的企业文化还会使企业员工产生强烈的归属感，从而形成强大的凝聚力。在企业这个群体中，个体通过参与群体的活动，利用种种措施来释放自身的能力，发挥聪明才智，为群体的发展做出贡献。

（三）激励功能

企业文化的核心是形成共同的价值观念。优秀的企业文化都是以人为中心，形成一种人人受重视、受尊重的文化氛围。这样的文化氛围往往能形成一种激励机制，使企业成员在内心深处自觉产生为企业奋斗的献身精神。而企业群体对企业成员所做贡献的奖励，又能进一步激励员工为实现自我价值和企业发展而不断进取。

企业文化的激励功能具体体现在两个方面：一是信任鼓励，只有使员工感到上级对他们的信任，才能最大限度地发挥他们的聪明才智；二是关心鼓励，企业各级主管应该了解其员工的家庭和思想情况，帮助他们解决在工作和生活上的困难，使员工对企业产生依赖感，充分感受到企业的温暖，从而为企业尽职尽责。

（四）约束功能

企业文化的约束功能是通过制度文化和道德规范发生作用的。作为一个组织，企业为进行正常的生产经营，必须制定必要的规章制度来规范员工在生产经营中的行为，进行"硬"约束。企业文化的约束功能除了这方面以外，还强调以一种无形的群体意识、社会舆论、共同的习俗及风尚等精神因素，在组织群体中培养出与制度的"硬"约束相协调的环境氛围，形成文化上的约束力量，对职工行为起到约束作用，这就是"软"约束。企业文化以潜移默化的方式，形成一种群体道德规范和行为准则，某种违背企业文化的言行一经出现，就会受到群体舆论和感情压力的无形约束，使员工产生自控意识，达到内在的自我约束。

企业文化将以尊重个人感情为基础的无形的外部控制和以群体目标为己任的内在自我控制有机地融合在一起，实现外部约束和自我约束的统一。企业文化的这种无形的"软"约束具有更持久、更强大的效果。

（五）辐射功能

企业文化比较集中地体现了企业的基本宗旨、经营哲学和行为准则。企业文化一旦形成较为固定的模式，不仅会在企业内发挥作用，而且还通过各种途径对社会产生影响。企业文化的辐射作用主要是通过企业形象的塑造和传播来实现的。企业向社会辐射的途径很多。优秀的企业文化通过企业与外界的每一次接触，包括业务洽谈、经济往来、新闻发布、参加各种社会活动和公共关系活动，甚至通过企业制造的每一件产品、企业员工在社会上的每一次言行，向社会大众展示企业成功的管理风格、良好的经营状态和积极的精神风貌，从而为企业塑造良好的整体形象，树立信誉，扩大影响。企业文化是企业一项巨大的无形资产，为企业带来高美誉度和高生产力。

三、企业文化的影响因素

对企业文化的上述静态分析，使人们对企业文化的构造从整体上有了较为清晰的认识，但还不能为人们提供改造旧企业文化、塑造新企业文化的线索。因此，人们需要对企业文化的形成和演变进行系统分析，寻求影响企业文化的主要因素。

（一）民族文化因素

企业管理的核心是对人的管理。作为企业文化主体的全体员工，同时又是作为社会成员而存在，长期受到民族文化的熏陶，并在这种文化氛围中成长。民族文化会通过企业员工影响企业文化，具体包括两个方面：一是对价值观念和世界观的影响。不同的人生活在不同的地区，不同的地区有不同的民族文化，民族文化的差异性使得人们具有不同的价值观念，其中包括信仰、宗教等。二是对行为方式的影响。民族文化的不同导致价值观念的不同，而人的行为方式，诸如沟通的渠道等会受到价值观念或者信仰的支配，所以表现出来的行为方式也有所不同。

因此，应当尊重民族文化，建立优秀的企业文化，利用民族文化中的优秀遗产，将现代企业管理理念与传统民族文化中的精华有机地融于企业文化之中，将企业员工头脑中传统民族文化里面有益的观念与企业的经营管理需求有机地进行结合，并将这种传统民族文化的影响在企业的价值观念和经营理念、企业的管理制度和行为规范中体现出来，进行有机地结合，从而建设富有活力与生机的企业文化，形成植根于民族文化基础之上的优秀的企业文化。

（二）社会制度因素

企业文化是社会文化的一部分，因此，企业文化的建设必须以制度作基础。社会制度是通过权利和义务来规范主体行为和调整主体间关系的规则体系。从内涵上看，制度作为一种权利与义务的分配规则体系，它规定了人们在现实生活中的实际活动范围、基本行为方式或模式；从外延上看，制度作为一种社会的规范形态，是通过特定组织的强制力来保证实施的制约主体行为和主体间关系的特定规范。因此，企业必须要在符合社会制度的基础前提下去运行。

（三）外来文化因素

从其他国家、其他民族、其他地区、其他行业或其他企业引进的文化，对于特定企业而言都是外来文化，这些外来文化都会对企业文化产生一定的影响。随着世界市场的融合和全球经济一体化的进程，各国间经济关系日益密切，不同国家之间在文化上的交流和渗透日益频繁。我国实行改革开放以来，从西方发达国家引进了大量的技术和设备，在引进、消化、吸收国外先进技术的同时，也引进了国外的文化。对引进的文化形态进行分类，可以分为三个层次文化，即民族层次的文化、企业层次的文化及个体层次的文化，它们都对我国企业文化产生了不同程度的影响。

在引入外来文化的同时，必须根据企业的具体环境条件，有选择地加以吸收、消化，融合外来文化中有利于企业的文化因素，警惕、拒绝和抵制对企业不利的文化因素。

（四）企业传统因素

企业文化的形成过程也是企业传统的发育过程。企业文化的发展过程在很大程度上就是企业传统去粗取精、扬善抑恶的过程。因此，企业传统也是影响企业文化的重要因素。

我国企业文化的优良传统主要来自四个方面：其一，以前艰难成长起来的一些民族资本主义企业开创了以勤劳节俭、善于经营、实业救国为特色的企业精神。其二，中华人民共和国成立以前，在解放区的一些军工企业及工业企业为了夺取抗日战争和解放战争的胜利，也产生和形成了艰苦奋斗、勤俭节约、无私奉献、顽强拼搏的企业精神和传统。其三，中华人民共和国成立以后，在我国一些老企业中反映出许多由于历史传统而形成的文化特色，成为现今我国企业文化特色的重要因素，如爱厂如家、艰苦创业的"孟泰精神"等。其四，改革开放以来，一些新兴的高新技术企业和发展比较好的工业企业经过多年的发展历程，开始孕育、产生和形成不少好的现代文化观念，如重视技术和人才、重视效益、重视管理及市场观念、竞争意识、服务意识等，对我国企业文化的影响也是非常巨大的。

（五）个人文化因素

个人文化因素指的是企业领导者和员工的思想素质、文化素质和技术素质。由于企业文化是企业全体员工在长期的生产经营活动中培育形成并共同遵守的最高目标、价值标准、基本信念级行为规范，所以企业员工队伍的思想素质、文化素质和技术素质直接影响和制约着企业文化的层次和水平。员工中的模范人物是员工群体的杰出代表，也是企业文化人格化的体现，如"铁人"王进喜对大庆的精神、张秉贵对一团火的精神等都发挥了这种作用。向模范人物学习的过程，就是企业文化的培育过程。

个人文化因素中，企业领导者的思想素质、政策水平、思想方法、价值观念、经营思想、经营哲学、科学知识、实际经验、工作作风等因素对企业文化的影响也是非常显著的，甚至其人格特征也会对企业文化产生一定的影响。

（六）企业发展因素

不同行业的企业文化特点不一样，即使同一行业的企业处于不同的发展阶段，其所呈现的文化特点也不同。企业从导入期、成长期、发展期到成熟期，再到衰退期，便完成了一个循环过程。在这个过程中，企业会积累一些优秀的文化传统，也会不断摒弃一些不良风气。处于导入期的企业往往关注企业生存和市场情况，而对内部规范管理还顾及不到，可能产生一切以"挣钱"为导向的文化氛围，这时企业要特别注意对短期行为的及时纠正。进入成长期的企业，随着企业各项工作的顺利开展，企业文化渐渐成形，这是企业文化建设的关键时期，企业要抓住这一时机，考虑长远发展，塑造可以永久传承的优秀文化。企业一旦进入成熟期，企业文化就基本成形了，这时要特别小心惰性习惯的产生，致使企业文化缺乏生命力。处于成熟期的企业，一般采取变革企业文化的办法，利用企业文化这只无形的手，避免企业走上衰退之路。

10.2 企业文化建设

企业文化建设是一项系统性工程，先要对企业文化进行深入分析，再对企业文化进行系统的设计，最后认真组织实施。企业文化建设需要社会相关制度的支持，也需要广大员工的积极参与和普遍认同。在发掘企业传统文化的基础上，注入适合企业发展的文化因子，重视对企业优秀文化的传承和创新，这样才能形成有助于企业发展的优秀文化。

一、企业文化建设的原则

（一）目标原则

坚持目标原则意味着要明确企业的基本信念和基本哲学，并采取有效的办法实现既定文化目标。在文化建设中，坚持目标原则能够有效地引导企业员工做什么、怎么做，避免因个人目标忽视整体目标。目标具有激励性，坚持目标原则还能激励员工的工作热情和创新精神，为考核与评价企业员工的工作业绩提供依据。

（二）共识原则

企业文化是企业员工共同遵守的价值体系，共识原则是企业文化建设的本质。企业文化的形成过程，就是企业成员对企业所倡导的价值标准不断认同、内化和自觉实践的过程。只有将企业员工的个人价值观有机结合起来，达成全体员工的共识，才能使企业产生凝聚力。

（三）和谐原则

和谐原则指的是坚持企业管理者和基层员工之间的和谐相处。在企业文化建设中，坚持和谐原则能够有效地建立企业内部人员之间的信任关系，为实现价值体系的"一体化"创造条件。坚持和谐原则最重要的是要弱化等级制度的影响，赋予基层员工更多的权利与责任，建立内部一体化关系，把对企业员工的管理由外部控制和外部激励变成自我控制和自我激励。

（四）卓越原则

卓越是一种向上精神，追求卓越是一个优秀的人也是一个优秀的企业的内在要求。竞争是激发人们发扬卓越精神的重要动力。企业在竞争的环境中都不甘落后，进行企业文化建设的目的是创造卓越的精神、营造卓越的氛围。坚持卓越原则要善于建立标准，建立反馈和激励机制。

（五）绩效原则

绩效既是上一项工作的结果，又是下一项工作的起点。在企业文化建设中坚持绩效原则，要善于根据工作绩效进行适当奖励，以鼓励员工更加努力地投入下一轮的工作中。坚持绩效原则的目的是要增强员工在工作中的自觉性和主动性，增强其创造精神。

二、企业文化建设的方法

企业文化建设的方法多种多样，因企业而异。企业要根据自身的特点，具体问题具体分析，综合运用各种方法，有效地建设本企业的文化。

（一）宣传教育法

宣传教育法是建设企业文化的基本方法。企业只有通过系统的、长期的、多层次的、多渠道的宣传教育，才能把企业文化建设好，进而转化为员工的自觉意识，成为企业和员工行为的指南。宣传教育法的具体途径包括以下几个方面：

（1）搞好文化意识培训。对于企业成人教育来说，最见成效的文化意识培训方法首推"在职培训法"。企业结合员工的岗位、性质、特点和需要，进行文化意识教育，可以使员工在文化素质和专业技能得到提高的同时，对企业的历史、沿革、传统、宗旨和价值观念、行为规则等有一定的了解和掌握，为企业文化建设与发展奠定基础。

（2）开展多种形式的舆论宣传和教育工作。进行企业文化的宣传教育，是企业文化实践工作的第一步，目的在于在企业中形成一个浓烈的舆论气氛，让员工在耳濡目染、潜移默化中接受企业倡导的价值观，用来指导自己的行为。例如，把企业的宗旨、精神、目标写成标语的形式在企业醒目地方张贴，或是通过出版期刊、小册子对职工进行企业文化宣传和教育等。

（3）组织开展职工业余文娱体育活动。在企业内部开展丰富多彩的文娱体育活动，寓企业文化教育于丰富多彩、生动活泼的业余文娱体育活动之中，使员工在参与这些活动的过程中陶冶情操，提高文化修养。

（二）典型示范法

典型示范法就是通过树立典型、宣传典型人物来塑造企业文化。典型人物是指企业中最有成效地实践企业文化的优秀分子，既可以是企业的领导人，又可以是企业的普通员工。典型人物就是企业价值观的化身，树立他们的正面形象，就是给广大员工提供值得效法和学习的榜样。看一个企业推崇什么、赞赏什么，从它所树立的典型人物的行为中即可判断出来。典型人物在其事迹中表现出来的精神、意识，正是企业文化倡导的内容。利用正面树立典型人物，把企业倡导的价值观具体化、形象化，是我国企业文化建设的成功经验，诸如王进喜、孟泰等，就是不同时代塑造的最能代表企业精神的榜样。

典型示范法要求企业要做到以下几个方面：

（1）善于发现典型人物，即善于发现那些价值取向和信仰主流是进步的、与企业倡导的价值观相一致的、具备楷模特征的优秀员工。

（2）注意培养典型人物，即对发现的典型人物进行培养、教育和思想意识的理论升华，并放到实践中锻炼成长。

（3）肯定，即对在实践中锻炼成长起来的有优异业绩、有广泛群众基础的典型人物以一定的形式加以肯定，总结其先进事迹，并积极开展宣传活动，发挥楷模作用。

（4）保护典型人物，即制定鼓励先进、保护典型人物的规则制度，消除企业内部对先进人物嫉妒、讽刺、挖苦、打击等不良倾向。

注意： 对企业典型人物的宣传必须实事求是，不要人为地夸大，使一些先进人物的事迹变得不可信。

（三）环境优化法

环境与人是密切相关的，人能造就环境，环境也能改造人。按照心理学和行为科学理论，优化企业的向心环境、顺心环境、荣誉感环境是企业文化建设的重要方法。现代心理学认为，共同的生活群体能产生一种共同的心理追求，这种心理追求一旦上升为理论并被群体成员所公认，就会产生为之奋斗的精神。这种能使企业员工产生使命感并为之奋斗的精神状态，称为向心环境。理想的价值观念只有在这种向心环境中升华，才能使企业产生向心力和凝聚力。

（1）建设向心环境。这需要在共同理想的目标原则下，根据企业的发展历史、经营特色、优良传统、精神风貌，去概括、提炼和确定企业的精神目标，再把精神目标具体融化在企业管理之中，使企业经营管理与思想工作融为一体，变成可操作性的东西，使员工产生认同感，唤起使命感。

（2）创造顺心环境，开发动力资源。人的才智和创造力是一种无形的、内在的动力资源，在环境不符合的条件下，一般常以潜在的形态存在，只有在心情处于最佳状态时，才能焕发出充沛的精神活力。因此，企业文化建设取得成效，往往来自一个团结、和谐、融合的顺心环境。

（3）营造荣誉感环境，激励高效行为。行为科学认为，人的行为分为低效行为和高效行为。荣誉感环境是消除低效行为、激励高效行为的重要因素。企业要创造良好的荣誉感环境，首先，要有荣誉感意识，通过各种途径培养员工对企业的归属感和荣誉感；其次，要注意宣传企业的优秀传统、取得的成就和对社会的贡献，不断提高企业的知名度和美誉度，塑造企业良好的社会形象；最后，要尊重员工的劳动，及时充分地肯定员工的业绩，给予相应的荣誉和奖励，使员工不断开拓进取。

（四）激励法

激励就是通过科学的方法激发人的内在潜力，开发人的能力，充分发挥人的积极性和创造性，使每个人都切实感到力有所用、才有所展、劳有所得、功有所赏，自觉努力地工作。激励法既是有效管理企业的基本方法之一，又是企业文化建设的有效方法。下面介绍几种常用的激励法。

（1）强化激励。强化激励就是对员工的某种行为给予肯定和奖励，使这个行为巩固，或者对某种行为给予否定和惩罚，使它减弱、消退。这个过程称为强化，前者称为正强化，后者称为负强化。正强化的方法主要是表扬和奖励，负强化的方法主要是批评和惩罚。

（2）关心激励。企业的领导者和管理者通过对员工生活上的关心，使员工感受到企业大家庭的温暖，从而增强主人翁责任感。

（3）榜样激励。榜样的力量是无穷的，有生动性和鲜明性，说服力极强，容易在感情上产生共鸣。树立榜样也是一种有效的激励方法。

（4）集体荣誉激励。先进集体的成员会有一种荣誉感、自豪感、光荣感和信任感。每个员工都要为维护集体的名誉负责，在维护集体名誉中产生极大的工作热情和干劲。

（5）数据激励。用数据表示成绩和贡献最有可比性和说服力，也最能激励人们的进取心。具体做法有：逐月公布企业内部各部门、各班组，甚至是员工的各项生产经营指标；公布员工技术、文化考核的成绩，激励员工努力学习科学技术和掌握业务技能；设立立功本、光荣册，公布各种竞赛成绩，激励员工争当先进。

（6）领导行为激励。优秀的领导行为能激励员工的信心和力量，企业领导人应通过自己的模范行为和良好的素养去激励员工的积极性。

三、企业文化建设的步骤

（一）企业文化分析

建设企业文化关键在于量体裁衣，建设适合本企业的文化体系，要达到这一目标的前提就是深入分析企业文化的现状，对企业现有文化进行一次调查，对企业文化进行全面了解和把握。当一个企业尚处于创业阶段时，需要了解创业者的企业目标定位，如果是已经发展了一段时间的企业，则需要了解企业发展中的一些问题和员工广泛认同的理念。

企业文化调研的方法主要有访谈法、问卷法、资料分析法和实地考察法等。其内容主要针对企业经营管理现状、企业发展前景、员工满意度和忠诚度、员工对企业理念的认同度几个方面。在企业文化的调研中，匿名问卷形式比较常用，它可以很好地反映企业文化的现状和员工对企业文化的认同度。

经过一系列的调研后，要进行分析，进而得出初步结论。其分析主要集中在以下几个方面：

（1）分析企业经营特点，搞清企业在行业中的地位和企业生产经营情况。

（2）分析企业管理水平和特色，研究企业内部运行机制，重点分析企业管理思路、管理核心、现有管理理念和主要弊端。

（3）分析企业文化的建设情况，领导和员工对企业文化的重视程度。

（4）逐项分析企业文化各方面的内容，包括企业理念、企业风俗、员工行为规范等具体内容。

注意： 根据对以上四个方面内容的综合分析，可以判断目前企业文化的状况，了解员工的基本素质，把握企业战略和企业文化的关系，分析企业急需解决的问题和未来发展的障碍，为企业文化的设计做好准备。

（二）企业文化设计

企业文化是一个有机的整体，包括精神层（理念层）、制度层、行为层和物质层。其中，精神层的设计要本着以下原则：历史性原则、社会性原则、个异性原则、群体性原则、前瞻性原则和可操作性原则。制度层和物质层设计要本着与理念层高度一致的原则、系统完整性原则和可操作性原则。

企业文化的设计中最重要、最困难的是企业理念体系的设计，它决定了企业文化的整体效果。理念体系主要包括企业愿景、企业哲学、核心价值观、经营理念、企业精神、企业作风和企业道德等。企业理念中的各个部分有着内部的逻辑性，设计时需要保持内部的一致性。企业愿景描述了企业的奋斗目标，回答了企业存在的理由；企业哲学是对企业内部动力和外部环境的哲学思考；核心价值观解释了企业的判断标准，是企业的一种集体表态；经营理念回答了企业持续经营的指导思想；企业精神体现了全体员工的精神风貌；企业作风和企业道德是对每一位员工的无形约束，所有内容相辅相成，构成一个完整的理念体系。

企业制度层主要是为了贯彻企业理念，其日常管理的每一项制度都是企业理念的具体表现，因此，有必要针对企业理念的特点制定一些独特的管理制度，尤其是在企业文化的导入期十分必要。企业制度层的设计主要包括企业制度设计、企业风俗设计、员工行为规范设计，这些设计都要充分传达企业的理念。其中，企业制度包括工作制度、责任制度、特殊制度等。这些制度既是企业有序运行的基础，也是塑造企业形象的关键；企业风俗设计是不同于其他企业的标识之一，它是企业长期沿袭、约定俗成的典礼、仪式、习惯行为、节日、活动等；员工行为规范主要包括仪表仪容、待人接物、岗位纪律、工作程序、素质修养等方面，好的行为规范应该具备简洁、易记、可操作、有针对性等特点。

物质层的设计主要包括企业标识设计、名称及其应用。企业的名称和标识如同人的名字一样，是企业的代码，设计时要格外慎重。企业的标识是企业理念、企业精神的载体，企业可以通过企业标识来传播企业理念，公众也可以通过标识来加深对企业的印象。另外，企业标识出现的次数和频率，直接影响社会公众对企业的认知和接受程度。

（三）企业文化实施

企业文化的实施阶段，实际上也是企业的一次变革，通过这种变革，把企业优良的传统发扬光大，同时纠正企业存在的一些问题。最早提出有关组织变革过程理论的是勒温（美国心理学家，拓扑心理学创始人），该模型提出组织变革三部曲为"解冻→变革→再冻结"，可以说这一模型也反映了企业文化变革的基本规律。一般来说，企业文化的变革与实施也有导入阶段、变革阶段、制度化阶段、评估总结阶段。

（1）导入阶段即勒温模型的解冻期。这一阶段的主要任务是从思想上、组织上、氛围上做好企业文化变革的充分准备。在此阶段，要建立强有力的领导体制、高效的执行机制、全方位的传播机制等方面的工作，让企业内部所有人都意识到企业文化变革的到来。

（2）变革阶段是企业文化建设工作的关键。在这个阶段，要全面开展企业文化理念层、制度层、物质层的建设，即进行出上而下的观念更新，建立健全企业的一般制度和特殊制度，形成企业风俗，做好企业物质层的设计与应用。这一阶段是一个完整的企业形象塑造过程，中心任务是价值观的形成和行为规范的落实。

（3）制度化阶段是企业文化变革的巩固阶段。这一阶段的主要工作是总结企业文化建设过程中的经验和教训，将成熟的做法通过制度加以固化，建立起完整的企业文化体系。在这一阶段，企业文化变革将逐渐从突击性工作转变成企业的日常工作，领导小组的工作也将从宣传推动转变成组织监控。这一阶段的主要任务是建立完善的企业文化制度，包括企业文化考核制度、企业文化先进单位和个人表彰制度、企业文化传播制度、企业文化建设预算制度等。

（4）评估总结阶段是企业文化建设阶段性的总结。在企业基本完成企业文化建设的主要工作之后，总结评估以前的工作，对今后的企业文化建设具有十分重要的作用。评估工作主要围绕事先制定的企业文化变革方案，检查变革是否达到预期的效果，是否有助于企业绩效的改善和提高。总结工作包括对企业文化建设的反思，主要针对内外环境的变化，检查原有建设体系是否成立，具体的工作方式主要是现场考察、研讨会、座谈会等。

四、企业文化建设的保障

企业文化不仅需要构建，而且需要巩固，并将其转化为凝聚力和实际生产力。因此，企业文化建设需要一整套完整的保证体系去巩固和强化。下面从物质、制度、教育、礼仪等方面介绍相应的保障措施。

（一）物质保障

物质保障是企业文化建设的基础保证，指的是通过建立专项资金，不断改善企业的物质基础和生活条件，进一步完善企业的文化设施，以增强企业的凝聚力和员工的归属感。企业文化的物质保证包括生产环境工程、福利环境工程和文化环境工程。其中，生产环境工程是企业文化赖以形成和发展的基础，一个好的生产环境不仅能提高产品质量和影响力，而且能使员工心情舒畅，给公众以特有的感染力；福利环境工程的重点是完善企业的奖励机制，完善企业员工必要的生活设施，改善工作环境，强化员工的归属感，激发员工的工作热情；文化环境工程的重点是建设和完善教育、科技、文体等方面的文化设施，形成企业文化建设的物质载体和外在标识。

（二）制度保障

制度是企业文化的重要保障，企业文化的建设离不开各项制度的保障。企业文化建设的制度保证指的是通过建立和完善企业的管理制度、激励制度、考核制度、监督制度、学习制度等，使企业所倡导的价值观念和行为方式规范化、制度化，进一步强化企业文化。优秀的企业文化必须有相应规章制度的约束和干预，才能更加有效地予以落实，才能更好地完成企业目标。

（三）教育保障

发展企业文化必须有良好的教育保证体系，始终把搞好企业员工培训、提高员工素质作为企业的战略任务来执行。教育保障指的是通过各种培训手段，提高员工的素质，启发员工的觉悟，挖掘员工的潜能，使之成为企业文化建设的主力军。如果一个企业的员工整体素质极其低下，很难孕育出优秀的企业文化。

（四）礼仪保障

礼仪是文化的展示形式。企业文化礼仪指的是企业在长期的文化活动中形成的交往行为模式、交往规范礼节和固定的典礼仪式。企业文化礼仪规定了特定文化场合企业员工必须遵守的行为规范、语言规范、着装规范等，是企业文化传播最现实的形式，也是企业员工的情感体验和人格体验的最佳形式,能够将企业理性上的价值观转化为企业员工行为的约束力量。

> **相关知识**

看得见、摸得着的企业文化

文化塑造必须要让员工"亲身体验"到,让员工感觉文化就在身边,跟自己的工作息息相关。要做到这种境界,企业可以采取"三步走",即看得见、感受到、自己做。

1. 企业文化要能够"看得见"

企业文化要出现在公司的各个角落,不但要有能够体现公司文化的办公环境、建筑和设施,在办公区、会议室、板报、内刊、局域网等传播媒介和公众场合,更要注意时时宣扬和阐释公司的文化,尤其是企业文化理念。

2. 企业文化要让员工"感受到"

文化不是"水中月""镜中花",文化只有"落地"才能发挥效用。文化的"落地",就是要转化为企业的日常管理和员工的工作行为。

员工的感受来自切身的工作,跟自己工作相关的因素有哪些呢?包括领导风格、职责权限、绩效考核、激励机制、团队关系、工作流程、培训体系、制度和规范等。

不少企业的文化理念里都有"以人为本",但真正做到以人为本的企业,少之又少,有些企业很想塑造"以人为本"的企业文化,但是不知道如何去做。其实很简单,从员工接触公司的第一天、见到的第一个人起,他实际就在感受公司的文化了。面试时有没有人热情接待,考官的态度,进入公司后主管和同事是否真心帮助他,是否让他感受到公司的温馨,这些还都是初步和浅层次的文化融合。当他在公司工作了一段时间,业务开始熟悉,就会深刻体会到公司的流程、制度、规范、考核、激励机制等,这些是企业文化的深层次表现形式,也会使他逐步形成自己对文化的理解。公司只有在这些环节上都体现出"以人为本",才能让员工认同。

3. 企业文化要让员工"自己做"

(1)先"品尝"文化。文化塑造的关键是让员工改变观念,按照企业文化的要求行动起来。人都有惰性或者叫惯性,都不愿意改变。要改变这种情况,除了要积极进行沟通和培训外,重要的是必须让员工行动起来,即使是带一定强制性的,但必须按照要求做,也就是进行"文化体验"。一般建议在体验时,要能够给员工一些利益,如轻松的沟通环境、更加灵活的激励机制、发些小礼品、有鼓舞性的庆典活动等,这些细节可以让员工在实际工作中感受到文化的力量,好比是在促销中的"尝一尝"。

(2)体会和感悟,总结和提升。很多企业的老总都有这样的感觉,每天从早忙到晚,不停地讨论、计划和协调,但好像都在做下属应该做的活,根本没有时间静下心来思考企业的战略、文化、团队建设这些至关重要的问题。对于企业管理者来说,只是让员工"尝一尝"是不够的,还要结合自己的工作和生活,对文化进行感悟,找到自己的差距和不足,让大家通过研讨和交流说出文化的"味道"。企业领导要在组织中推行学习的文化,经常与下属沟通和交流。在这里,可以借助禅学的思想,强调文化要去"悟",就是要定期进行反思和感悟。文化不是制度,不是要求大家整齐划一,而是人的一种心理契约,要靠大家静下心来,放弃喜、怒、哀、乐这些情绪的影响,认真地思索"我为什么在这里工作?为什么我要拥护企业文化?企业文化跟我有什么关系?我如何体现企业文化?"这里可以借助潜能开发里的方法,如冥想、打禅等,进行反思和感悟,这样才能真正领会到文化的真谛。

(3)形成自己的思维模式和工作行为。根据心理学的观点,人的行为是其思维模式的体现。因此,文化塑造关键还在于让员工形成新的思维模式,自觉、自愿地认同企业文化,并体现在实际工作中。

要形成思维模式,首先要进行反思,发现自己思维中的盲点和死结,进而改善自己的心智模式,然后产生顿悟,达到自我超越的目的;其次要结合企业文化,重新思考自己的工作和生活,制定改善的方案和策略。

10.3 跨文化管理

不同国家的文化差异会对跨国企业的管理产生影响，这种影响不一定就是负面的。而如果不同国家的文化差异未得到合理控制或管理，就会对企业的管理效率产生破坏式的影响，继而演变成文化冲突。从实践经验来看，在经营失败的跨国企业中，大多数是由于文化冲突引起的。正是由于跨国企业在其经营过程中因文化上的差异而不断遭遇文化冲突，所以跨文化管理越来越被人们所关注。

一、跨文化管理的概念

（一）跨文化管理的含义

跨文化管理是 20 世纪 70 年代后期逐渐形成和发展起来的一门新兴的边缘学科。跨文化管理指的是在跨国企业经营中，对不同种族、不同文化类型、不同文化发展阶段的子公司所在国的文化采取包容态度的管理方法。其研究的是在跨文化条件下如何克服异质文化的冲突，并据此创造出公司的独特文化，从而形成卓越有效的管理过程。

跨文化管理是一种管理活动，是在交叉文化条件下，通过文化手段的应用，实行企业管理的各项职能。其主体是企业；其对象是具有不同文化背景的群体；其目的是不同文化群体在相互影响过程中出现矛盾冲突时，设计符合企业文化特征的切实可行的组织结构和管理机制，并形成交叉文化条件下企业管理的有效模式，以维系不同文化背景下员工共同的行为准则，从而实现企业利益的最大化。

（二）跨文化管理的特点

（1）管理文化的多元化。跨文化管理是对不同种族、不同类型的文化进行管理，既包括本土的传统文化又包括外来的多种文化要素，即其所管理的文化具有多元化特征。

（2）管理文化的综合化。跨文化管理又称交叉文化管理，其管理的文化并非原有文化的简单拼凑，而是多种文化要素的有机整合，形成一个适应性更强、效果更显著的文化管理模式。

（3）管理文化的动态化。跨文化管理是一个开放的系统，其管理的文化并非一成不变，而是不断地吸收各种新的管理文化要素。因此，跨文化管理要不断地进行自我更新、自我完善，以求适应不断变化的经济发展形势。

（三）跨文化管理的原则

（1）文化宽容原则。在管理过程中保持宽容是进行跨文化管理的前提。只有保持宽容，不同文化的员工之间才能相互尊重、相互理解，最终才能达成共识并相互融合。因此，要摒弃文化优越感，尊重别国的文化，保持宽容的态度，养成尊重、宽容、平等、开放的跨文化心态和客观、无偏见的跨文化观念与意识，保持对文化多样性的尊重和理解。

（2）有的放矢原则。进行跨文化管理，要做到有的放矢。要对企业的性质进行清晰的定位，还要明白整合的对象。因为文化是一个宽泛的概念，而企业文化涉及企业管理的方方面面，包括经营宗旨的整合、价值观念的整合、行为规范的整合、组织机构的整合，所以有针对性地进行整合控制，是跨文化管理的另一原则。

（3）借鉴与创新相结合原则。企业文化不仅要体现企业自身的传统，而且要吸纳世界文化。东西方企业管理文化可以互相借鉴，尤其是国内外知名企业的文化精华，甚至是竞争对手的先进的经营思想，都可以相互借鉴。而在借鉴外来优秀文化的时候，切忌照搬照抄，要根据企业的实际加以吸收创新，不断发扬传统文化的积极成分，形成与时俱进的企业经营理念，整合梳理出具有本企业特色的跨国文化。

（4）全球化与本土化相结合原则。在跨文化管理中，应本着"思维全球化和行动本地化"的原则来进行。全球化策略要求管理人员以一种跨国性战略来满足市场共同的需要和市场全球化，通过全球化策略能够把全球各地统一起来，实现资源共享。而本土化策略则能够使企业的产品更好地为消费者所接受，使企业更好地开拓市场，也更加有利于企业文化的真正融合。

二、跨文化管理中常见的问题

（一）交际管理中的跨文化问题

交际管理中的跨文化问题主要表现为语言障碍或翻译不够准确，交际效率低下，容易造成误解，诸如外籍员工不了解内部语言习惯、合作中员工各行其是、会谈无结果等。例如，美国人上下点头表示"是"的意思，而这个动作对于很多英国人而言则仅仅意味着他们在听别人讲话，并不一定赞成别人的观点。

（二）监督管理中的跨文化问题

监督管理中的跨文化问题主要表现为缺乏对对方社会文化环境的了解，以自己的做事标准去衡量他人工作的得失。例如，中国人习惯受到严格监督，对监督的需要程度较强；而美国人的公司有严格的管理文件，其习惯用法律和规章制度来约束自己，对监督的需要程度较低。

（三）目标和计划管理中的跨文化问题

目标和计划管理中的跨文化问题主要表现为不同国家的员工对工作效率、时间观念和利润观念的认识不同，从而导致目标相抵触；不同国家的员工对于自身行动余地的大小认识不一，对工作计划的执行也不统一。例如，经当时的国家外经贸部批准，上海飞机制造厂于1985年3月与美国麦道公司签订协议，双方进行合作，在上海装配生产具有20世纪80年代水平的飞机。由于文化差异，刚开始双方在质量保证和目标管理方面出现了许多分歧，麦道公司对文件的归档、工艺流程的处理、计划的安排都十分精确，而上海飞机厂则习惯于"大约""差不多"。

（四）组织管理中的跨文化问题

组织管理中的跨文化问题主要表现为对"职位基础"的错误定位，如由于"裙带关系"引起的矛盾冲突；团队凝聚力不足，团队生产力下降；团队创新意识受到牵制；等等。从思维方式来上说，中国人比较重视直觉、重经验与伦理精神，而西方人则比较注重实证经验和逻辑推理，这反映在组织管理上就是中国的企业各部门关系较为复杂，责权较难区分，而西方人有较强的分工意识，不同岗位的责权明确。

三、跨文化管理的策略

（一）本土化策略

本土化策略是指根据"思维全球化和行动当地化"的原则来进行跨文化的管理。全球化经营企业在国外需要雇用相当一部分当地员工，因为当地员工熟悉当地的风俗习惯、市场动态及其政府的各项法规，并且与当地的消费者容易达成共识。雇用当地员工不仅可节省部分开支，而且有利于在当地拓展市场、站稳脚跟。

（二）文化相容策略

文化相容策略根据不同文化相容的程度可分为两种：一是文化的平行相容策略。这是文化相容的最高形式，习惯上称为文化互补，即在国外的子公司中不以母国的文化作为主体文化，这样母国文化和东道国文化之间虽然存在巨大的文化差异，但却并不互相排斥，反而互为补充，同时运行于公司的操作中，可以充分发挥跨文化的优势；二是隐去两者主体文化冲突的和平相容策略，即管理者在经营活动中刻意模糊文化差异，隐去两者文化中最容易导致冲突的主体文化，保存两者文化中比较平淡和微不足道的部分，使得不同文化背景的人均可在同一企业中和睦共处，即使发生意见分歧，也容易通过双方的努力得到妥协和协调。

（三）文化创新策略

文化创新策略是指将母公司的企业文化与国外分公司所在地的文化进行有效的整合，通过各种渠道促进不同文化相互了解、适应、融合，从而在母公司文化和当地文化的基础之上构建一种新型的企业文化，以这种新型文化作为国外分公司的管理基础的策略。这种新型文化既保留着母公司企业文化的特点，又与当地的文化环境相适应，既不同于母公司的企业文化，又不同于当地的文化，而是两种文化的有机结合。这样不仅使全球化经营企业能适应不同国家的文化环境，而且还能大大增强竞争优势。

（四）文化规避策略

文化规避策略是指当母国的文化与东道国的文化之间存在着巨大的差异，母国的文化虽然在整个公司的运作中占主体地位，但无法忽视或冷落东道国文化的存在的时候，由母公司派到子公司的管理人员就应特别注意在双方文化重大的不同之处进行规避，不要在这些"敏感地带"造成彼此文化的冲突。特别在宗教文化浓厚的国家，更要特别注意尊重当地的信仰。

（五）文化渗透策略

文化渗透是个需要长时间观察和培育的过程。文化渗透策略是指跨国公司派往东道国工作的管理人员，基于其母国文化和东道国文化的差异，不能试图在短时间内迫使当地员工服从母国的人力资源管理模式，而应凭借母国强大的经济实力所形成的文化优势，对当地员工进行逐步的文化渗透，使母国文化在不知不觉中深入人心，使东道国员工逐渐适应了这种母国文化并慢慢地成为该文化的执行者和维护者。

（六）借助第三方文化策略

跨国公司在其他国家和地区进行全球化经营时，由于母国文化和东道国文化之间存在巨大的差异，而跨国公司又无法在短时间内完全适应由这种巨大的文化差异而形成的完全陌生的经营环境，这时跨国公司所采用的管理策略通常是借助比较中性的、与母国的文化已达成一定程度共识的第三方文化对设在东道国的子公司进行控制管理。用这种策略可以避免母国文化与东道国文化发生直接的冲突。例如，欧洲的跨国公司想要在加拿大等美洲地区设立子公司，就可以先把子公司的海外总部设在思想和管理比较国际化的美国，然后通过在美国的总部对在美洲的所有子公司实行统一的管理。这种借助第三国文化对母国管理人员所不了解的东道国子公司进行管理可以避免资金和时间的无谓浪费，使子公司在东道国的经营活动可以迅速有效地开展。

（七）占领式策略

占领式策略是一种比较偏激的跨文化管理策略，是指全球营销企业在进行国外直接投资时，直接将母公司的企业文化强行注入国外的分公司，对国外分公司的当地文化进行消灭，国外分公司只保留母公司的企业文化。这种方式一般适用于强弱文化对比悬殊，并且当地消费者能对母公司的文化完全接受的情况下采用，但从实际情况来看，这种模式采用得非常少。

注意： 在进行跨文化管理时，应在充分了解母国文化和东道国文化的基础上，选择自己的跨文化管理模式，使不同的文化得以最佳结合，从而形成自己的核心竞争力。掌握跨文化管理的艺术与技巧，实施一套行之有效的跨文化管理策略是企业能够从容驰骋国际舞台、实现成功经营、拥有持续竞争力的有力保障。

综合练习与实践

一、判断题

（1）企业文化和企业经营的成败有着密切的关系。　　　　　　　　　　　　　（　　）
（2）企业文化的强制性约束具有更持久、更强大的效果。　　　　　　　　　　（　　）
（3）同一行业的企业，处于不同的发展阶段，其所呈现的文化特点相同。　　　（　　）
（4）企业文化的设计中最重要、最困难的是企业理念体系的设计。　　　　　　（　　）
（5）跨文化管理是一种管理活动，是在交叉文化条件下，通过文化手段的应用，实行企业管理的各项职能。　　　　　　　　　　　　　　　　　　　　　　　　　　　　　（　　）

二、单项选择题

（1）企业文化的核心是（　　）。
　　A. 物质文化　　　　B. 行为文化　　　　C. 制度文化　　　　D. 精神文化
（2）企业文化建设主要包括企业文化分析、企业文化设计和（　　）三个环节。
　　A. 企业文化评价　　　　　　　　　B. 企业文化选择
　　C. 企业文化实施　　　　　　　　　D. 企业文化更新

（3）企业文化变革的巩固阶段是（　　）。
　　A. 导入阶段　　　　B. 变革阶段　　　　C. 制度化阶段　　　　D. 评估总结阶段
（4）组织开展职工业余文娱体育活动是属于（　　）的企业文化建设。
　　A. 宣传教育法　　　　　　　　　B. 典型示范法
　　C. 环境优化法　　　　　　　　　D. 激励法
（5）增强员工的企业归属感属于企业文化的（　　）。
　　A. 导向功能　　　　B. 凝聚功能　　　　C. 激励功能　　　　D. 约束功能

三、多项选择题

（1）企业文化的特征有（　　）。
　　A. 民族性　　　　B. 客观性　　　　C. 独特性
　　D. 稳定性　　　　E. 综合性
（2）企业文化的功能有（　　）。
　　A. 导向功能　　　　B. 凝聚功能　　　　C. 激励功能
　　D. 约束功能　　　　E. 辐射功能
（3）企业文化建设的方法有（　　）。
　　A. 宣传教育法　　　　　　　　　B. 典型示范法
　　C. 环境优化法　　　　　　　　　D. 激励法
　　E. 严爱并济法
（4）企业文化是一个有机的整体，包括（　　）这几个层面。
　　A. 精神层　　　　B. 制度层　　　　C. 行为层
　　D. 物质层　　　　E. 核心层
（5）跨文化管理的特点，具体包括（　　）。
　　A. 多元化　　　　B. 综合化　　　　C. 动态化
　　D. 个性化　　　　E. 本土化

四、简答题

（1）什么是企业文化？
（2）企业文化可划分为哪几个层次？
（3）企业文化建设的基本原则有哪些？
（4）跨文化管理的策略有哪些？

五、技能实训

1. 训练目的

本次训练旨在让学员体会到团队文化的重要性。人都具有社会属性，都渴望归属感。通过建立团队，运用文化的手段，引入激励机制，可以增强学员的归属感和凝聚力。

2. 训练要求

以小组为单位组织训练。地点是教室或操场。每组1面彩旗，1根旗杆，1盒粉笔。

3. 操作步骤

（1）将学员分成10～12人一组。
（2）每组用30分钟确定小组的口号、队名、队歌和标志。
（3）讨论：你们组为什么以这种形式作为建立团队的第一步？如果不是这种形式，还可以有哪些形式？你们的创作是从哪里得到启发的？主题是什么？本次训练给你们的启发是什么？

注意事项：

（1）刚开始可能大部分学员不知如何着手，那是因为大家还没有理解团队的真谛。但随着训练的深入，学员们的感觉会越来越好，团队的概念会渐渐深入人心，那样完成任务就会容易得多。

（2）组内的每个学员都要积极做贡献，参与团队建设。最后，组内学员要互相进行点评。

（3）当出现意见不一致的时候，要注意是怎样解决的。这也是训练的一部分。

文化是团队精神力量的集合，对于这种无形的精神力量，尽管有很多深奥的研究，但作为学员，却未必能够真正领会。通过这次训练，学员可以深刻感受到文化的力量。一个临时建立起来的团队，就因为创作了口号、队名、队歌和标志等文化标识，便能进行潜移默化的凝聚，在和其他组的竞争中体现出战斗力。

作为团队的一员，要热爱团队的文化。只有把团队口号喊响、牢记团队的誓言、把团队标识当作自己的生命，才能真正地融入团队，焕发出无穷的动力，成为团队真正的一员。

【在线答题】

第 11 章

企业管理法律、法规

  【学习目标】

通过本章的学习,学生应了解企业管理法律、法规,学会处理企业管理过程所引发的经济纠纷,清楚经济纠纷的诉讼流程。

  【学习要求】

知识要点	能力要求	相关知识
经济法	(1) 了解经济法的概念 (2) 了解经济法的渊源	
公司法	(1) 了解公司法的概念 (2) 掌握公司法的主要法律知识 (3) 了解违反公司法的法律责任	企业要依法经营
合同法	(1) 了解合同法的概念 (2) 掌握合同法的主要法律知识 (3) 了解违反合同法的法律责任	格式合同的免责条款未提请对方注意则无效
劳动合同法	(1) 了解劳动合同法的概念 (2) 掌握劳动合同法的主要法律知识 (3) 了解违反劳动合同法的法律责任	企业与员工要签劳动合同
经济纠纷实务	(1) 掌握经济纠纷诉讼指南 (2) 掌握经济纠纷诉讼流程 (3) 了解经济纠纷常用的法律文书 (4) 了解经济纠纷法院收费标准 (5) 了解经济纠纷诉讼代理流程	经济纠纷处理流程

【案例导入】

每次乘坐公交车，一上车就看到一个票箱，票箱上有一行字："司机接触票款视为贪污！举报有奖，举报电话××××××××。"如果没有这行字，就没有人警惕。每位乘客一上车就见到这行字，必然注意司机的一举一动。这样，司机就被这行字"规范"得手脚不敢乱动。这不是不尊重人吗？这不是对司机的污辱吗？不是，这是为了规范司机的行为，确保公款不受损失。

企业管理相关法律、法规就是为企业内部和企业间的经济运行制定一个行为规则。

 11.1 经济法概述

调整对象的经济性、管理性与社会性，使得经济法成为一个与民法、商法和行政法有别并与之并列的独立法律系统。其法律本质在于，经济法属于国家调节法、社会本位法和社会法。

一、经济法的概念

经济法是指调整国家在调节社会经济活动过程中所形成的各种社会关系的法律规范的总称。经济法调整社会经济结构与运行过程中所形成的各种社会关系。这些社会关系基本上可以分为两类，即市场规制关系和宏观调控关系；与之相适应，经济法主要包括市场规制法和宏观调控法两个组成部分。

二、经济法的形式

经济法存在的形式，大致分为制定法、判例法、政策与惯例、学说与法理等。在我国，经济法主要是制定法，包括经济法律、法规、行政规章、政策和习惯等；至于判例、学说和法理，在司法实践中往往也具有一定的指导意义。具体来说，我国的经济法的形式如图11.1所示。

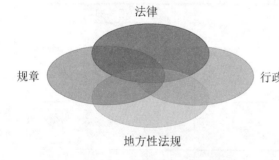

图 11.1 我国的经济法的形式

（一）法律

这里的法律是狭义的理解，即仅指全国人民代表大会及其常务委员会制定的规范性文件，如《公司法》《合同法》《中华人民共和国劳动合同法》(后文简称《劳动合同法》)等。

（二）行政法规

行政法规是指作为国家最高行政机关的国务院根据宪法和法律或者最高权力机关的授权而制定的规范性文件。

（三）地方性法规

地方性法规是指省、自治区、直辖市和经国务院批准的较大的市的人民代表大会及其常委会可以根据本地方的具体情况和实际需要，在不同宪法、法律、行政法规相抵触的前提下制定的法规。

（四）规章

规章是指行政性法律规范文件，依其制定机关不同，可分为部门规章和地方规章。部门规章是指国务院各部、委、局及直属机构在本部门的许可权范围内所制定的规范性文件，内容主要限于执行法律或者国务院的行政法规、决定、命令的事项。地方规章是指省、自治区、直辖市人民政府及省、自治区人民政府所在地的市和经国务院批准的较大的市的人民政府依照法定职权和程序制定的规范性文件。

11.2 公 司 法

公司法有广义和狭义之分，狭义的公司法是指《公司法》（1993年12月29日第八届全国人民代表大会常务委员会第五次会议通过根据1999年12月25日第九届全国人民代表大会常务委员会第十三次会议《关于修改〈中华人民共和国公司法〉的决定》第一次修正根据2004年8月28日第十届全国人民代表大会常务委员会第十一次会议《关于修改〈中华人民共和国公司法〉的决定》第二次修正2005年10月27日第十届全国人民代表大会常务委员会第十八次会议修订，自2006年1月1日起施行）；广义的公司法是指规定公司的设立、组织、活动、解散及其他对内对外关系的法律规范的总称，除了《公司法》外，还包括其他法律，行政法规中有关公司的规定。

一、公司法的主要法律知识

根据高职教学的需要，本书只介绍有限责任公司的法律知识，股份有限责任公司的法律知识不做介绍。

（一）有限责任公司的设立条件

根据《公司法》规定，设立有限责任公司应当具备的条件，如图11.2所示。

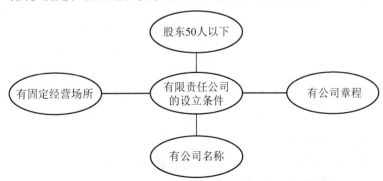

图11.2　有限责任公司的设立条件

1. 法定人数

有限责任公司由 2~50 个股东出资设立。修订后的公司法不再对公司设立的最低人数设限制，可设立一人有限责任公司。

2. 公司章程

公司章程是记载公司组织、活动基本准则的公开性法律文件。设立有限责任公司的公司必须由股东共同依法制定公司章程。

有限责任公司章程应当载明下列事项：公司名称和住所，公司经营范围，公司注册资本，股东的姓名或者名称，股东的出资方式、出资额和出资时间，公司的机构及其产生办法、职权、议事规则，公司法定代表人，股东会会议认为需要规定的其他事项。股东应当在公司章程上签名、盖章。

3. 公司名称

公司设立自己的名称时，必须符合法律、法规的规定，并经过核准。公司的组织机构包括股东会、董事会或者执行董事、监事会或者监事等。

4. 公司住所

公司以其主要办事机构所在地为公司住所。

（二）有限责任公司的组织机构

有限责任公司的组织机构如图 11.3 所示。

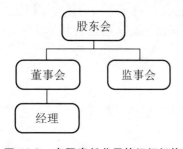

图 11.3 有限责任公司的组织机构

1. 股东会

有限责任公司的股东会由全体股东组成。

股东会的议事方式和表决程序，除另有规定以外，由公司章程规定。股东会会议表决权的行使，除公司章程另有规定外，由股东按照出资比例行使表决权；修改公司章程、增加或者减少注册资本的决议，以及公司合并、分立、解散或者变更公司形式的决议，必须经代表 2/3 以上表决权的股东通过。

2. 董事会

董事会是公司股东会的执行机构，对股东会负责。

董事会的议事方式和表决程序，除法律规定以外，由公司章程规定。董事会应当将所议事项的决定做成会议记录，出席会议的董事应当在会议记录上签名。董事会决议的表决，实行一人一票制。

3. 监事会

监事会是公司的监督机构。

监事会的议事方式和表决程序，一般由公司章程规定。监事会决议应当经半数以上监事通过。监事会应当将所议事项的决定做成会议记录，出席会议的监事应当在会议记录上签名。

4. 经理

有限责任公司可以设经理，由董事会决定聘任或者解聘。

（三）有限责任公司的股权转让

1. 股东之间转让股权

股权的内部转让，一般不需要经过其他股东同意。《公司法》规定，有限责任公司的股东之间可以相互转让其全部或者部分股权，即对内部转让没有限制。但在有的国家是有限制的，如日本、法国授予非受让股东的异议权。

2. 股东向股东以外的人转让股权

股权的外部转让会导致新股东的加入，对股东之间的信任基础影响较大。各国公司法一般都对外部转让做了较严格的限制规定，如日本规定须经股东会承认。

《公司法》规定，股东向股东以外的人转让股权，应当经其他股东过半数同意。股东应就其股权转让事项书面通知其他股东征求意见，其他股东自接到书面通知之时起满30日未答复的，视为同意转让。其他股东半数以上不同意转让的，不同意的股东应当购买该转让的股权；不购买的，视为同意转让。

经股东同意转让的股权，在同等条件下，其他股东有优先购买权。两个以上股东主张行使优先购买权的，协商确定各自的购买比例；协商不成的，按照转让时各自的出资比例行使优先购买权。

公司章程对股权转让另有规定的，从强化公司、股东自治的理念出发，该规定优先适用。

3. 法院强制转让股东股权

法院依照法律规定的强制执行程序转让股东的股权时，应当通知公司及全体股东，其他股东在同等条件下有优先购买权。其他股东自法院通知之日起满20日不行使优先购买权的，视为放弃优先购买权。

4. 股东的股权回购请求权

股权回购请求权指的是，对股东会决议投反对票的股东可以请求公司按照合理的价格收购其股权。行使该权利的条件是出现以下情形之一：公司连续5年不向股东分配利润，而公司该5年连续盈利，并且符合《公司法》规定的分配利润条件的；公司合并、分立、转让主要财产的；公司章程规定的营业期限届满或者章程规定的其他解散事由出现，股东会会议通过决议修改章程使公司存续的。

自股东会会议决议通过之日起60日内，股东与公司不能达成股权收购协议的，股东可以自股东会会议决议通过之日起90日内向人民法院提起诉讼。

二、违反公司法的法律责任

（一）公司发起人、股东的法律责任

（1）违反《公司法》规定，虚报注册资本、提交虚假材料或者采取其他欺诈手段隐瞒重要事实取得公司登记的，由公司登记机关责令改正，对虚报注册资本的公司，处以虚报注册资本金额5%以上15%以下的罚款；对提交虚假材料或者采取其他欺诈手段隐瞒重要事实的公司，处以 5 万元以上 50 万元以下的罚款；情节严重的，撤销公司登记或者吊销营业执照。

（2）公司的发起人、股东虚假出资，未交付或者未按期交付作为出资的货币或者非货币财产的，由公司登记机关责令改正，处以虚假出资金额 5%以上 15%以下的罚款。

（3）公司的发起人、股东在公司成立后，抽逃其出资的，由公司登记机关责令改正，处以所抽逃出资金额 5%以上 15%以下的罚款。

(二) 承担资产评估、验资或者验证的机构的法律责任

（1）承担资产评估、验资或者验证的机构提供虚假材料的，由公司登记机关没收违法所得，处以违法所得 1 倍以上 5 倍以下的罚款，并可以由有关主管部门依法责令该机构停业、吊销直接责任人员的资格证书，吊销营业执照。

（2）承担资产评估、验资或者验证的机构因过失提供有重大遗漏的报告的，由公司登记机关责令改正，情节较重的，处以所得收入 1 倍以上 5 倍以下的罚款，并可以由有关主管部门依法责令该机构停业、吊销直接责任人员的资格证书，吊销营业执照。

（3）承担资产评估、验资或者验证的机构因其出具的评估结果、验资或者验证证明不实，给公司债权人造成损失的，除能够证明自己没有过错的外，在其评估或者证明不实的金额范围内承担赔偿责任。

11.3 合 同 法

【法律法规】

合同法是调整平等主体的自然人、法人、其他组织之间在设立、变更、终止合同时所发生的社会关系的法律规范总称。我国《合同法》是 1999 年 3 月 15 日，第九届全国人大第二次会议通过的，于 1999 年 10 月 1 日起施行的。它由总则、分则和附则三部分组成，总则 8 章，分则将合同分为 15 类。

一、合同法的主要法律知识

(一) 合同的主要条款

合同的主要条款是指合同应当具备的条款。它决定着合同的类型，确定了当事人各方权利义务的质和量，处于相当重要的地位。在有些情况下，欠缺主要条款，合同即不成立。其主要条款如下：

（1）标的。标的是合同权利、义务指向的对象。

（2）质量和数量。标的的质量和数量是确定合同标的的具体条件，是这一标的区别于同类另一标的的具体特征。

（3）价款和酬金。它们是有偿合同的主要条款。价款是取得标的物所应支付的代价；酬金是获得服务所应支付的代价。

（4）履行的期限、地点和方式。履行期限直接关系到合同义务完成的时间，涉及当事人的期限利益，也是确定违约与否的因素之一。

（5）违约责任。它是促使当事人履行债务，使守约方免受或少受损失的法律措施，对当事人的利益关系重大，合同对此应予以明确。

（6）解决争议的方法。一旦合同成立，如履行中产生争议，双方应通过协商、仲裁或是诉讼解决争议，这有利于合同争议的管辖和尽快解决，并最终从程序上保障当事人的实体性权益。

（二）合同的订立

合同订立的过程就是当事人双方使其意思表示趋于一致的过程，这一过程在合同法上称为要约和承诺。合同的订立程序如图11.4所示。

1. 要约

（1）要约是指一方当事人向他人做出的以一定条件订立合同的意思表示。前者称为要约人，后者称为受要约人。要约要取得法律效力，应具备以下条件：

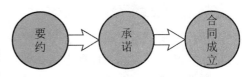

图11.4 合同的订立程序

① 要约必须是特定人的真实意思表示。

② 要约必须是向相对人发出的意思表示。要约的相对人可以是特定的人，也可以是不特定的人。向特定人发出要约，通常是指向某一具体的法人或自然人发出要约。向不特定的人发出要约，一般是指向社会公众发出要约。

③ 要约必须是能够反映所要订立合同主要内容的意思表示。要约的目的在于取得相对人的承诺，建立合同关系。

（2）要约的形式。要约作为一种意思表示，可以以书面形式做出，也可以以对话形式做出。

（3）要约的法律效力和撤回、撤销。要约的生效时间因要约形式的不同而不同。对话形式要约，自受要约人了解时，要约发生效力。书面形式的要约于到达受要约人时生效。要约生效前是可以撤回的。

2. 承诺

（1）承诺是指受要约人在要约有效期内，完全同意要约内容的意思表示。承诺应具备以下条件：

① 承诺必须由受要约人做出。

② 承诺必须是在有效期内做出。

③ 承诺必须与要约的内容相一致。

（2）作为意思表示的承诺，其表现形式应与要约相一致。

（3）因为承诺的生效也就意味着合同的成立，所以承诺时间至关重要，《合同法》规定"承诺通知到达要约人时生效"。

但承诺在生效前也是可撤回的。撤回的程序、要求，与要约撤回的程序、要求完全相同。

3. 合同成立

当受要约人正式按照有关规定、要求做出承诺时，合同成立。

（三）合同的形式

1. 口头形式

口头形式一般出现在现金交易或数额较小的交易，如早上去面馆吃面，有人要求签书面合同，售货员会说他有精神病。它的优点是简单、方便、迅速，缺点是发生争议时不易取证，难以分清是非责任。

2. 书面形式

书面形式是指合同书、信件和数据电文（包括电报、电传、传真和电子邮件）。这里要注意两个问题：一方面是数据电文，如传真、电子邮件有可能不被对方认可；另一方面是格式合同问题。格式合同是指当事人为了重复使用而预先拟订，并在订立合同时未与对方协商的合同。但格式合同最大的问题是剥夺了对方的合同自由，为此，《合同法》制定了一套规则来管制格式合同。

（1）提供格式合同的一方要采取合理方式提请对方注意免除或限制其责任的条款，按照对方的要求，对该条款予以说明。这是提示义务。企业销售产品，一般都会有免责条款。怎样提示呢？可将免责条款用大号字体、黑体字印在合同中比较显眼的地方，或者是用显眼的文字要对方注意合同中第几条的免责条款。若没有履行提示义务，则免责条款无效。

（2）在格式合同中，提供格式合同的一方排除对方主要权利、加重对方责任、免除责任的条款无效。排除对方主要权利已直接违反了公平原则，当然无效；加重对方责任，这样权利、义务不对等，也违反了公平原则，也应无效；免除责任，应理解是免除其全部责任，而不是一般的免责条款。

（3）对格式条款有两种以上解释的，应当做出不利于提供格式条款一方的解释。

3. 其他形式

其他形式又分为默示形式和视听资料形式。默示形式前面已介绍，此处不再赘述。视听资料主要为录像和录音，依最高人民法院关于民事证据有关方面的规定，如对方对视听资料没有异议，则可以认定；如一方有异议，则要具备三个条件才能认定：第一，要以合法方式取得，如不能偷录电话中的通话；第二，要有其他证据佐证；第三，要没有疑点。

（四）合同的效力

1. 合同的生效时间

根据《合同法》的规定，合同生效的时间有以下几种情况：

（1）依法成立的合同，自成立时起生效。即一般情况下，合同依法成立，意味着生效。

（2）办理批准、登记手续后生效。法律、行政法规规定应当办理批准、登记等手续生效的，依照其规定。目前，涉及合同审批、登记的有关法律、行政法规主要有《中华人民共和国中外合资经营企业法》《中华人民共和国中外合作经营企业法》《中华人民共和国城市房地产管理法》《中华人民共和国海商法》《中华人民共和国民用航空法》《中华人民共和国担保法》《中华人民共和国技术引进合同条例》《中华人民共和国城镇国有土地使用权出让和转让暂行条例》《中华人民共和国对外合作开发海洋石油资源条例》《中华人民共和国对外合作开采陆上石油资源条例》等。

（3）条件成就时生效、失效。《合同法》规定："当事人对合同的效力可以约定附条件。附生效条件的合同，自条件成就时生效。附解除条件的合同，自条件成就时失效。"最高人民法院关于《合同法》的解释规定："以批准、登记为生效前提的合同，在一审法庭辩论终结前，当事人办理了批准、登记手续的，应认定合同已生效。规定应当办理登记手续，但未规定登记后生效的，当事人未办理登记手续，不影响合同的效力。"

这里对所附条件有几个要求：

① 这种条件是当事人自己设定的，不是法律规定的。

② 这种条件是将来可能发生，也可能不发生，不是必定发生，也不是根本不可能发生，也就是条件处于不确定状态。

③ 条件必须合法。如某公司与某中学生约定，待该学生考上大学时，赠与其5万元，以资助其完成学业。该赠与合同就是附生效条件的合同，考上大学就是所附条件。考上大学，合同发生效力；考不上大学，合同不发生效力。

但有时候"当事人为了自己的利益，不正当地阻止条件成就"或"不正当地促成条件成就"，这时按照规定"视为条件已成就"或"视为条件不成就"，以防止当事人滥用条件。

（4）期限届至时生效、届满时失效。《合同法》规定："当事人对合同的效力可以约定附期限。附生效期限的合同，自期限届至时生效。附终止期限的合同，自期限届满时失效。"附期限与附条件的区别在于条件处于不确定状态，而期限处于确定状态，将来一定会到来。

2．无效合同

无效合同是指没有法律效力的合同。合同无效与合同没有生效是两个不同的概念。

合同无效的情形有以下五种：

（1）欺诈、胁迫且损害国家利益的合同。欺诈是指一方故意欺骗对方，而使对方陷入错误认识的行为。胁迫是指一方以将要发生的损害或直接施加损害相威胁，使对方产生恐惧而与之订立合同的行为。新合同法加上了损害国家利益，如有损害国家利益则为无效合同。

（2）恶意串通，损害集体或者第三人利益的合同。例如，甲将土地转让给乙，乙又将土地转让给丙。为少缴纳契税，甲与丙签订一份假的土地转让合同，将土地使用权直接过户至丙名下。

（3）以合法形式掩盖非法目的的合同。有些效益不好的企业，为躲避债务，将优良资产低价卖给有利益关系的个人与单位，破产后无法执行合同。

（4）损害社会公共利益的合同。即有损社会公共秩序和善良风俗的合同，如存在牟取暴利、滥用权力、不正当竞争。

（5）违反法律、行政法规的强制性规定的合同。在法律、法规中的规则有两类，一类叫任意性的规定，如合同法上规定的合同条款；另一类叫强制性规定，如有应当怎样做、必须怎样做、不得怎样做、禁止怎么做等文字的，违反了这些强制性规定的合同无效。

3．可撤销合同

可撤销合同是指因意思表示不真实、由有撤销权的一方当事人向法院或仲裁机关申请行使撤销权，而使已生效的内容归于无效的合同。

可撤销合同的情形有以下三种：

（1）存在重大误解的合同。误解一般是基于当事人缺乏必要的知识、技术、信息或经验而造成的，如他人送一只金牛给你，你误认为是镀金的，将其按废铜低价卖给他人。

（2）显失公平的合同。显失公平的合同一般是在一方缺乏经验或紧迫的情况下订立的，如装修时买一块装饰板，说要 400 多元，还价为 380 元，后来发现 100 元就能买到。依《合同法》规定，显失公平是指在订立合同时显失公平。

（3）采取欺诈、胁迫手段或乘人之危订立的合同。欺诈、胁迫前面已讲，此处不再赘述。它与无效合同的区别就在于，是否损害国家利益。乘人之危是指行为人利用他人的危难处境或紧迫需要，使他人违背其真实意思而做出的行为，如某处遭水灾，一些人趁机高价出售矿泉水。

上述撤销权的行使人为重大误解合同中的误解人，显示公平合同中的受害人和采取欺诈、胁迫手段或乘人之危订立合同的受害人。撤销权应当自知道或者应当知道撤销事由之日起 1 年内行使，即须在 1 年内向人民法院起诉或申请仲裁。

4. 合同无效和被撤销的法律后果

（1）合同自始无效。
（2）合同部分无效的，不影响其他部分的效力。
（3）合同无效不影响解决争议方法条款的效力，如仲裁条款。
（4）不再履行。
（5）返还财产、折价补偿和赔偿损失。

返还财产的情形是恢复原状、不能恢复原状或没有必要恢复原状；折价补偿的情形是如财产已灭失无法返还、财产已被使用几年等；赔偿损失的情形是有过错的一方应赔偿对方所受的损失，双方都有过错的应各自承当相应的责任。

（6）收归国有或返还集体、第三人。对于恶意串通，损害国家、集体或第三人利益的合同，由此取得的财产收归国有或返还给集体、第三人。

（五）合同的履行

1. 合同履行的原则

合同的履行是指合同的双方当事人正确、适当、全面地完成合同中规定的各项义务的行为。履行合同应当遵循下列两项原则：

（1）全面履行原则。当事人应当按照约定全面履行自己的义务，即按照合同规定的标的及其质量、数量，由适当的主体在适当的履行期限、履行地点以适当的履行方式，全面完成合同义务。当事人一方在履行中对合同约定义务的任何一个环节的违反，都是违反了全面履行原则。

（2）诚实信用原则。当事人应当遵循诚实信用原则，根据合同的性质、目的和交易习惯履行通知、协助、保密等义务。

2. 合同履行的抗辩权

在合同履行中，当事人可享有同时履行抗辩权、先履行抗辩权、不安抗辩权。这些抗辩权利的设置，使当事人在法定情况下可以对抗对方的请求权，使当事人的拒绝履行不构成违约，可以更好地维护当事人的利益。

（1）同时履行抗辩权。当事人互负到期债务，没有先后履行顺序的，应当同时履行。一方在对方履行之前有权拒绝其履行要求，一方在对方履行债务不符合约定时有权拒绝其相应的履行要求。

（2）先履行抗辩权。当事人互负债务，有先后履行顺序，先履行一方未履行的，后履行一方有权拒绝其履行要求。先履行一方履行债务不符合约定时，后履行一方有权拒绝其相应的履行要求。

（3）不安抗辩权。不安抗辩权的行使分为两个阶段：第一阶段为中止履行。应当先履行债务的当事人，有确切证据证明对方有下列情况之一的，可以中止履行：经营状部分严重恶化；转移财产、抽逃资金，以逃避债务；丧失商业信用；有丧失或者可能丧失履行债务能力的其他情形。第二阶段为解除合同。当事人依照上述规定中止履行的，应当及时通知对方。对方提供适当担保时，应当恢复履行。中止履行后，对方在合理期限内未恢复履行能力并且未提供适当担保的，中止履行的一方可以解除合同。

但是，不安抗辩权的行使是有一定条件和限制的。如无确切证据证明对方丧失履行能力而中止履行的，或者中止履行后，对方提供适当担保时而拒不恢复履行的，不安抗辩权人承担违约责任。

二、违反合同法的法律责任

（一）合同违约形态

合同违约形态有预期违约、不履行、迟延履行、不适当履行等多种形式，如图11.5所示。

1. 预期违约

预期违约即在合同履行期限到来之前，当事人一方明确表示或者以自己的行为表明不履行合同的行为。我国《合同法》明确规定："当事人一方明确表示或者以自己的行为表明不履行合同义务的，对方可以在履行期满之前要求其承担违约责任。"

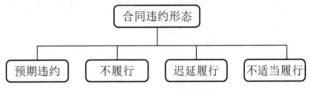

图 11.5　合同违约形态

可以看出预期违约分为明示违约和默示违约两种形式，且守约方有选择权，可以积极要求赔偿，也可消极等待。

2. 不履行

不不履行即完全不履行，指当事人根本未履行任何合同义务的违约情形。从不履行的原因看，既可能是当事人虽然能够履行但是拒绝履行，也可能是当事人不能履行债务。债务人不能履行债务或拒绝履行债务，债权人可以解除合同，并追究债务人的违约责任。

3. 迟延履行

迟延履行是指在合同履行期限届满而未履行债务，包括债务人迟延履行和债权人迟延履行。债务人迟延履行是指合同履行期限届满，或者在合同未定履行期限时，在债权人指定的合理期限届满，债务人未履行债务。债权人迟延履行表现为债权人对于债务人的履行应当接受而无正当理由拒不接受，即迟延接受履行。

4. 不适当履行

不适当履行是指虽有履行但履行质量不符合合同约定或法律规定的违约情形，包括瑕疵履行和加害给付两种情形。瑕疵履行是指一般所谓的履行质量不合格的违约情形。加害给付是指债务人因交付的标的物的缺陷而造成他人的人身、财产损害的行为。

（二）合同违约责任的承担方式

合同违约责任的承担方式如图 11.6 所示。

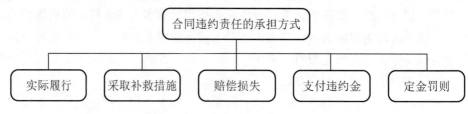

图 11.6　合同违约责任的承担方式

违反合同所应当承担的民事责任，根据《合同法》规定："当事人一方不履行合同义务或者履行合同义务不符合约定的，应当承担继续履行、采取补救措施或者赔偿损失等违约责任。"从实际出发，一般认为承担违约责任的具体方式应该包括五个方面。

1. 实际履行

《合同法》规定，金钱债务应当实际履行，非金钱债务在特殊情况下不适用实际履行。特殊情况是指法律上或事实上不能履行；债务的标的不适于强制履行或履行费用过高；债权人在合理期限内未要求履行。

2. 采取补救措施

根据《合同法》规定："质量不符合约定的，应当按照当事人的约定承担违约责任。对违约责任没有约定或者约定不明确，依照本法第六十一条的规定仍不能确定的，受损害方根据标的的性质以及损失的大小，可以合理选择要求对方承担修理、更换、重做、退货、减少价款或者报酬等违约责任。"就是说如质量不符合约定，应当按照当事人的约定承担违约责任，如无约定或约定不明确的，非违约方可根据标的性质和损失的大小，合理选择要求对方采取修理、更换、重做、退货、减少价款或报酬等措施。另外，《合同法》规定，受损害方在要求违约方采取合理的补救措施后，若仍有其他损失，还有权要求违约方赔偿损失。

3. 赔偿损失

赔偿损失又称损害赔偿，是违约人补偿、赔偿受害人因违约所遭受的损失的责任承担方式，它是一种最重要最常见的违约补救方法。我国《合同法》上的赔偿损失是指金钱赔偿，即使包括实物赔偿，也限于以合同标的物以外的物品予以赔偿。损害赔偿具有典型的补偿性，它以违约行为造成对方财产损失的事实为基础。没有损害事实就谈不上损害赔偿。这是损害赔偿不同于违约金的根本所在。赔偿损失也有一定的限制，即损害赔偿额应相当于因违约所造成的损失，包括合同履行后可以获得的利益，但不得超过违反合同一方订立合同时预见到或应当预见到的因违反合同可能造成的损失，即合理预见规则。损害赔偿直接关系到当事人双方的物质利益分配，体现了违约责任的作用，是一种较普遍的责任方式，应当给予足够的重视。

4. 支付违约金

违约金是指合同当事人在合同中约定的，在合同债务人不履行或不适当履行合同义务时，向对方当事人支付的一定数额的金钱。当事人可以在合同中约定违约金，未约定则不产生违约金责任，且违约金的约定不应过高或者过低。

5. 定金罚则

当事人可以约定定金，定金按担保法规定执行，但如果同时约定定金和违约金，当事人可选择适用其一。关于定金的标准，《合同法》规定："当事人可以依照《中华人民共和国担保法》约定一方向对方给付定金作为债权的担保。债务人履行债务后，定金应当抵作价款或者收回。给付定金的一方不履行约定的债务的，无权要求返还定金；收受定金的一方不履行约定的债务的，应当双倍返还定金。"

11.4 劳动合同法

【法律法规】

《劳动合同法》自2008年1月1日起施行，共分8章98条，包括总则、劳动合同的订立、劳动合同的履行和变更、劳动合同的解除和终止、特别规定、监督检查、法律责任和附则。劳动合同法是规范劳动关系的一部重要法律。

一、劳动合同法的主要法律知识

（一）劳动合同的条款

1. 必备条款

（1）用人单位的名称、住所和法定代表人或者主要负责人。
（2）劳动者的姓名、住址和居民身份证或者其他有效身份证件号码。
（3）劳动合同期限。
（4）工作内容和工作地点。
（5）工作时间和休息休假。
（6）劳动报酬。
（7）社会保险。
（8）劳动保护、劳动条件和职业危害防护。
（9）法律、法规规定应当纳入劳动合同的其他事项。

2. 约定条款

约定条款是劳动合同的约定条款，是指除法定必备条款外劳动合同当事人可以协商约定、也可以不约定的条款。是否约定，由当事人确定。约定条款的缺少，并不影响劳动合同的成立。虽然约定哪些条款由双方当事人决定，但国家对约定条款的内容有强制性、禁止性规定的，仍应当遵守，约定条款不得违反法律、法规的规定。

劳动合同的约定条款一般包括试用期条款、培训条款、保守商业秘密条款、补充保险和福利待遇等其他事项的条款。

（二）劳动合同的签订

劳动合同的签订流程如图 11.7 所示。

图 11.7　劳动合同签订流程

（三）劳动合同的履行

劳动合同的履行是指劳动合同的双方当事人按照合同规定，履行各自应承担义务的行为。劳动合同依法订立即具有法律约束力，用人单位与劳动者应当按照劳动合同的约定，全面履行各自的义务。

履行劳动合同应注意以下事项：

（1）履行劳动合同应保障劳动者劳动报酬权的实现，用人单位应当按照劳动合同约定和国家规定，向劳动者及时足额支付劳动报酬。

（2）用人单位拖欠或者未足额支付劳动报酬的，劳动者可以依法向当地人民法院申请支付令，人民法院应当依法发出支付令。

（3）用人单位安排加班的，应当按照国家有关规定向劳动者支付加班费。劳动合同应依法履行，用人单位应当严格执行劳动定额标准，不得强迫或者变相强迫劳动者加班。

（4）劳动者拒绝用人单位管理人员违章指挥、强令冒险作业的，不视为违反劳动合同。劳动者对危害生命安全和身体健康的劳动条件，有权对用人单位提出批评、检举和控告。

（5）用人单位变更名称、法定代表人、主要负责人或者投资人等事项，不影响劳动合同的履行。

（6）用人单位发生合并或者分立等情况，原劳动合同继续有效，劳动合同由承继其权利和义务的用人单位继续履行。

（四）劳动合同的解除

劳动合同的解除是指劳动合同当事人在劳动合同期限届满之前依法提前终止劳动合同关系的法律行为。劳动合同的解除可分为协商解除、用人单位单方解除、劳动者单方解除等。

1. 劳动者可解除劳动合同的情形

（1）协商一致解除劳动合同。劳动者首先提出的，用人单位可不支付经济补偿。

（2）提前通知解除劳动合同。劳动者提前 30 日以书面形式通知用人单位，可以解除劳动合同。劳动者在试用期内提前 3 日通知用人单位，可以解除劳动合同。注意这里劳动者解除劳动合同，用人单位是不能附加条件的，通知期满后，即使用人单位不批准，劳动者也可以离职。

（3）用人单位有下列情形之一的，劳动者可以解除劳动合同。

① 未按照劳动合同约定提供劳动保护或者劳动条件的。

② 未及时足额支付劳动报酬的。

③ 未依法为劳动者缴纳社会保险费的。

④ 用人单位的规章制度违反法律、法规的规定，损害劳动者权益的。
⑤ 因本法第二十六条第一款规定的情形致使劳动合同无效的。
⑥ 法律、行政法规规定劳动者可以解除劳动合同的其他情形。
⑦ 用人单位以暴力、威胁或者非法限制人身自由的手段强迫劳动者劳动的，或者用人单位违章指挥、强令冒险作业危及劳动者人身安全的，劳动者可以立即解除劳动合同，不需事先告知用人单位。
⑧ 劳动者被迫解除劳动合同的，用人单位需支付经济补偿金。

2．用人单位可解除劳动合同的情形

（1）协商一致解除劳动合同，需支付经济补偿金。
（2）劳动者有下列情形之一，为过失性辞退，用人单位无须支付经济补偿。
① 在试用期间被证明不符合录用条件的。
② 严重违反用人单位的规章制度的。
③ 严重失职，营私舞弊，给用人单位造成重大损害的。
④ 劳动者同时与其他用人单位建立劳动关系，对完成本单位的工作任务造成严重影响，或者经用人单位提出，拒不改正的。
⑤ 因本法第二十六条第一款规定的情形致使劳动合同无效的。
⑥ 被依法追究刑事责任的。
（3）有下列情形之一的，为非过失辞退，用人单位提前30日以书面形式通知劳动者本人或者额外支付劳动者1个月工资后，可以解除劳动合同。
① 劳动者患病或者非因工负伤，在规定的医疗期满后不能从事原工作，也不能从事由用人单位另行安排的工作的。
② 劳动者不能胜任工作，经过培训或者调整工作岗位，仍不能胜任工作的。
③ 劳动合同订立时所依据的客观情况发生重大变化，致使劳动合同无法履行，经用人单位与劳动者协商，未能就变更劳动合同内容达成协议的。
（4）裁员。有下列情形之一，需要裁减人员20人以上或者裁减不足20人但占企业职工总数10%以上的，用人单位提前30日向工会或者全体职工说明情况，听取工会或者职工的意见后，裁减人员方案经向劳动行政部门报告，可以裁减人员。
① 依照企业破产法规定进行重整的。
② 生产经营发生严重困难的。
③ 企业转产、重大技术革新或者经营方式调整，经变更劳动合同后，仍需裁减人员的。
④ 其他因劳动合同订立时所依据的客观经济情况发生重大变化，致使劳动合同无法履行的。

（五）劳动合同的终止

有下列情形之一的，劳动合同终止：
（1）劳动合同期满的。
（2）劳动者开始依法享受基本养老保险待遇的。
（3）劳动者死亡，或者被人民法院宣告死亡或者宣告失踪的。

（4）用人单位被依法宣告破产的。
（5）用人单位被吊销营业执照，责令关闭、撤销或者用人单位决定提前解散的。
（6）法律、行政法规规定的其他情形。

 案例阅读

李某于2015年1月进入某厂工作，双方签订书面劳动合同一份，约定合同期限自2015年1月1日起至2018年1月1日止。2017年12月25日，厂方书面通知李某，双方的劳动合同于2017年12月31日到期终止。2018年1月1日后李某未去该厂上班。2018年1月11日，李某要求厂方支付终止劳动合同补偿金。法院判决该厂支付李某终止劳动合同经济补偿金4 950元。

《劳动合同法》第四十四条、第四十六条规定，除用人单位维持或者提高劳动合同约定条件续订劳动合同，劳动者不同意续订的情形下，用人单位因固定期限劳动合同期满而终止劳动合同的，应当向劳动者支付经济补偿。该厂与李某签订的劳动合同期满后，未就李某是否同意续订劳动合同征求李某的意见，即与李某终止劳动合同，应当支付终止劳动合同经济补偿金。

二、违反劳动合同法的法律责任

（一）用人单位违反劳动合同法的法律责任

（1）用人单位提供的劳动合同文本未载明劳动合同必备条款或者用人单位未将劳动合同文本交付劳动者的，由劳动行政部门责令改正；给劳动者造成损害的，应当承担赔偿责任。

（2）用人单位自用工之日起超过1个月不满1年未与劳动者订立书面劳动合同的，应当向劳动者每月支付两倍的工资。

（3）用人单位违反规定不与劳动者订立无固定期限的劳动合同的，自应当订立无固定期限劳动合同之日起向劳动者每月支付两倍的工资。

（4）用人单位违反劳动合同法的规定解除或者终止劳动合同的，应当依照劳动合同法规定的经济补偿标准的两倍向劳动者支付赔偿金。

（5）用人单位违反劳动合同法的规定未向劳动者出具解除或者终止劳动合同的书面证明，由劳动行政部门责令改正；给劳动者造成损害的，应当承担赔偿责任。

（6）用人单位招用与其他用人单位尚未解除或者终止劳动合同的劳动者，给其他用人单位造成损失的，应当承担"连带赔偿责任"。

（7）个人承包经营者违反劳动合同法规定招用劳动者，给劳动者造成损害的，发包的组织与个人承包经营者承担"连带赔偿责任"。

（二）劳动者违反劳动合同法的法律责任

劳动者违法解除劳动合同，违反保密协议和竞业限制，违反培训协议或者因劳动者过错导致劳动合同无效时应承担法律责任。

（1）劳动者违反劳动合同中约定的保密义务或者竞业限制，劳动者应当按照劳动合同的约定，向用人单位支付违约金。给用人单位造成损失的，应承担赔偿责任。

（2）劳动者违反培训协议，未满服务期解除或者终止劳动合同的，或者因劳动者严重违纪，用人单位与劳动者解除约定服务期的劳动合同的，劳动者应当按照劳动合同的约定，向用人单位支付违约金。

（3）劳动者违反劳动合同法的规定解除劳动合同，给用人单位造成损失的，应当承担赔偿责任。

11.5 经济纠纷实务

经济纠纷是经济运行中不可避免的问题，纠纷的双方都希望最大限度地保护自己的利益，几乎所有的企业都遇到过经济纠纷。本节介绍经济纠纷在法律上究竟怎样处理。

一、经济纠纷诉讼指南

（一）起诉应符合的条件

（1）原告是与本案有直接利害关系的公民、法人和其他组织。

（2）有明确的被告。

（3）有具体的诉讼请求和事实、理由。

（4）属于人民法院受理民事诉讼的范围和受诉人民法院管辖。

（二）起诉应递交的材料

起诉应递交的材料有诉状、证据、双方主体资格证明，如图11.8所示。

图11.8 起诉应递交的材料

（1）原告除向人民法院递交诉状正本外，还应按被告及第三人的人数提供诉状副本。

（2）诉状附有与原告的诉讼请求及其主张相关的证据原件或经人民法院核对无异的证据复制件。

（3）原告、被告诉讼主体资格证明。原告或被告是法人的，还需递交最近一次的工商年检证明材料。

（三）起诉状应包括的内容

（1）当事人一方是公民，应记明姓名、性别、年龄、民族、职业、工作单位和住所、邮编和联系电话；当事人一方是法人，应记明法人或其他组织的名称、住所和法定代表人或者主要负责人姓名、职务、邮编和联系电话。

（2）诉讼请求和所根据的事实和理由。

（3）证据和证据来源，证人姓名和住所。

（4）当事人的住所地与实际居住地不一致的，应当分别写明。

（四）当事人享有哪些诉讼权利

（1）委托代理人。
（2）收集、提供证据。
（3）申请回避。
（4）放弃、变更和承认、反驳诉讼请求。
（5）进行辩论。
（6）提起反诉。
（7）请求调解。
（8）自行和解。
（9）在法院规定的范围内查阅、复制本案有关材料和法律文书。
（10）提起上诉。
（11）申请执行。

（五）当事人承担哪些诉讼义务

（1）依法行使诉讼权利。
（2）遵守诉讼秩序。
（3）对自己提出的主张在举证期限内提供证据。
（4）主动履行发生法律效力的判决书、裁定书、决定书和调解书。
（5）按规定交纳案件受理费等诉讼费用。

（六）证据的类型

（1）书证。
（2）物证。
（3）视听资料。
（4）证人证言。
（5）当事人向法院所做的陈述。
（6）鉴定结论。
（7）勘验笔录。

（七）原告起诉时应提供有效的证据

（1）证据必须注明证据的来源，证人的姓名和住址；书证应提交原件，物证应当提交原物；提交原件或原物确有困难的，可以提交复制品、照片、副本、节录本，但需经法院与原件核对无异议后加以注明；提交外文书证，必须附有中文译本；提交视听资料必须真实。
（2）当事人应当在人民法院指定的举证期限内向人民法院提交证据材料，当事人在举证期限内不提交的，视为放弃举证权利。
（3）当事人及其诉讼代理人可以根据最高人民法院《中华人民共和国关于民事诉讼证据的若干规定》规定，申请人民法院调查搜集证据。是否准许，由人民法院决定。

（4）当事人申请证人出庭作证，应当在举证期限届满 10 日前提出，并经人民法院许可。

（5）经当事人申请，人民法院可以组织当事人在开庭审理前交换证据。

（6）当事人在一审程序中提供新的证据的，应当在一审开庭前或者开庭审理时提出。

（八）被告如何进行答辩

被告在收到起诉状副本之日起 15 日内提出答辩状。答辩状的内容，必须针对起诉状提出的事实和理由及证据展开，抓住关键进行答辩和反驳，并提交有关的证据。

（九）传票有何法律效力

（1）法院对当事人及其法定代理人、法定代表人应使用传票传唤其到庭。

（2）原告和有独立请求权的第三人及他们的法定代理人经传票传唤，无正当理由拒不到庭，或未经法庭许可中途退庭的，可按撤诉处理。

（3）被告和必须共同诉讼的原告、无独立请求权的第三人及他们的法定代理人经传票传唤，无正当理由拒不到庭，或未经法庭许可中途退庭的，可以缺席判决。

二、经济纠纷诉讼流程

经济纠纷诉讼流程如图 11.9 所示。

（1）拟好民事诉状，在民事诉状中写明请求事项，并以事实和理由简单说明请求事项的合法性和合理性。

（2）将拟好的民事诉状到有管辖权的人民法院提交，以便于人民法院立案，并在立案时缴纳案件所需诉讼费用。

（3）案件立案后，根据法院通知，领取举证通知和开庭传票。

（4）在法院规定的举证期内，向法院提交本案所需的证据资料。

（5）在法院规定的开庭日期到庭参加庭审。

（6）等待法院判定并领取判决书。

（7）如对法院判决不服，在规定的上诉期内，向第一审法院的上一级人民法院提交民事上诉状，提起上诉。

图 11.9　经济纠纷诉讼流程简图

（8）按第二审法院的要求提交新的证据资料。

（9）按第二审法院的要求参加第二审庭审。

（10）领取第二审判决。

（11）判决生效进入执行阶段。

（12）如果被执行人未自动履行，权利人向法院提交强制执行申请书申请强制执行。

（13）法院执行完毕。

（14）结案。

三、经济纠纷诉讼常用法律文书范本

（一）合同纠纷诉讼起诉状范本

民事起诉状

原告：
地址：
法定代表人：

被告：
地址：
法定代表人：

诉讼请求：

事实和理由：

此致
  人民法院！

具状人：（盖章）
法定代表人：（签字或者盖章）
年　月　日

附：合同副本　　　　份。
　　本诉状副本　　　　份。
　　其他证明文件　　　份。

（二）合同纠纷诉讼答辩状范本

民事答辩状

答辩人：
地址：
法定代表人：

被答辩人：
地址：
法定代表人：
因　　　　　　　诉我单位　　　　　　　一案，答辩如下：

此致
  人民法院！

答辩人：（盖章）
法定代表人：（签字或者盖章）
年　月　日

附：答辩状副本　　　　份。
　　其他证明文件　　　份。

注：答辩理由应陈述起诉书中与事实不符、证据不足、缺少法律依据等问题，并列举有关证据和法律依据。

（三）合同纠纷诉讼上诉状范本

民事上诉状

上诉人：
地址：
法定代表人：

被上诉人：
地址：
法定代表人：
　　上诉人因　　　　　　一案，不服　　　　　　法院于　年 月 日　字第　号判决，现提出上诉。
上诉理由及请求：

　　此致
　　　　人民法院！

　　　　　　　　　　　　　　　　　　　　　　　上诉人：（盖章）
　　　　　　　　　　　　　　　　　　　　　　　法定代表人：（签字或者盖章）
　　　　　　　　　　　　　　　　　　　　　　　　　　　年 月 日

（四）合同纠纷诉法定代表人身份证明书范本

法定代表人身份证明书

_____同志，在我单位任_____职务，特此证明。

　　　　　　　　　　　　　　　　　　　　　　　单位全称：（盖章）
　　　　　　　　　　　　　　　　　　　　　　　　　　　年 月 日

附：该代表人住址：
　　电话：

注：企业事业单位、机关、团体的主要负责人为本单位的法定代表人。

（五）合同纠纷诉讼财产保全申请书范本

财产保全申请书

申请人：
地址：
法定代表人：
被申请人：
地址：
法定代表人：

续

请求事项：
请求人民法院对被申请人的下列财产进行诉讼保全（写明财产的位置、数量、金额等情况）：
（1）
（2）
本申请人提供如下担保：
（1）
（2）
特此申请。
此致
　　　人民法院！

申请人：（盖章）
法定代表人：（签字或者盖章）
年　月　日

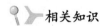 相关知识

财产保全申请书说明

财产保全申请书是民事诉讼中重要的文书。它是指人民法院在案件审理前或者诉讼过程中，对当事人的财产或者争议标的物所采取的一种强制措施。财产保全包括诉前保全和诉讼保全两种。凡是在起诉以前向法院申请保全的是诉前保全；在诉讼过程申请保全的是诉讼保全。诉前保全的条件是：必须是紧急情况，不立即采取保全将会使申请人的权益遭到极大损害的；必须由利害关系人向财产所在地的法院提出申请保全；申请人必须提供担保。诉讼财产保全必须具备的条件是：案件必须具有给付内容，即属于给付之诉；必须是由于一方当事人的行为或者其他行为，使判决有可能不能执行的；必须在诉讼过程中提出；申请人应当提供担保。

1. 财产保全的程序

（1）申请。诉前保全由利害关系人提出申请，必须提供担保，否则，法院可以驳回申请；诉讼财产保全可以在起诉时也可以在诉讼中提出申请。

（2）财产保全的裁定。诉前财产保全必须在接到申请后，在48小时内做出裁定。诉讼保全如果是情况紧急的，也应在48小时内做出裁定。裁定采取保全措施，应当立即执行。

（3）财产保全裁定不得上诉，一经做出，即发生法律效力。但当事人可以申请复议一次，复议期间，不停止裁定的执行。

（4）诉讼财产保全的解除。如果被申请人提供担保，诉前保全的申请人在15天内未起诉的或者其他需要解除的情况出现时，法院应当裁定解除保全。

2. 填写财产保全申请书应当注意的问题

（1）要求写明保全的理由，即为什么保全。

（2）要求提供相应的担保，如果不提供担保，法院有可能拒绝保全请求。

（3）要求提供被保全财产的具体位置和数量，否则法院无法执行。

（六）合同纠纷诉讼诉讼管辖异议书范本

诉讼管辖异议申请书

申请人：
请求事项：
　　　　合同纠纷一案，你院已于　　年　月　日受理。我们认为，你院对此案没有管辖权，现提出异议。
事实与理由（简单写明事情经过、合同约定的管辖内容及涉及的法律、法规依据等）：

综上所述，请你院依法裁定将此案移送有管辖权的人民法院即××市人民法院审理。

此致
　　人民法院！

申请人：（盖章）
法定代表人：（签字或盖章）
年　月　日

（七）合同纠纷诉讼授权委托书范本

授权委托书

委托单位：
地址：
法定代表人：
受委托人1：
地址：
受委托人2：
地址：
现委托上列受委托人在我单位与　　　　　因　　　纠纷一案中，作为我方诉讼代理人。
代理人　　　的代理权限为：
代理人　　　的代理权限为：

委托单位：（盖章）
法定代表人：（签字或盖章）
年　月　日

（八）合同纠纷诉讼申请执行书范本

申请执行书

申请执行人：
地址：
法定代表人：

被申请执行人：
地址：
法定代表人：

申请执行的标的：

申请执行的事实与理由：
申请人与被申请人因　　　　　一案，　　人民法院　　字第　　号判决书（调解书）判决（调解）后，现判决书（调解书）已发生法律效力，但被申请人未（全部）履行判决书（调解书）中规定应尽的义务，根据《中华人民共和国民事诉讼法》有关规定，特向你院申请予以执行。

申请执行事项：
此致
　　　人民法院！

申请人：（盖章）
法定代表人：（签字或签章）
年　月　日

四、经济纠纷案件收费标准

经济纠纷案件收费标准自 2007 年 4 月 1 日起施行至今。

（一）经济纠纷案件诉讼阶段收费标准

以经济纠纷所涉及的财产金额为基础，按照以下标准计算收费。

（1）1 万元以下部分：50 元。

（2）1 万～10 万元的部分：标的额×2.5%－200 元。

（3）10 万～20 万元的部分：标的额×2%＋300 元。

（4）20 万～50 万元的部分：标的额×1.5%＋1 300 元。

（5）50 万～100 万元的部分：标的额×1%＋3 800 元。

（6）100 万～200 万元的部分：标的额×0.9%＋4 800 元。

（7）200 万～500 万元的部分：标的额×0.8%＋6 800 元。

（8）500 万～1 000 万元的部分：标的额×0.7%＋11 800 元。

（9）1 000 万～2 000 万元的部分：标的额×0.6%＋21 800 元。

（10）2 000 万元以上的部分：标的额×0.5%＋41 800 元。

（二）经济纠纷案件执行费

（1）没有执行金额或者价额：每件 50～500 元。
（2）执行金额不超过 1 万元：每件 50 元。
（3）超过 1 万～50 万元的部分：执行金额×1.5%－100 元。
（4）超过 50 万～500 万元的部分：执行金额×1%＋2 400 元。
（5）超过 500 万～1 000 万元的部分：执行金额×0.5%＋27 400 元。
（6）超过 1 000 万元的部分：执行金额×0.1%＋67 400 元。

（三）合同纠纷案件保全费

（1）财产数额不超过 1 000 元或者不涉及财产数额：每件 30 元。
（2）超过 1 000 元至 10 万元的部分：1%。
（3）超过 10 万元的部分：0.5%，但最多不超过 5 000 元。

综合练习与实践

一、判断题

（1）经济法是指调整国家在调节社会经济活动过程中所形成的各种社会关系的法律规范的总称。（　　）
（2）人民法院依照法律规定的强制执行程序转让股东的股权时，无须通知公司及全体股东，其他股东也没有优先购买权。（　　）
（3）股东向股东以外的人转让股权，其他股东半数以上不同意转让的，该股权就不得转让。（　　）
（4）在合同履行中，当事人可享有同时履行抗辩权、先履行抗辩权、不安抗辩权。（　　）
（5）对格式条款有两种以上解释的，应当做出不利于提供格式条款一方的解释。（　　）

二、单项选择题

（1）劳动合同的解除方式不包括（　　）。
　　A. 协商解除　　　　　　　　　　B. 用人单位单方面解除
　　C. 政府强制解除　　　　　　　　D. 员工单方面解除
（2）用人单位可单方面解除劳动合同，且无须经济补偿的情况包括（　　）。
　　A. 员工违反用人单位规章制度的
　　B. 员工工作有失职行为
　　C. 员工营私舞弊的
　　D. 劳动者同时与其他用人单位建立劳动关系，经用人单位提出，拒不改正的
（3）起诉应符合的条件不包括（　　）。
　　A. 需要有书证和物证证据
　　B. 明确的被告
　　C. 有具体的诉讼请求和事实、理由
　　D. 属于人民法院受理民事诉讼的范围和受诉人民法院管辖
（4）合同的主要条款有（　　）。
　　A. 合同各方的财产情况　　　　　B. 合同各方的证照资料
　　C. 合同的价款　　　　　　　　　D. 合同各方提供的担保方

（5）公司章程应当载明的事项是（　　）。
    A. 公司股东婚姻家庭状况　　　　　　B. 公司股东财产状况
    C. 公司诉讼案件状况　　　　　　　　D. 公司经营范围

三、多项选择题

（1）劳动合同的主要条款有（　　）。
    A. 劳动报酬　　　　　　　　　　　　B. 劳动合同期限
    C. 社保福利　　　　　　　　　　　　D. 休息休假

（2）证据的类型有（　　）。
    A. 书证　　　　　B. 物证　　　　　C. 证人证言　　　　　D. 合同法条文

（3）劳动争议解决流程包括（　　）。
    A. 行政诉讼　　　　　　　　　　　　B. 劳动仲裁
    C. 民事诉讼一审　　　　　　　　　　D. 法院诉讼二审

（4）当事人享有的诉权利有（　　）。
    A. 委托代理人　　　　　　　　　　　B. 自行和解
    C. 收集、提供证据　　　　　　　　　D. 反诉

（5）以下关于定金和违约金的说法，不对的有（　　）。
    A. 定金与违约金可以同时适用
    B. 定金与违约金不可以同时适用
    C. 违约金不能约定过高或过低
    D. 违约金约定不受限制

四、简答题

（1）简述经济法的概念。
（2）简述公司法的主要法律知识。
（3）简述违反合同法的法律责任。
（4）简述劳动合同法的主要法律知识。
（5）简述经济纠纷案件诉讼流程。

五、技能实训

　　A 公司作为被告，被另一公司因运输纠纷起诉到人民法院，收到法院诉讼材料和证据如下。假如你作为 A 公司代理人，请准备好应诉资料，预演庭审过程。
　　收到主要诉讼材料和证据清单如下：
（1）法院传票。
（2）原告起诉书。
（3）举证通知书。
（4）运输费对账单（该对账单没有 A 公司盖章，但有 A 公司的财务人员签名）。
说明：
　　A 公司运输费的金额没有异议，但认为根据合同约定，因原告运输的货物延误期限给 A 公司造成损失，A 公司支付的运输费应扣除原告给 A 公司造成的损失。
提示：
　　应诉需要准备的资料如下所列。
（1）A 公司主体资格证明材料。营业执照、组织机构代码证及法定代表人身份证明书。
（2）委托材料。由 A 公司法定代表人签名和盖章授权委托书，受委托人的身份证复印件。

（3）证据材料。准备A公司与原告的合同及原告运输货物延误期限的证据，原告因延误期限给A公司造成损失的证据。

（4）准备答辩状。

（5）庭审过程。法官介绍合议庭成员→询问是否回避→法庭调查→举证→质证→法庭辩论→调解→调解不成及时做出判决。

【在线答题】

参 考 文 献

陈志祥，2010. 生产运作管理基础［M］. 北京：电子工业出版社.
程国平，2007. 生产与运作管理［M］. 武汉：武汉理工大学出版社.
冯根尧，2010. 生产与运作管理［M］. 重庆：重庆大学出版社.
付亚和，许玉林，2004. 绩效管理［M］. 上海：复旦大学出版社.
刘磊，2013. 人力资源管理［M］. 北京：中国电力出版社.
刘磊，2016. 管理学基础［M］. 北京：电子工业出版社.
刘小欢，李卫星，2005. 企业管理概论［M］. 北京：高等教育出版社.
吕玉华，2008. 现代企业管理［M］. 成都：西南财经大学出版社.
［美］迈克尔·A.希特，等，2012. 战略管理——概念与案例［M］. 10 版. 吕巍，译. 北京：中国人民大学出版社.
［美］Philip Kotler，Gary Armstrong，2006. 市场营销原理［M］. 赵平，王霞，译. 北京：清华大学出版社.
［美］特伦斯·迪尔，等，2008. 企业文化——企业生活中的礼仪与仪式［M］. 李原，孙健敏，译. 北京：中国人民大学出版社.
王关义，等，2012. 现代企业管理［M］. 北京：清华大学出版社.
王自勤，2015. 物流管理综合实务［M］. 北京：高等教育出版社.
［美］威廉·J.史蒂文森，2000. 生产运作管理［M］. 张群，等译. 北京：机械工业出版社.
袁平，2006. 旅游市场营销［M］. 郑州：郑州大学出版社.
张建勇，2010. 企业运作管理［M］. 上海：华东师范大学出版社.
张涛，2011. 创业管理［M］. 北京：清华大学出版社.
张岩松，等，2012. 企业文化案例教程［M］. 北京：清华大学出版社.
赵有才，2009. 现代企业管理［M］. 北京：清华大学出版社.
中国就业培训技术指导中心，2006. 营销师国家职业资格培训教程基础知识［M］. 北京：中央广播电视大学出版社.